バイオグラフィーワーク入門

バイオグラフィーワーク入門

グードルン・ブルクハルト
樋原裕子訳

水声社

目次

第二部　自分のバイオグラフィーに取りくむ

まえがき

バイオグラフィーワークは今日、非常に注目を集めています。このテーマに関する多くの書物が出版され、このテーマで開催される講座や講演会にはたくさんの人々が訪れます。バイオグラフィーワークは、困難で危機的な人生の状況にある人々にとって重要であり、また、病を負うという運命を克服する助けにもなります。しかし、それだけではありません。バイグラフィーワークはまた、自己認識を深め、同時に他者への理解と関心を深めようとする人々、そして自らの人生によりよい刺激と発展を求めようとする人々にとっても助けになるのです。

著者は本書を、自らの実践をもとに書き記しました。その背景にははっきりと、彼女の医師としての経験を感じ取ることができます。本書は、著者自らが個人的に取り組んだ人智学的人間学[1]と、そこに示されているバイオグラフィーの発展法則をもとに語られています。そして、どんなバイオグラフィーにおいても、影の側面と同じように光の瞬間を意識的に取り上げ、人生のこの両側面に向かう通路を見いだし、否定的な暗い部分をも統合し、自分のバイオグラフィーにおけるその意味を認識することが重要であるというのです。その際に著者は、例を挙げていつも具体的な人生の状況から始めます。そして読者は、そこからさらに自分自身で考え、自分のバイオグラフィーに取り組み、それを引き受けていこうと感じさせられるのです。

本書の第二部では、自分でバイオグラフィーワークを行うための方法が示されています。ですから誰もがワークを始めることができます。

グードルン・ブルクハルトはブラジルにおけるアントロポゾフィー医学の創始者であり、その活動の中心となった「トビアス・クリニック」で多くの功績を残しています。近年は、癌患者のアフターケア、食餌療法、バイオグラフィーワークに集中的に取りくみ、そのためのケアと療養のクリニック、「アルテミージア」を設立しました。その後、バイオグラフィーワークの講演やコースを行なう活動は、ブラジルはもとよりヨーロッパにまで広がり、特に、スイス、ドイツ、スペイン、ポルトガルへは、定期的にバイオグラフィーワークのために招かれています。自らのブラジルにおける医学的な仕事は、ゲーテアヌム(2)の医学部門の目標と霊的に結びついているべきであると、著者は常に望んでいました。彼女のバイオグラフィーワークに対する視点が、ドイツ語圏の読者の方々にとって実り多きものをもたらすことを願っています。

一九九二年八月　スイス、ドルナッハ

ゲーテアヌム医学部門　ミヒャエラ・グレックラー

謝辞

この本を、私の師である、ルドルフ・シュタイナー[3]、イタ・ヴェークマン[4]、ノーベルト・グラス[5]、ルドルフ・トライヒラー[6]、そしてベルナード・リーヴァフッド[7]に感謝とともに捧げたいと思います。とりわけ、ヘルムート・J・テン=ジートホッフ[8]にも感謝とともに捧げます。彼は、ほぼ三十年前に私と夫にバイオグラフィーワークの基礎を授けてくれました。

それから、とくに、私たちの仕事に信頼をおいて下さった多くの人々にも感謝いたします。その方々の宝物のような豊かな人生の記録によって、この本は出版されるにいたりました。また、最初の夫であり、人生の同行者であったペーター・シュミットと四人の子どもたち、そして二番目の夫であり、喜ばしい時も、困難な時も並んで傍にいてくれた私の人生の同伴者であるダニエル・ブルクハルトに心から感謝しています。

そして、ブラジルにおいてこのバイオグラフィーワークの仕事のために開設された「アルテミージア」の、すべての同僚たちにも感謝いたします。この本の著述は、リリー・ウィルダとスザナ・H・リュヒョウによって支えられ、挿絵はマイケル・セルツによって描かれました。

グードルン・クレーケル=ブルクハルト

はじめに

　しばらくぶりに友人同士が再会すると、たいてい、それぞれの人生について語り合います。再会までの、数々のできごとや個人的体験を話します。読者の皆さんもおそらくそのようにされることでしょう。

　それによって、長いこと忘れてしまっていた記憶が蘇ります。何かを問いかけたり、自分の観察や記憶をコメントしたりします。まるで二つの流れがここやあそこで出会い、混ざり合い、交換し合い、そしてそれぞれがまた自分の道をとっていくように、これらの会話は進んでいきます。こうして何時間もおしゃべりすることができます。どうしてこのような会話は尽きることがないのでしょうか？相手も自分も、まるで魔法の杖に触れられたように目覚め、そしていきいきとします。過去が現在に光り輝き、そのことにより未来に対する新しい決断や目標が沸き起こってくることもしばしばあります。

さて、この誰もが体験するごく普通の過程を、より意識的に、より明確に捉え、そして自分の中に受けとめるとき、私たちは自分のバイオグラフィーに取り組み始めることができるのです。この本は、ある一定の間隔を置きながら、何年もかかるかもしれませんが、自分のバイオグラフィーに取り組むための助けになります。それは一人静かに部屋にすわって、あるいは外の自然の中で行うことも可能でしょうし、友人や他の人々とワークショップで行うことも可能でしょう。どのような状況に自分があるかでそれは異なります。より自分自身に集中したいのか、あるいは他者の体験を通してより豊かになりたいかによります。

有名な人々の伝記はたくさんあります。しかし、ひとりひとりにとっては自分の伝記、つまりバイオグラフィーが最も重要になります。私が今まで対話を通して聞いた、何千ものバイオグラフィーの、それぞれが異なり、一回限りであり、どれもすべて興味深いということができるのです。

天才であること、あるいは特別な天分をそなえていることは、今日ではほとんど役に立ちません。個人の天才や独創性は、他者の役に立つことや、世界に新しい業績をもたらすことは可能でしょう。しかし、社会的な共生の場であらぬ態度をとったり、絶えず他の人を侮辱したり、他の人とうまくいかなかったり、自分で成長発展していくことができなかったりすれば、そのような才能は役には立ちません。天才性というものは過去から流れてきています。しかし、自分自身へのはたらきかけと、他者との出会い、他者への態度によって、絶えず変容しつつ、私たちは現在から未来へと歩いていくのです。「天才的だ。けれども社会人としてはひどい。」そのような言葉で表されるような人の態度は、今日では、何の正当性もありません。あまり才能のない人が、能力を苦労して獲得しなければならないとしても、絶えず努力をし続けることにより、すばらしい才能は持っているけれども、自ら精進することのない人より、未来により多くの実りを得ることでしょう。

あるバイオグラフィーコースの後で、ひとりの参加者が質問をしました。「自分のバイオグラフィーに惚れ込んでしまわないようにするには、どうしたらよいでしょうか？」これには次のような観点が重要です。自分のバイオグラフィーに取り組めば取り組むほど、それを理解すればするほど、私たちはよりよく他者を理解するのです。これらはいわば同じ「器官」によるのです。その器官が他者の理解へと目覚めさせてくれるのです。自分の人生を振り返ってみると、どれだけ私たちは他の人々に負っていることでしょうか。その人々を通して、今のこの私になったのです。そして感謝の念に満たされるでしょう。私たちはこの考えを無限に広げることができます。どれだけ多くのことを、私たちは天使や、人間を創造した存在たちに負っていることでしょうか？　どれだけ幾度も、私たちは人生の危機にあり、最後の瞬間にそこから救い出されたことでしょうか？　私たちより叡智に満ちた高貴な運命の導き手たちが、私たちに多くの状況を与えてくれたことに感謝するのです。そして私たちがこの人生の状況を特別な感謝の念でもって振りかえるとき、「自分一人では決して成しえなかっただろう」ということを認識するのです。

今日、孤独に悩んでいる人々は多くなっています。現代の私たちは、霊的な世界から切り離されてしまっています。昔の人々は宗教的なるものに対してまだ自然な関係を持っていました。現代の科学的な人間として、私たちはこの関係を失ってしまいました。そのうえ、家族血縁の古いつながりも失いました。今日、ひとりひとりが自分の道を行こうとしています。若い世代が古い世代の課題や仕事を担うことや、あるいは、息子が父の仕事を引き継ぐことは少なくなっています。自分の土地や、自分の民族への帰属意識も少なくなっています。しだいに私たちは言葉の広い意味での「地球市民」になりつつあります。現代の通信手段によって、たった数秒間で、全世界において起こっていることまで知覚できるようになりました。祖先がまだ持っていたような、大地や自然、そしてそれらが与えて

くれるものに対する素朴な関係もまた失われました。それどころか、周りの自然を、私たちは破壊らしています。（図1）

私たちは絶えず人々の間にあるにもかかわらず、孤独を感じ、人とあまり関係を持てません。どうしたらこの孤独を克服することができるのか、という大きな問いかけが目の前に横たわっているのです。それはただ、霊的なものに意識的に関わっていくこと、新しい形での家族への、自然への、そしてとりわけ他者への関係を通してのみ可能なのです。この方向での最初の一歩は、他者に関心を持つことです。他者が自分に来るのを待つのではなく、自分を他者に向けるのです。そしてその人の最も個的である霊的な核の部分、つまり個的本性[9]を理解しようと努めることです。そのときに、他者の人生を知ることは大きな助けとなります。そして、その人のバイオグラフィーを批判するのではなく、驚嘆の姿勢でそれに向かうことです。それぞれのバイオグラフィーはどんなにすばらしく、一回限りであることでしょうか。そしていかにひとりひとりがあれこれの問題を特別な仕方で解決していくことでしょうか！　驚くばかりです。

意識的に自分のバイオグラフィーに取り組むことにより、他者のバイオグラフィーを理解することができるようになるのです。そしてそれにより、その人への新しい橋を架けることになります。ゲーテの「メルヒェン」[10]で王が蛇に訊ねます。「黄金より素晴らしいものは何か？」「光」と蛇は答えます。「光より快活なものは？」と王は尋ね、「対話」と蛇は答えます。

意識的に運ばれる対話は、結びつける要素を持っています。新しい橋を架けるのです。

この本に書かれているワークの観点は、同僚や私が多くの人々とグループで行った長年の活動の成果から来ています。私たちは二十九年前から、ブラジルでバイオグラフィーワークやバイオグラフィ

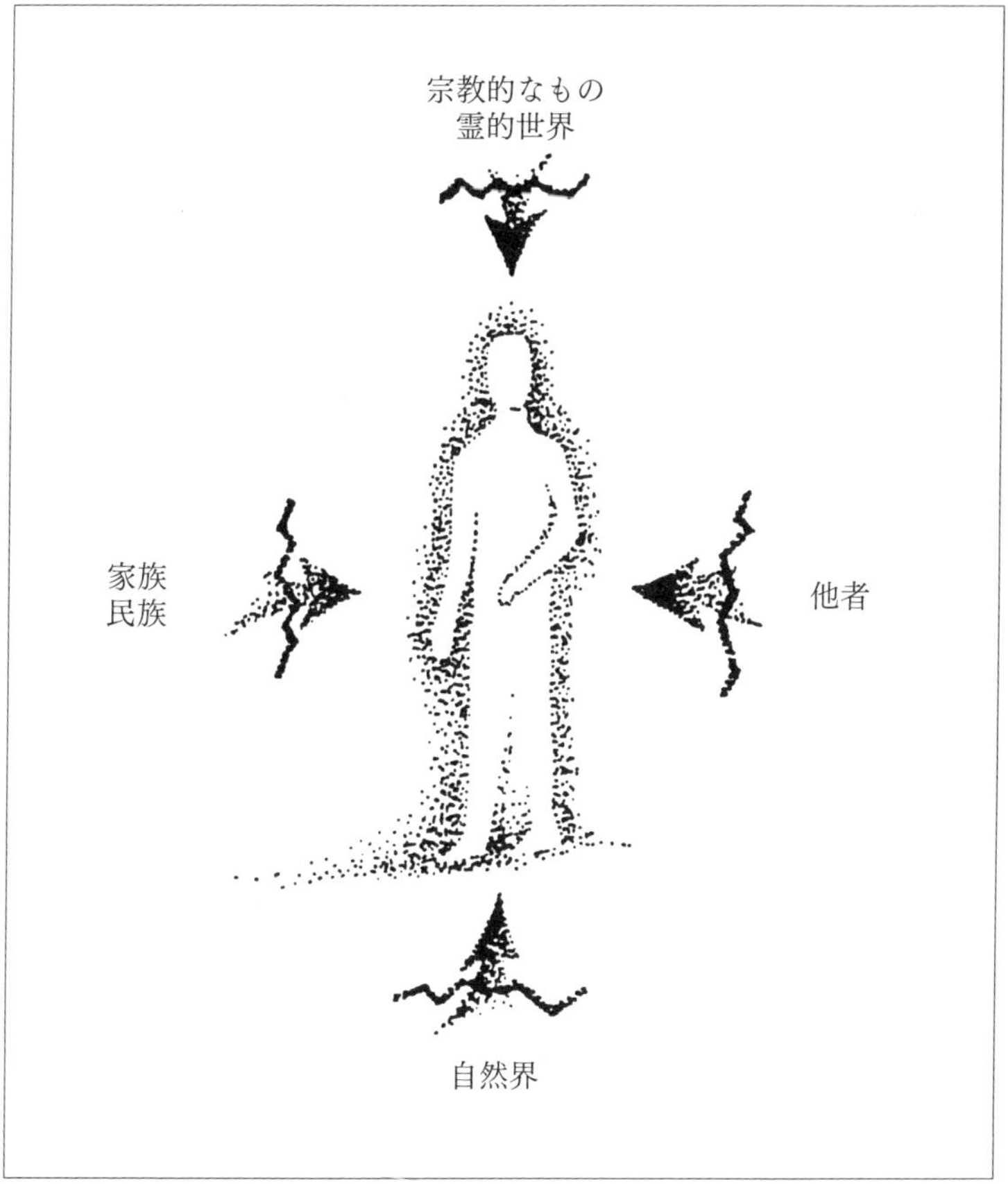

図1

ーの法則性についてのワークショップを開いています。どうして私がこの仕事に辿りついたかは、最終章の「著者のバイオグラフィー」を読んでください。このワークショップはある治療的な衝動から始まりました。ワークショップはすべての人々に開かれていますが、とりわけ、魂的あるいは身体的に困難な人生の状況にある人のために開かれます。また、職業や人生において危機にある多くの人々も私たちのところにやってきます。この本に掲載されているそれぞれのバイオグラフィーは全て真実です。これらはバイオグラフィーセミナーの参加者ひとりひとりによって書かれました。

この本の第一部では人生を観察し、バイオグラフィーの法則に対する概観が与えられています。私たちのワークショップでの方法や、どのようにひとりひとりが自分のバイオグラフィーに取り組むことが可能か、第二部で示されています。章と章の間には、バイオグラフィーに取り組むための主題となるように、様々な詩作品が配されています。

第一部　人間のバイオグラフィーの法則性

水の上の霊たちの歌

ヨハン・ヴォルフガング・フォン・ゲーテ

人の魂は
水のよう
天からくだり
天へとのぼる
そしてふたたび
地におりる
永遠のめぐりのなかで

切り立ちそびえる岩場から
澄んで落ちる水しぶき
雲となって愛らしく
散って広がる岩肌に
霞につつまれやわらかく
受けとめられて泡になり
さらさら流れ下りゆく

突き出る岩に阻まれて
逆らい怒り湧きたちつつ
一段落ちてまた一段
深い淵へと落ちてゆく

平らかな河の底まで
ゆったりとくねりながら
牧草《まきくさ》のあいだを流れゆく
なめらかな湖《みず》の面《おもて》には
天のあらゆる星たちが
その顔《かんばせ》を映して喜ぶ

風は波の恋《いと》しい人
風は波と
もつれあいつつ舞い踊る

人の魂
ああ　なんとおまえは水のよう！
人の運命《さだめ》
ああ　なんとおまえは風のよう！

1　人生の概観

バイオグラフィーのひとつひとつの事柄に入る前に、人生全体の法則性について見渡してみると、大きな助けになります。そのためにまず、人の一生を大まかな図式に描いてみます。

人生は次のような三つの大きな段階に分けることができます。

まず、最初の段階は特に身体的な成長によって形作られます。ここでは、私たちの個的な本性は、とりわけ身体の形成と諸器官の生理学的な発達に携わっています。この時期というのは受胎から二十一歳くらいまでとなります。この時期を「受け取る時期」あるいは「準備期間」と呼ぶことができます。この時期には、私たちはまだあまり運命に関与していません。運命はむしろ私たちの過去の生から与えられているのです。

それから、中間の段階が来ます。主に魂が成長する段階です。この段階には、自己教育や自己成長という大きな課題があります。私たちの個的本性は以前ほど身体と結びついてはいません。二十一歳とともに「成人」になり、これから人生を自己責任において形作っていくことが可能になるのです。大きな「広がり」の段階です。この時期に、私たちは家族を形成し、家を建て、仕事をし、職業経験を積みます。同時に多くの人々ともかかわる時期です。つまり、社会的な生活に向けられた時期です。他の人々から学びます。人と人との間に起こる対決や、愛、熱狂、反感などの様々な感情を体験します。私たちはそれらの感情と共に生きることを学び、それらの感情を私たちの自我の支配のもとにおかなければなりません。このような存在のための闘いすべてを通して、私たちの魂は磨かれ、心理的な成熟をなしとげていきます。この時代に私たちは自分を世界における個性[11]として自覚します。この段階の後に初めて、完全な意味での大人になるのです。それが四十二歳頃です。この魂の成長の時期に、私たちの身体を構築し、作り上げようとする力と、解体し、離れていこうとする力[12]は均衡を保ちます。それ故、私たちは外側に向かって非常に生産的でありえるのです。

そして三番目の段階に入ります。霊的成長の段階です。成長し、花と実をつける植物と同じように、私たちの人生の果実も目に見えなくてはなりません。その果実を完全な成熟へともたらさなくてはなりません。生物学的諸力はこの時期衰え、身体の解体過程が優勢になります。魂的霊的成長の中で、私たちは単に自分の目的を持つのみではなく、より大きな目的に向かいます。別の言葉でいいますと、人類の目的を持ちます。特に、若い世代と関わっていくことが多くなってきます。成長発展の目的を達成するために、大変な努力を必要とします。この三番目の段階には、私たちは身体の生命諸力にもはや支えられていないからです。しかし、まさにそのことにより他方では、より大きな意識を発展さ

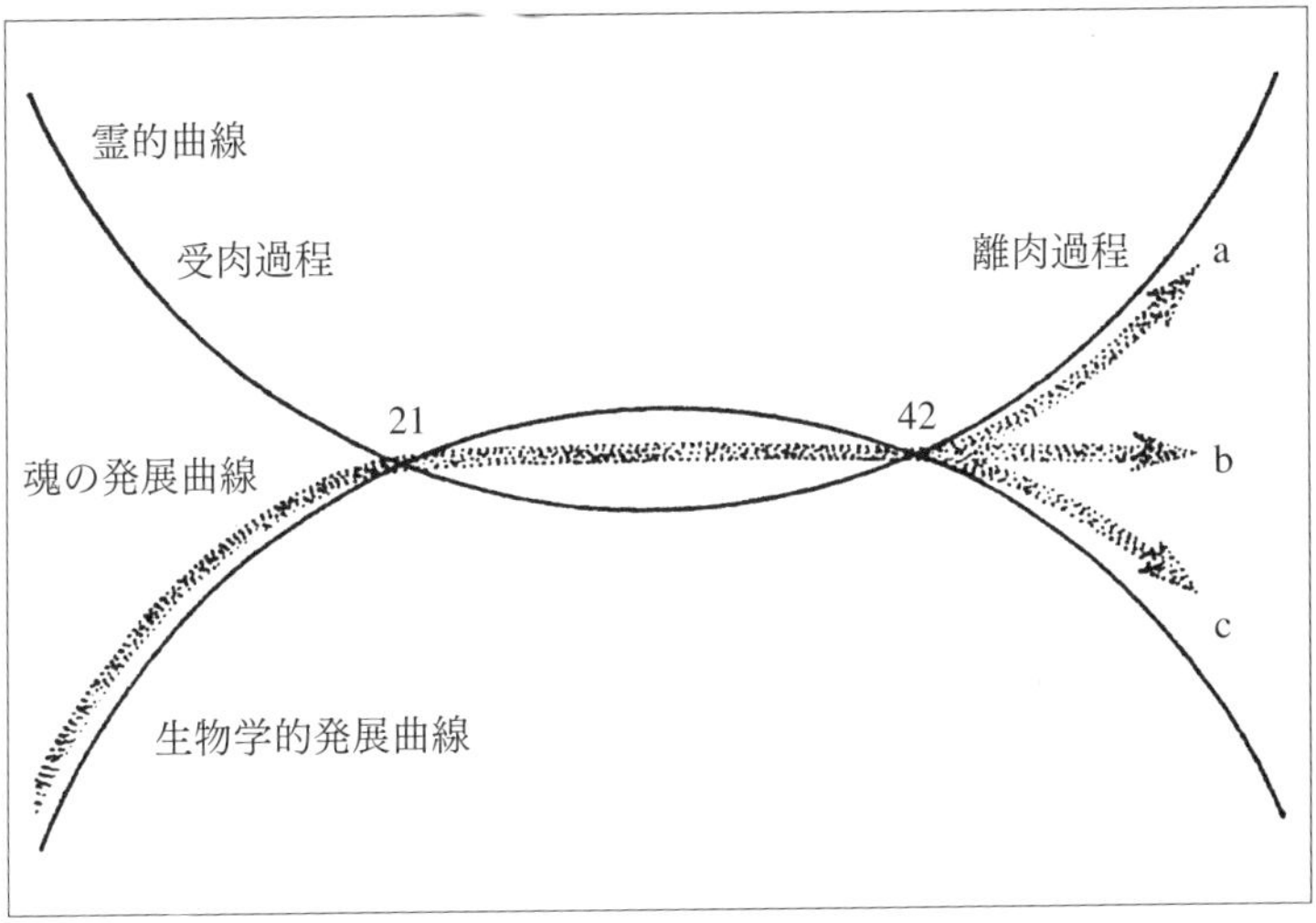

図 2

せていくことも可能となります。なぜなら、身体を構築していく過程が弱まることで、意識がもたらされるからです。たとえば、食事の後、私たちは眠くなります。身体の構築過程が活溌な乳児はほとんど眠って過ごし、半年の間に体重は二倍にもなります。それに対して、身体の解体過程がすすめばすすむほど、意識は発展するのです。身体の解体していく過程のおかげでこの時期生命諸力はより自由になり、意識のための諸力として使われるようになるのです。(図2ではこの成長発展過程を線aで表しています。)

この時期に魂の諸力は意識の諸力とともに上昇するか、あるいは、もし私たちが意識的に自分に働きかけなければ、私たちの身体とともに衰えていくか、どちらかです。もちろん、身体の衰えを無視し、全力投球し続けて生きていくことも可能です。そうすると、いずれにせよ何年か後には大きな「ブレークダウン」(癌、心筋梗塞、ストレス、疲労など)がやってきます。そして人生における休養の時期というものが必要となります。その後で、嫌が応でも自分の人生を新しく作りかえなくてはならなくなります。(図2の線b参照)

動物の世界を見てみますと、歳を取った動物は役立たずで、不必要で、死を待つばかりです。「ブレーメンの音楽隊」のメルヒェンはこのことをうまく語っています。

もし、人間として、「ああ、もう私は四十五歳で、何か新しいことを始めてもどうしようもない、無駄だ」と思って生きるとしたら、魂は成長せず、下降していきます。(図2の線c参照)

しかし、人間は単なる生物学的存在ではなく、霊的魂的存在でもあるので、この時期、大きな成長の可能性を持っているのです。「四十歳から人生は始まる!」という諺はこのことをよく示しています。この時期に魂的霊的諸力はしだいに身体から離れ、私たちはより自由になっていく中で、新しい霊的素質をのばしていくことができるのです。

誤解を招くことのないように付け加えますと、もちろん、最初の二十一年間にも魂は成長します。しかし、この時期魂はまだ強く身体に結びついています。個人の霊的な要素もまたしだいに輝きを増していきます。そしてもちろん、三番目の霊的成長の段階においても、魂の成長は続いていきます。そして、その前の時期に逃した多くのことは、まだ後から取り戻すことができるのです。絶えず魂を作り変え、再形成しようとはたらきかけている「自我」へのまなざしを持たなければ、魂の成長の段階を理解することはできません。常に身体と、魂と霊（自我）とは同時にはたらいているのです。

これら三つの人生の段階は、次のようにも特徴付けることができます。

一番目の段階では、もらうこと、受け取ることが大勢をしめる。「人間になりゆく」準備の時期。
二番目の段階では、もらうことと与えることの交互作用が強く刻印づけられる。「人間である」生活と闘争の時期。
三番目の段階では、与えることが前面にでる。「人間として成熟する」時期。

古くからこれら三つの段階についてはよく知られ、春、夏、秋に喩えられてきました。一年の四季のリズムをよく知っている農夫は、種をいつ蒔き、実をいつ収穫するか知っています。人生の段階についてで意識している人は、良き農夫のように、木が育って花をつける前に果実を収穫しようとはしません。春にはすべての植物は発芽し、成長するために多くの力を必要とします。夏には、植物は自然の中で開ききり、秋には実をつけ種を残します。冬には大地の中で種は眠り、新しい生を待っています。
私たちの人生をふたつに分けるとしたら、次のように言えます。だいたい三十五歳くらいまでは、すべて準備のためにあります。これはまるですべてを取り込んでいくような、大きく息を吸う状態のようです。身体はその霊的な個的本性を吸いこみます。この過程を、「受肉していく過程」と名付けることができます。（図2）

三十五歳をすぎると、全てが与えることへと向かい始めます。人生やまわりの人々に、自分が受け取ったものを与え、そしてそれを世界にとって実りあるものとします。大きく息を吐き出す状態が始まります。これを「離肉していく過程」ということができます。（図2）おもしろいことに、三十五歳頃まで、私たちの肺は大きな拡張の可能性を持っています。肺の弾力性は最大量に達し、このあとまたゆっくり減少していきます。スポーツ選手はほとんど、この時期に能力的に最高潮に達します。

人間のバイオグラフィーは一日のリズムにも喩えられます。眠りから目覚めるとき、ゆっくりゆっくり目覚め、世界に向って自分を開きます。まず、身体を温めます。そうすると、完全に身体の中に入り込み、身体を把握してうまく扱うことができます。ちょうど、音楽家が、楽器をうまく扱って最も美しい音を出すのに、まず試しに弾き鳴らすのと同じです。スポーツ選手も、試合に出る前にまず身体を温め、慣らします。そして、一日のうちの生産的な時間が来ます。それは、人生の最も生産的な時期、つまり、人生の真ん中の段階に対応します。夕方にはしだいに身体の中から離れ始め、疲れて眠りへと向います。バイオグラフィーでは死へ向います。

私たちの人生の真ん中で、いわば価値の反転が起こります。それ以前は外側から知識を吸収し、私たちの中へ取りこんできました。この受け取った価値を変化させ、より洗練した形で、叡智として外側へ、周りの世界へ戻すのです。

幼い子どもがある種の「オーラ」に包まれているということを、私たちはよく体験します。幼児はまるで魔法にかけられたかのように、全く無邪気に世界と出会います。それに対して老人の場合、もしその人の内側が霊的に充足し、均衡の取れた状態であるなら、その人の中から光が輝き出てくるのを体験します。つまり、外側にあったものが、人生の終わりには内側から現れるのです。

人生の前半では人はだんだん地上に降りていきます。教育と環境は、身体が健康で丈夫になるように、いわば足の下に基盤を得るようにするためにあらねばなりません。健全な身体は、この人間が調和のとれた魂的霊的人生をおくるための前提を築きます。人生の後半では、たとえ多くの場合、身体は病気や老いの苦しみにあったとしても、人間の霊的な意識が強まります。その意識が自分の存在に調和をもたらします。人生のこの段階では、均衡のとれた魂的霊的あり方が良好な身体の状態の前提となるのです。

人生のこれら三段階はそれぞれ、もっと小さな三つの段階に分けることができます。そうすると、それぞれに七年の期間、つまり〈七年期[13]〉ができます。私たちは人生における本質的な変化に、七年を経てから気づきます。そしてそのことに目を向けることを学ばなくてはならないでしょう。

昔からすでに人生は七年ごとに分けて考えられていました。ルドルフ・シュタイナーはこの観察方法をもう一度捉え直し、そして霊学の観点から基礎付けました。それぞれの〈七年期〉の最初あるいは最後には特別な変化が起こります。それらは、人生の第一の段階では特に身体的に、第二の段階では魂的に、そして第三の段階では霊的魂的にはっきりと顕れます。「バイオグラフィーにおけるリズムと鏡映関係《ミラーリング》」という章で、そのことについて詳しく触れます。〈七年期〉について、特に例として引用したいくつかのバイオグラフィーをみながら考察していきましょう。理論ばかりの道を進まないためにも、くり返し様々なバイオグラフィーを観察して、そして徐々に理論的な概念へと向かうことにします。

ではここで、いくつかの実際の人生を見つつ、バイオグラフィーの要素へと近づいていきましょう。

1-1　バイオグラフィー1

私はポルトガルに生まれました。コインブラの近くの小さな村です。そこにはたくさんの緑があり、木々があり、山々もそれほど遠くに離れてはいませんでした。とても美しく、静かなところでした。私は三番目の子どもであり、上には三歳の兄と、十四カ月の兄がいました。

私の最初の記憶は次のようなものです。

だいたい二歳の誕生日を迎える頃で、それは妹が生まれた時のことです。陣痛の苦しみの中にある母の叫び声を聞いていました。二人の兄は家にいなくて、私は独りぼっちでした。私は窓の外を見るために椅子によじのぼりました。山や谷が見えました。その時私は突然、赤い服に青いマントを着た聖母を見たのです。私はとてもびっくりしてそこから逃げました。

私が六十八歳になってまたその家に戻った時、私は同じ窓と椅子を見て少し慄きました。私はその映像を当時と同じようにまだ覚えています。

さらに三年後、もうひとり妹が生まれました。

私が三歳のとき、父はすべての財産を失いました。私たちはアヴェイロにいた祖父母の家に引越しました。その後父は、ブラジルのバイーア州に移住しました。その時私は四歳でした。それから、また妊娠していた母と、私たち兄弟姉妹は父の後を追ってバイーア州のサルヴァドールに引越しました。そこで、一週間もしないうちにふたりの小さな妹たちは、細菌性腸炎にかかり、亡くなりました。汚水を飲んだためでした。それからまもなく次の週に母は私の新しい妹を産みました。二人の子どもが亡くなったばかりだったので、その妹は非常に大事にされ、もちろんそれで私は嫉妬しました。

五歳になったとき、家族はリオ・デ・ジャネイロに引越しましたが、そこでは何もかも大変でした。母の健康状態も良くありませんでした。そこで母は四人の子どもとポルトガルに戻ることに決め、私たちはまたアヴェイロの祖父母の家に住みました。父はブラジルに留まり、仲買い商をしていました。そして後にサンパウロに移りました。

アヴェイロはとても美しい街です。花がたくさん咲き、清潔でした。街の真ん中に小さな川が流れていました。その川は特に私たち子どもにとってとても魅力的なものでした。というのも、様々な模様で飾られた船やボートがたくさん行き交っていたからです。それはとりわけ華やかな日々でした。二人の兄はアヴェイロで初等教育学校に通い、私は修道会のコレジオの小学校に通いました。そして四年後、私は別の修道会の学校に移り、そこで国語と手仕事をしっかり学びました。そして十一歳のとき病気になりました。パラチフスでした。

父親はその間にサンパウロでセラミック工場を設立し、水の濾過器を作っていました。後に彼は、水を濾過し、殺菌する会社「サルース」を買いました。そして、水を殺菌するための濾過器を作ったのです。

運命のもたらした否定的な体験、つまり汚染された水による二人の娘の死を、ここで変容し何か肯定的なものにしたということは、興味深いことです。

アヴェイロにおける私の子ども時代は少々悲しいものでした。なぜなら妹はすべての注目の的であり、私はいつも取り残された感じでいたからです。今では、二人の子どもを失った母にとってこの子はまるで天使のようであったのだと、理解できます。

ポルトガルに帰って六年後、私たちはまたブラジルに移りました。今回は直接サンパウロに向かいました。その当時私はだいたい十二歳くらいでした。父は、今いいましたように、濾過器工場を所有していました。十二歳で私は初潮を迎えました。ここでも私は修道会の学校、サン・ジョゼに通いました。初等学校の四学年目をもう一度繰り返しました。この学校時代には良い思い出はありません。私はそこでも取り残されたようで、自分を異邦人と感じ、はずれているように感じました。ポルトガルから戻ってきた私は、非常に強いポルトガル訛りを話していました。ブラジル人は全く異なる、ずっとやわらかいポルトガル語を話すということに注意せねばなりません。

そうして私は同級生の嘲笑の対象となったのです。歴史の授業ではシスターはいつも何かとポルトガル人を非難しました。私はそれにとても腹がたち、ポルトガルから私たちを連れてきた父を非難しました。そのうえ密かにポルトガルに帰る旅の計画まで立てました。この時期私は非常に内側に向い、自分の中に閉じこもっていました。

十四歳で秘書になるための学校に通い始めました。母はこの時期ある店で働いていました。私が十六歳になったとき、母は濾過器を売る店を設立しました。それは「カーサ・サルース」といって、私はその店で午後働き始めました。午前中は英語とピアノのレッスンに通いました。すでにその頃、私は店のレジと経理などの事務仕事を任されていました。この時代、私はとても幸福に感じていましたし、仕事に夢中になり、自分自身を大切に思っていました。経済的にも独立していました。

十八歳のとき、両親や兄妹と一緒に、ポルトガルへ長くてすばらしい旅をしました。親類や、子ども時代の思い出の場所を訪ねることはとても大きな喜びでした。ブラジルに戻って、私は引き続き働き、また勉強もし、お金を稼ぎました。そして欲しいもの、そのほとんどは輸入品でしたが、それらを買うことができたのです。自分を幸福で、独立していて、大事であると感じていました。しかし、それにもかかわらず、私は同時に人生に虚しさを感じ始めていました。それは悲しいことでした。なにかしら、自分は役立たずで、表面的で、空っぽだと感じていました。私は何かの役に立ち、誰かが私を必要としているという感情を持ちたかったのでした。時々私は父とリオ・デ・ジャネイロに行きました。そこにも支店があり、父は店を回らなければならなかったのです。家庭生活はそのように流れ、兄たちは結婚し、甥が生まれました。

二十五歳のとき、後に結婚する男性と出会いました。彼は私の人生に意味をもたらしました。私はものすごく彼に夢中というわけではありませんでしたが、彼に対して大きな共感と感嘆を抱いていました。しだいに、深くて、信頼に満ちたすばらしい愛が生まれました。しかし、結婚したのは二十八歳になってからでした。ちょうど結婚式の日不在だった父は、旅先にて卒中で倒れました。この年、彼はもう一度ポルトガルに旅をし、私が二十九歳のとき、アヴェイロの祖父母の家で亡くなりました。そしてそこで埋葬されました。

私の人生は仕事と家事との間で流れていきました。

私は夫の知性に非常に感心していました。彼の仕事の仕方、彼の性格やモラルにもです。彼は非常に思いやりがありましたが、しかしまた非常に嫉妬深くもありました。

三十一歳半のとき、私は重い腸感染症にかかり四〇度以上の熱を出しました。そのとき、子どもの頃、はしかやパラチフスにかかったときに見たのと同じ夢を見ました。夢の中で私は高く高く昇っていって、天にまで達しました。そこにペテロが現れました。白髪で髭を生やしたとても感じのいい老人で、私に天への扉を開けてくれました。それはすばらしいところでした。すてきな音楽が響き、白い花が咲いていました。それから聖アントニウスもやってきました。彼は言い表し難いくらい美しく、それは忘れられないほどのものでした。同時に誰かが私に言いました。「ここにいることはできない。帰りなさい」と。それで私は目を覚まし、叫びました。私はどんどん落ちていき、有刺鉄線の上に落ち、血だらけになったのです。その後、目覚めるたびに不安と恐怖を感じていました。子ども時代、だいたい六歳頃から私はいつもこの同じ夢を、細部に至るまで同じ夢を見ました。三十一歳半のとき、この腸の病気の後、そのことがはっきりわかりました。その後、私は母の家で過ごし、そこで病気から回復しました。同じ年、私が三十二歳になったとき、夫が一種の多発性神経炎に罹り、脊柱穿刺を受けなければならなくなりました。長い時間かけてやっと正しい診断が下されました。まだ、正しい病名が診断されていなかったその三年後、夫は心霊術の会合を開き、ありとあらゆることを試しました。彼は感染性リウマチではないかとも言われましたが、検査をしてもはっきりとした結果は出ませんでした。夫は極度に攻撃的で、反抗的で自殺をしようともしました。この時期、アレクサンダー・ルロワ医師[14]が講演旅行にブラジルに来ました。彼は、夫が多発性硬化症だろうと言いました。それは当っていて、夫は十五年もこの病気に苦しみました。そして、私は誰かの役に立ちたい、誰かを助けたいと願っていた課題を得たのです。

私が三十六歳のとき、ふたりでスイスに行きました。夫は、アーレスハイムのイタ・ヴェークマン・クリニックに九カ月入院しました。私たちはそこですぐれた人々に出会い、人智学を勉強し始めました。そして三十七歳のとき、私たちは数カ月ポルトガルに滞在しました。アヴェイロの祖父母の家です。そしてブラジルに戻りました。夫は当時車椅子を使っていました。サンパウロで彼はアントロポゾフィー医学的治療[15]をさらに続けました。マッサージ[16]やオイリュトミー療法[17]もです。彼の状態は良くなったり悪くなったりしていました。私は彼の介護をしている間に、自分が変わったと感じました。私たちの間にはすばらしい精神的な愛が生まれ、それは決して終わることのないくらい強いものでした。午前中は夫の介護をし、午後は仕事に行きました。彼が病気だった十五年間に、彼は私の、浄化と、霊的な高揚、成熟、純化の道具だったのです。人生において自分が重要でないとか、空虚で不幸だとか、もうそういうことはありませんでした。私は大きな内なる調和を感じていましたし、夫との強力な結びつきは死を超えてあり、今現在まで私を強め、守り、導いていてくれています。

四十三歳になったとき、私の母が同居し始めました。その一年後、夫と私は親戚の農場で過ごしましたが、そこで彼の状態は悪くなりました。それ以来、夫は自分の家から離れることはしませんでした。

さらに一年後、十九歳の甥が自動車事故で悲劇的に命を失いました。別の甥の結婚式では私たち夫婦は結婚立会人をしました。甥のひとりが夫の代わりに祭壇の前に立ちました。四十七歳になったとき、母が心臓を患いました。そして長い間、夫が子どもの頃からその世話をしてくれていた私たちの家政婦が潰瘍形成性静脈瘤を病み、手術をしなくてはなりませんでした。それで私は家で三人の介護をしました。夫の麻痺症状はだんだんひどくなり、やがて一九七〇年六月四日に亡くなりました。その時私はちょうど四十八歳でした。二十二年間私たちは連れ添い、彼は私の最良の友でした。

夫の死後、私は仕事に没頭し、会社の支店をいくつか設立しました。そして四つの大きな建物を持ちました。五十六歳以降、しだいに仕事から手を引き始め、ただひとつの店を残しているだけです。

捕捉（一九八五年、六十三歳のときに書かれる）

まだずっとこのひとつの店を持っています。やっと私は他の人に自治権をもっと与えるということを学びました。私は顧客とのやりとりが好きです。夕方には家に帰ります。一人で暮らしています。私は自分がどこか怠惰で「安定しすぎである」と感じています。私は役立たずではありたくなく、まだ新しい課題を見つけたいのです。もう九年も休暇をとっていません。もう一度スイスとポルトガルに行きたいと思います。

しかし、この休暇はその三年後にやっと来て、Ｌさんは、以前スイスに滞在してから三十年後に、もう一度アーレスハイムを訪れます。そして病院やゲーテアヌムを訪れ、そこで主にルドルフ・シュタイナーの「人類の代表」という彫刻像を研究しました。ポルトガル経由の帰りの旅で、自分の生まれた家にもう一度泊まりました。ブラジルに帰った後、彼女は最後の店を売る決心をしました。一九六〇年から一九八八年までの二十八年間、ずっと彼女は働き続けました。両親の始めた店は甥のひとりに譲られました。

バイオグラフィーにおける主な出来事

二歳　最初の記憶（霊的体験）
三歳　父がブラジルに移住
四歳　ブラジルに行く——二人の妹の死
五歳　ポルトガルに戻る
十一歳　パラチフス
十二歳　ブラジル、サンパウロに戻る
十四歳　秘書になるための訓練
十六歳　働き始める
十八歳　ポルトガルへの旅、子ども時代の場所を訪ねる
二十五歳　未来の夫と知り合う
二十八歳　結婚、父の死
三十一歳半　腸の伝染病——超感覚的体験

三十二歳　夫の病気
三十六歳　新しい展開――アーレスハイムで人智学と出会う
三十七歳　ポルトガル、アヴェイロへの旅
四十三歳　母の同居
四十八歳　夫の死――店の設立
五十六歳　店をしだいに手放し、ひとつだけを残す（休暇なし）
六十三歳　店で精勤（休暇なし）
六十六歳　ゲーテアヌムへの旅、イタ・ヴェヴェークマン・クリニックとポルトガルへの旅――最後の店を売る決心（甥へ譲る）

この物語は大きなドラマのない人生と言えることでしょう。しかし、なぜこのバイオグラフィーを私は選んだのでしょうか？　このLさんを、患者として長年診てきましたし、彼女自身が何年かは自分のバイオグラフィーに取り組んできたからです。いくつかの典型的な法則性を、彼女のバイオグラフィーに見る事ができます。

最初の三つの〈七年期〉の法則性をみてみましょう。Lさんの生活領域はしだいに広がっています。家、学校、生活（職業）がその三つの歩みといえます。その段階的な歩みのなかで成長し行く存在は自分を広げて行きます。十二歳の頃、他の子どもたちの嘲笑の対象となり、彼女が自分を「違って」感じていたことにより、彼女は臆病になり、内向的になります。十六歳でLさんは仕事を始め、彼女の人生のモチーフ、つまり「商売」がここで始まったという印象を持ちます。にもかかわらず、彼女は不幸で空虚であると感じていました。

二十八歳で彼女は父親を亡くし、結婚します。古きものはなくなり、新しいものが始まります。伴侶との結びつきは、三年半から四年後、彼女に新しい課題をもたらします。十五年に渡る病人の介護は彼女に、霊的な世界観に辿りつき、自分の存在を愛と献身へと浄化することを可能にしました。

夫の死後、Lさんは自分の中心モチーフである「商売」に再び取り組みます。彼女の事業は七年間に（四十九歳から五十六歳）しだいに広がり、四つの大きな販売センターを持つに至り、それから五十六歳以降しだいに仕事からは引いていきました。ひとつだけ残しておいた店を、さらにもう七年彼女は続けます。

Lさんのバイオグラフィーでは他にムーンノードのリズムが目立ちます。（バイオグラフィーにおいてムーンノードは十八年半ごとに繰り返します。この法則性について詳しくは後の章で話します。）Lさんの場合、ムーンノードのときというのは、祖父母の家、つまり子ども時代の場所を訪れたいという激しい要求が生じます。そして十八歳のときも三十七歳のときもそうします。五十六歳でもまたこの願いが出てきますが、しかし実現するのは六十六歳になってからです。

Lさんの人生では土星のリズム（三十年ごとの区切れあるいは繰り返し）が顕著です。三十年後に彼女は自分の霊的故郷である場所を再び求めます。つまりイタ・ヴェヴェークマン・クリニックとゲーテアヌムです。

1-2　バイオグラフィー2

私は十二人の子どもの七番目として生まれました。父はインディオで、母はポルトガル人です。私は祖母と一緒に、家族の家の裏にあった小さなインディオの小屋で暮らしていました。私たち、つまりおばあちゃんと孫である私は毎日森へ行きました。薬草や食べられる木の実の他、とくにタバコを探すためでした。私は祖母のために、機織用の糸を巻かねばなりませんでした。タバコが大きくなるとはっぱを摘みました。私がそれを広げ、祖母はそれを巻いて大きなソーセージ状のものを作りました。タバコは治療にも用いられましたが、祖母のパイプにも使われました。祖母は治療者で、彼女に病気を診てもらったり、薬草を処方してもらうために多くのインディオたちがやってきました。患者は皆、おまじないの言葉で治療されていました。ですから私は幼いときから、すべての傷の薬草と箴言を知っていました。私は祖母のいちばんお気に入りの孫ではありませんでしたが、祖母は私を後継者に指名していました。祖母がとりわけ好きだったのは肌の白い妹で、しょっちゅう膝に抱き撫でていました。しかし、妹は祖母の家には入ることが許されていませんでした。私は彼女の後継者として自然治療家になるべく、白羽の矢を立てられていたのでした。

毎晩私は「オーカ」（インディオの家）の隙間から、インディオたちが夕べの儀式のために歌いながら集まってくるのを見ていました。誰もその場にいてはいけません。残りの家族は家の中に隠れていなくてはなりませんでした。

六歳くらいで私は書いたり読んだりすることができるようになりました。そして父が算術やその他のことを教えてくれました。

私が九歳のとき、祖母はある晩森から戻ってきましたが、疲れて吊り床に横になり息子を呼びました。そして、自分が死ぬだろうと告げました。祖母は死ぬための準備の儀式を受けませんでした。死後、祖母の遺体は母屋に置かれました。祖母が埋葬された後、予期せぬことが起こりました。父は祖母の小屋に火をつけたのです。すべて燃えました。ただ灰だけが残ったのです。いったい私はどうなるのだろうと思いました。

この時から私たち一家はしだいに貧しくなりました。父は新しい服を買って、他の女性たちと街を歩き回りました。私は家族全員を養わなければなりませんでした。というのも、私は森の根菜や果実について知っていたからです。

私の父は政治にも関わるようになりました。政府が交替し、父は追われました。私は用心棒として父についていきました。祖母の織った小さなカバンに、私は父のリボルバーを隠しました。

十一歳になったとき、父は白い螺鈿のついた小さなリボルバーをくれました。すぐに私は射撃の練習をしました。その間に私の家族は養鶏を始めました。私が鶏を射的にしていたので、鶏を売るかわりに料理しなくてはならず、母が怒りました。しかし、基本的には私は非常に家業を助け、たくさんの鶏を売りました。私は誰かを助けることにとても喜びを感じ、そして知識欲もとても旺盛でした。周りの農民たちに読み書きを教える手伝いもしました。私が学校に入ると、最初の三学年を飛び級し、そして学年ではいつも一番でした。友人関係はありませんでした。私は父にギムナジウムに行きたいと切に頼みました。難しい試験を受け、そして受かりました。私は家族の中で学問することが許された最初の女性でした。ギムナジウムでも私は一番優秀な生徒でした。生活のために、学校の食堂で働いたり、たくさんの子どもたちに個人授業をして稼いでいました。農民たちに読み書きを教えることも続けていました。

ある日、年配の人たちが私に注目し、いわくありそうな本をくれました。それは「偉大なる兄弟」の本でした。私はこれらの思想に感嘆しました。しだいに、農民たちにもこの思想を語るようになりました。ラジオで語ったり、新聞を発行したりしました。そうして私はしだいに名が知られるようになり、軍事政権に目をつけられるようになりました。彼らは私を捕まえようとしました。私は逃げて隠れました。しかし、善良な父は私の居場所を明かしてしまいました。十七歳から十八歳の一年の間、私は留置所に入れられました。やっと解放されると、外国の町へと旅をしました。そこで、牧師と一緒に農民たちのところで働き、彼らに読み書きを教えました。農民たちは、ごつごつした荒い手で鉛筆を掴もうと一生懸命努力しました。私は豚油を彼らの手に塗って、指をやわらかくしました。ついには、彼らは自分の名前を書けるようになり、世界で起こっていることに対する彼らの意識も研ぎ澄まされていきました。

「偉大なる兄弟」の思想も私にはもの足りなくなってきました。この時期、ゲリラ運動が企てられ展開されました。遠くパラグアイまで至る道がそのために造られました。その道に沿ってゲリラを守ろうとするたくさんの農場がありました。この計画に私は熱心に取組み、十九歳でまた牢獄に入れられました。今回は二年間で、前回より辛いものでした。私は自分で黙秘する誓いをたてました。非常に激しく拷問されましたが、仲間について沈黙を守りました。肌に傷や痣ができ、もう治りそうにありませんでした。様々な治療にもかかわらず、熱の苦しみやリウマチのような痛みがきました。足を傷つけられたときは、かなり出血し、病院に運ばれました。集中的に検査をされましたが、どんな病気かわかりませんでした。病院に入って半年後、逃げ出すことに成功しました。私はちょうど二十一歳でした。私はラテンアメリカの様々な国を逃げまわりました。そして結局そのうちのひとつの国で夫と出会いました。

私は結婚し幸福になりました。夫には男の子の連れ子がいました。間もなく私は妊娠し、かわいい子どもが生まれました。私は幸せに輝く母でした。しかしその二年前に私は、狼瘡であると診断されていました。その病気は時々出ましたが、しかしそれでとても大変ということはありませんでした。私は、また喜んで勉強を教えました。

ラテンアメリカのある国で私は再び学業に戻り、社会学の免状を取りました。しかし亡命生活はだんだん危険を増し、ラテンアメリカに隠れていることでは十分でなくなりました。それでヨーロッパに渡り、三つの国を転々としました。私は教師を続けつつ、同時に出版社でも働き始めました。生活はきわめて満足に流れていきましたが、故郷への憧れは募っていきました。

ある日、私が空港でブラジルに行く子どもたちを見送っているというフィルムを見せられました。涙がこぼれるほど揺り動かされたそのフィルムは、私に意図的に見せられたようです。私はそれをそのまま受け入れることができませんでした。初めて私は反抗し、そのフィルムを見続けることを拒否しました。私は再び私自身の主でした。この時期ブラジルでは亡命法がなくなり、私のような亡命者は故郷へ帰ることが許されました。私の家族は大喜びで私を迎えてくれました。このとき私は二十八歳でした。

故郷での生活は私にとって新鮮でした。新しい人々、国を理解する試み。しかし、夫は仕事がありませんでした。彼は、新しい状況に慣れるまで時間がかかりました。私は教師として働き、家族のために稼ぎました。しばらくして夫はどんどん変わっていきました。彼は亡命者でした。そしてそれは女性たちの興味を引きました。ある日彼はハイヒールの美女を連れて帰り、私たちと一緒に暮らそうとしました。私にとってそれは受け入れ難いことでした。私は二人の子どもを連れて家を出ました。私はひどく落ちこみ不幸でした。私は夫を愛していました。共に多くのことをしてきたというのに、いい女をさっと掴まえ、自分の妻を放っておくことには理解できませんでした。

夫と別れたとき私はだいたい三十歳くらいでした。私が内的均衡を取り戻すのに二年かかりました。そしてまた仕事が楽しくなりました。私は映画会社でも働き始め、宣伝部門にいました。そして他にも、ブラジルのお菓子を作り、友だちがそれを売ってくれました。そうして子どもたちや自分のために生計を得ました。

私がまた激しく恋愛をしたのは、三十五歳になろうとしていた時でした。しかしこの恋愛は現実的ではありませんでした。私は妊娠しましたが、三カ月で流産しました。この時期、前の夫が二人の子どもを自分のところへと引き取りました。私は人生でいちばん大きな危機の中にいました。まったく孤独で、子どももおらず、私の心の中で空虚さが広がり、何か他のものへの憧れが育っているのを感じていました。

私は決定的に政治から離れていました。私の魂の中で新しい小さな芽が育っているのをしだいに感じていました。私は霊的なものを再び探し始めました。それは祖母が私の中に植え付けてくれたものでした。つまり、自分自身を見出すという霊的な真実でした。子どもたちが私のもとに戻り、家では新しい人生が始まりました。そしてこの時期に、だいたい三十八歳くらいですが、新しいパートナーと出会いました。私たちはふたつの魂でありながらひとつの心であり、完全に補い合っていました。

そうして小さな少女タンガは成熟した女性になり、三十九歳で人生を意識的に捉え、新しい価値を探し、自分の病気の困難さを理解し、新しい霊的な価値観の助けにより、病気を克服するように試みているのです。

このバイオグラフィーは何を示しているでしょうか？　大人のように扱われ、小さい頃から大きな責任を課され、家族や兄弟姉妹と一緒に暮らさず、その能力と責任を継承させようとする祖母と暮らしている、そういう子どもがここにいます。

九歳でタンガは、祖母の死後家が燃やされ、まったく新しい人生が始まるのを体験します。ここでもっと大きな責任が彼女にのしかかってきます。彼女は利用されていきます。まずは父親に、そして後に政治家に。彼女は彼らにいつも利用されます。十代には囚われてひどい体験をします。ある程度まで彼女はその純粋さによって守られていました。それでも深刻な病気になります。

そしてこの患者はある時期をいろいろな失望感を持ちつつ生きていきます。そしてついに三十七歳で再び自分に戻り、内なる霊的なつながりを見出すのです。

このバイオグラフィーに現れる個々の現象については、以下に続く章で正確に理解することを学んでいきましょう。

2　二十一歳までの成長過程「人間になりゆく」——人生の準備期

二十一歳頃に成人に達するまでの最初の成長の年月が、ひとりの人間の人生全体を形成します。人はある家庭に生まれ、ある土地を通してこの世界にやってきて、そこで話されている言葉を最初に習得します。ひとりっこであるか、兄弟姉妹を持っているかは、後に個的・社会的な成長にとって大きな意味を持ってくるでしょう。人間を形成する内的そして外的要因はたくさんあります。内的要因というのは、人間自身がいわば自分で持ってくるものです。身体の骨格などはそのような要因のひとつです。つまり、背が高く痩せているとか、がっしりして太っているとかです。こうした要因は両親からの遺伝と関係しています。それから、いわば、「生まれつき」の要因には、気質、黄道十二宮や惑星の影響もあります。[18]このことについては後で述べましょう。

第一〈七年期〉における人間の個的本性の課題は、身体を作りかえることです。

たとえば次のようなことと比較することができます。内的変化を遂げてある旅から帰ってくると、部屋や家を新しくしたいという要求を持ったことはないでしょうか？　あるいは、家を建築家にまかせて建てているとします。しかし、もうすぐ完成というときに、自分にとって都合のいいようにすべてをひっくり返すとします。人間の個的本性もそれに似たような課題を持っています。人間の個的本性というのは霊的な本性で、父親と母親の遺伝の力が刻印されている肉体を作りかえるために地上に降りてきます。この作りかえる過程は人生の初期に、子どもの病気を通して促進されるということを、私たちは人智学を通して知っています。第一〈七年期〉に、いわば身体のすべての素材が新しく作りかえられ、どの細胞も個的な性格を持つようになります。身体の最も堅い部分、つまり乳歯が生え変わるようになると、それはこの変成の過程が終わったという印です。永久歯というのはまったく個的な性格を帯びています。ですから、どの歯医者も自分の患者の歯型を識別できるのです。

第一〈七年期〉の間、身体における霊的な目覚めは、外界から来る感覚的な印象を通して起こります。ここでまた例をあげましょう。もし私たちが冷たい水に飛び込んだら、どうするでしょうか？　びっくりして手足をひっこめ、身を縮めます。しかし、あたたかい湯船につかると、喜んで気持ち良く手足を伸ばします。同じことが子どもの個的本性にもいえます。子どもは外界の印象を、感覚を通して心地良い善きものとして体験すると身体全体で幸せに感じ、身体を伸ばします。この感覚的印象が、冷たいお風呂に入ったように心地良くないあり方でくると、子どもの個的本性は身体から引いて、人間としての身体の形成は不充分なままとどまります。このことはたいてい、ずっと後になって初めて明らかになるのです。

この〈七年期〉では人間は模倣により学びます。そして、周囲の大人がどのような態度をとるかということが、とても重要になってきます。この時期に、後の人生における道徳的な振る舞いの基礎を養うのです。
ルドルフ・シュタイナーは教育についての講演やコースで、第一〈七年期〉の意味について多くを語っています。はっきりと彼は言っています。この時期の子どもは感覚的印象を通して、あるいは、自分の中に映し出される大人の道徳的な態度を通して、「世界は善である」と感じることができるのです。

第一〈七年期〉において、魂の成長のために子どもには何が必要でしょうか？　私のワークショップのある参加者のひとりはこう言いました。「巣が必要だわ。」巣は何をもたらしますか？　あたたかさ、おおい、保護、規則的な食事と眠りの時間、そして何より愛です。すべてこれらのことは、第一〈七年期〉の子どものために親や家族がきちんとなすべき条件です。なぜなら、子どもは完全に周りの世界に左右されるからです。子どもがゆっくりとその領域を広げていくのを体験するのは本当にすばらしいことです。まず、お母さんのおなかの中にいます。それからゆりかごの中、そして部屋の中、やがて階段を這い降りて家中を我が物にします。そして、庭、それからゆっくり通りへ出ます。そこが小さな村なら、やがて村中へと出ていきます。最初の小さな守られた子どもの世界はしだいに拡大していきます。自由へのゆっくりとした歩みだとも言えます。そして、このような歩みは人生の中で何度も繰り返されるのです。

人間の三つの基本的な力、立って歩くこと、話すこと、考えることは、模倣を通して発達します。そして、人生の最初の三年間に、神々から非常に際立った特質を贈られているのです。たとえば、仮に足を折って歩けないとか、声がかすれてしゃべれないとか、何かの理由で思考能力や記憶力が妨げられたりするとはじめて、いかにこれら三つの能力が決定的で、生まれつきその能力を妨げられた人にとっては、それがいったいどういうことであるのかに気がつきます。私たちはこれらすべての能力を、私たちの意識が知覚するより前に、贈り物のように受け取っているのです。そしてそれを通して時間と、空間と、永遠性を獲得するのです。次のようにも言えます。つまり、私たちは動くことを習得するのです。まず空間の中で、それから他者とやり取りすることの中で、それから思考の世界の中で。キリストは言います、「私は道であり、真理であり、命である[19]」と。

最初の三年の段階が過ぎると、すぐに最初の自我体験がやってきます。神経感覚系が成熟し、人間の個的本性がそれを道具として利用できるようになります。子どもは内的に世界から分離し、自分を「私」と体験します。「グレートヒェンはこうしたいの」とは言わずに、「私はそうしたい」と言うようになります。よく知られた反抗期がやってきます。（大人としての私たちがあらゆることに「いいえ」と言うときも、それは何か自分の自我を主張する必要性と関係しています。）

最初の自我体験を持つ頃から人間は記憶を持ち始めます。自分のバイオグラフィーの中で、何を最初の記憶として持つかということは、たいていその人の運命全体において重要です。私たちが自分のバイオグラフィーに取り組むとき、最初の記憶をありありと思い出してみることはとても重要です。今日、誕生前の人生や前の生の記憶を思い起こす方法もあります。しかし、そのことについてはここでは言及しません。私たちは通常の日常意識を眺めるのです。このとき、たとえばまだ赤ちゃんでおかあさんの腕に抱かれているときを思い出すことができるというのは、例外とします。

前述したバイオグラフィーの手記に見られるように、子どもを取り巻く環境、自然、そしてもちろんとりわけ家庭が、その子にとって決定的となります。兄弟姉妹の関係は既に対人的態度を要求します。嫉妬や妬みの場面も多いですし、分け合うことも学ばねばなりません。バイオグラフィー1では、筆者が三番目の子どもであったことが非常にはっきりと現れています。これに関してカール・ケーニッヒ[20]の著書『兄弟と姉妹』〔邦訳『子どもが生まれる順番の神秘』、パロル舎刊〕を読むことをお薦めします。ケーニッヒはその中で、三番目の子どもにとっての典型的な役割について述べています。つまり、いつも三番目の子どもは何か損をしたように感じているのです。バイオグラフィー例の3や5でもこのことははっきりとわかります。

先にあげたバイオグラフィーの中で、最初の記憶はどのように人生に関連しているでしょうか？ バイオグラフィー1では、霊的世界の体験がとても重要になっています。聖母の体験は彼女の人生全体を決定付けています。それに対して、バイオグラフィー2の少女タンガの子どもも時代は全く異なります。彼女の場合は最初の記憶はあまりはっきりしていません。

この〈七年期〉における信頼の体験はどうでしょうか？ 子どもは世界に対するまったく純粋で自然な信頼感をもって生まれてきます。子どもが高い木に登って降りてこられないと、父親や母親を呼んで、完全に信頼をおいて、その腕の中に飛び込みます。大人に対して完全に自らをまかせるような、そういう信頼感を、後の人生のいつ私たちは持つでしょうか？ 信頼する態度は子どもの基本的なあり方のひとつです。それはある程度生まれつきもっているものです。けれども、人生においていかに早くこのような信頼感を失ってしまうことでしょうか！ たとえば、子どもが夜に突然目覚めると、両親は映画を見に行ってしまって、いなかったということがあります。あるいは、子守りの人が、「眠らないと、黒い羊がやってきておまえを食べちゃうよ！」と言って脅したりします。別の例をあげましょう。小さなヨハネスはお母さんと一緒にサーカスに行くために服を着ます。けれども、たどり着いたのはサーカスではなくて歯医者さんの椅子の上でした。あるいは、ワークショップの参加者のひとりが話した別のお話をしましょう。子どものとき、その人は髪を切りに行くことが嫌いでした。それで、床屋に行くといつも、床屋はこの小さな男の子のために作っているという飛行機についてあれこれ話してくれました。そして、もし飛行機が完成したら一緒に飛ぼうと言いました。それは何年も続きました。そして、ほぼ彼が六歳になったある日誰かが言いました。「良くお聞き、そんな飛行機なんて、そもそもないんだよ」と。男の子はとってもがっかりしました。この出来事は彼にとって一生忘れることができないものになりました。この体験は疑いという概念を彼の人生にもたらし、彼は長い間これを克服できなかったのです。

さて、最初の〈七年期〉で身体が作りかえられると、そのために使われた生命諸力は自由になります。子どもは受容する能力を身につけ、学校に行くにふさわしい年齢になります。これらの諸力は今や、知識を受け取るために使われることになります。早期学習を始めると、あまり良くない結果を引き起こします。それはすぐ後に続く〈七年期〉にあらわれるのではなく、ほとんどの場合人生のずっと後、五十六歳から六十三歳までの段階に顕著になるのです。なぜならこの時期、これらの諸力は神経感覚系から再び離れようとするからです。まとめると、次のように言えます。第一〈七年期〉は人生における晩年の身体的健康にとって決定的になるのです。

第二〈七年期〉には呼吸器官、心臓と循環器官が成熟します。これらの器官は私たちの感情の担い手です。その感情によって私たちは反感と共感、善と悪、美しさと醜さを区別します。この時期はまた、後の人生において周りの人々との関係や、とりわけ世界との関係に反映される時期です。私たちはこの時期に、吸ったり吐いたりという呼吸を学ぶともいえるでしょう。しかしこのことは、単に実際の呼吸の過程だけでなく、世界に対するすべての関係性についてもいえるのです。この時期の子どもは自然の中に包み込まれ、自然と一体であるとはもう感じなくなり、今や豊かな内面生活が始まり、絶え間なく豊かな想像力を発展させていくことになります。子どもの想像力の中で、私たちはいわば人生をドラマ化して体験します。あるときは王女で、あるときは奴隷、そしてあるときはまた英雄であり、またあるときは泥棒です。私たちの魂は様々な色に輝き、私たちの内的世界は外側の世界と常に行ったり来たりする関係にあるのです。

この段階の子どもはまだ部分的には模倣を通して学びます。しかし、子どもは権威として見上げ、体験できる大人を必要とします。ある部分まだそれは両親であり得ますが、しかしほとんどは学校の先生になります。七歳から十四歳までの時期の子どもにとっては、学校が主要な居場所となります。教師が子どもの人生の重要な場所を占めます。教師は、いわば子どもと世界との仲介者です。教師が何を子どもに語り、どのような世界観を持っているかが、子どもの後の人生での成長発展と教養形成に深く影響します。教師が、人間は猿からなったと確固として信じているか、あるいは身体と魂と霊とを備えた神の被造物と確信しているかでは、第二〈七年期〉の子どもの世界観にとって非常に大きな違いとなります。自分の目に映るのが単にオシベと花びらその他からなる花なのか、あるいはこの自然界がもたらした花のすばらしさが人間に喜びを与えてくれると見るのか、これらすべてが後の人生に対する態度に決定的に影響するのです。子どもの感情世界は教育や、授業の中で考慮されなければなりません。この観点からのヴァルドルフ学校[21]の教育に関する本がたくさん出ていますので、今ここで詳細にそれについては述べません。

もし学校や家庭で非常に強権的な教育を体験すると、たとえて言うなら、もしいつも「とり入れ、息を吸い込む」ことばかりですと、その子は息を吐くこと、出すことが難しくなります。その子どもは非常に内向的な人間になる危険性があります。後にその人は自分の中から出ていくという困難な課題に自分で向き合わねばなりません。反対に、あまり十分に権威がない教育を受けますと、ある意味常に吐き出すことばかりとなります。それは後の人生で、内的になれず、ほとんど自分に留まることがなく、いつも外側の世界に向いたままとなります。吸い込むことと吐き出すこと、内向きと外向きのリズムのちょうど良い程度を見つけなければなりません。教育において権威が愛と結びつくとき、このことが最も良くおこなわれるのです。

リズムというのは、いつも生命力を与えるものとしてありました。リズムは健康にする働きを持っています。今日、多くの人々が、毎日の、一週間の、ひと月の、あるいは一年のリズムがない故に苦しんでいます。常に疲れています。リズム障害が多くみられます。眠りのリズムの障害（不眠症）、消化のリズムや心臓のリズムの障害、ぜんそくなどなどです。その原因は第二〈七年期〉にあるのではないでしょうか？

特にこの時期、芸術や宗教性を通して私たちの感情の形成がなされます。ルドルフ・シュタイナーは教育の講義で言っていますが、この時期、美の要素が人間の中に呼び覚まされなければならないのです。

この第二〈七年期〉はまた、私たちが周りの人々の態度やあり方によって影響される時期でもあります。そしてあらゆる行動の決まりや訓令のようなことが、自分の人生の基準や規範となります。例えば、「おまえはなんて不器用だ！」、「おまえは一家のもてあまし者」、あるいは、「おまえを学校にやっても役に立たない。おまえは何も学ばない、ばかだ」というような言葉は、子どもの最も深いところへ、魂の中へ影響します。また、教育者である人の習慣も、この時期の子どもは体験し取り入れます。この〈七年期〉の間に自分固有の習慣というものが形成されます。食事の後に歯を磨くかとか、たくさん野菜を食べるかどうかなどです。そして、後の人生において、悪い習慣をやめたり、自分の中に刻印された「規範」を解き放つことはなんと難しいことでしょう！

いくつかのそのような例を見てみましょう。「おまえは泣いちゃいけない。強くなくちゃいけないんだから。」もし、男性が第二〈七年期〉の間にこのような訓令を強いられて大きくなった場合、それは後の人生における彼の感情生活にとってどのような意味を持つでしょうか？

あるいは、「男の子と遊んじゃいけない」「おまえは勉強しなくていい。男の子だけが勉強すればいいのだ」。このように子ども時代に言われ続けて育った女性は、後の人生においてどのようにあり、どのように職業生活をし、あるいは離婚したり夫を亡くしたりした後、どのように家族の生計を担っていくべきなのでしょうか？

九歳前後には大きな変化が生じます。私たちはより自分自身の内へと降りてきます。自分は姉とは違う感情を持っているとわかったり、あるいは隣家の家族のことが感覚的にわかるようになり、突然、隣の家はお金持ちだけれども自分は貧しい家に生まれたということに気づくこともあるでしょう。自分の両親が自分に対するのに比べて、友だちの両親は子どもにとてもやさしいと思ったり、あるいは、自分の可愛がっている猫を兄は嫌っていると気がついたりします。まだまだ他にも例がたくさんあることでしょう。今や、自分自身の固有の感情生活が目覚めたと言うことができます。二回目の自我体験です。大切なのは、感情生活が広がっていける温床が必要だということです。そのような温床は芸術や宗教を通しても与えられますが、なにより教師や両親の愛に満ちた権威を通して与えられることが必要です。教師は子どもの形成に重要な意味を持ちます。後に、かつて大好きだった先生や、尊敬していた先生が教えてくれた科目のみを本質的に好むということがあります。

この第二〈七年期〉には、「私」と「あなた」との葛藤も起こります。それは主に学校の友だちとの間に起こります。この〈七年期〉は私たちの心理的成長と成熟にとって重要であり、特に二十一歳から四十二歳までの時期にとって、そして人との関係における能力にとって決定的となります。人との関係を通して私たちの魂の生活は成長するのです。

バイオグラフィー1の例では、この少女の第二〈七年期〉、十一歳で人生にとって重要な出来事が起ります。つまり、ポルトガルからブラジルに引越し、主としてポルトガル訛りがあるという理由のため、新しい学校に馴染むことができません。友だちからの拒絶により、少女の中には強い内向性が育ちます。この少女が、外側からやってくる様々な問題を乗り越えられないでいるということがわかります。

バイオグラフィー2の少女タンガは、まったく異なった生活状況の中で育ちます。彼女も九歳で大きな変化を体験します。祖母の死に関係する事柄です。彼女のそれまでの過去はその後まるで消し去られたかのように、このときから全く新しい価値観が、彼女の人生を決定していきます。

さて、十四歳までやってきました。すでに十一歳から十二歳で前思春期が始まり、十四歳まではさらに強まっていきます。子どもの身体的な成長もこの頃著しくなってきます。思春期への入り方は人によって異なります。この時期への移行の克服は、七歳のときよりも本質的にずっと困難になります。第一から第二〈七年期〉への移行期、学校に行きたくない子の抵抗の意志は、良き教師によって克服されることがほとんどです。しかし、十四歳への移行のときにはより深い断絶が起こります。それはあたかも楽園から地上に落ちたような体験です。原罪と比べてもいいでしょう。そして男性的な魂と女性的な魂のあり方の違いが大きく際立ってきます。男性はより強く地上と結びつき、女性はより宇宙的なものに留まっているといえます。この違いはその後の男性と女性の成長を特徴付けていきます。中にはこの時期に自殺を試みようとする人々もあります。この時期の子どもはある境域体験を前にしているとも言えるでしょう。つまり、地上への道を見つけそこで活動するか、あるいはこの世界を怖れて身を引き霊界へと戻るかどちらかです。ですから例えばこの時期の若い子、例えば十二歳の少女としましょう、その子は種々様々な手段を用いるのです。そして、地上と結びつくのではなく、幼稚で、想像的で、幻に満ちた「まだ大人ではない世界」に留まろうとするのです。昔はおそらくお人形遊びでしたが、現代は最悪の場合、それは麻薬であったりします。

この時期成長する諸器官は、下腹器官、特に生殖器官であり、そしてとりわけ筋肉や四肢です。全筋肉組織が固まります。それは、いわば私たちが世界を変えるための諸器官です。消化器官を通して私たちは外界の素材にはたらきかけ、固有の人間となる素材を形成していきます。消化の過程においても筋肉のはたらきが見られます。四肢を使って私たちは外的世界を変え、ある新しい世界を創り出します。これらは創造のための諸器官でもあるのです。私たちは生殖器官を通して、新しい人間を地上存在へと導く助けをすることが可能になるのです。

青少年期の人間たちは、二つの対立する力の間であちらとこちらに引き裂かれています。一方の側では、非常に強く、人間の理想像というものに目覚めます。それはこの十代の頃ほどには決して明確ではありません。もう一方で、性的欲望の目覚めにより、生物学的領域にはたらく強い力に気づきます。この二つの力が相対立して青少年の中にはたらいています。一方の側から反対側へと引っ張られ、彼らの魂はまるで真ん中で双方から引っ張られて緊張し固くなっているようです。彼らの中では、世界や人生に対する不満が充満しています。反逆的な行動が現れます。この時期の青少年たちはしばしば自分の中に閉じこもり、「私は誰なのか?」「なんのためにこの世界にいるのか?」という問いの答えを探しています。両親からは理解されていないと感じ、先生も好きではなくなります。自分の問いかけの答えは外側に見つかると思い、マルクス主義から仏教まで、ありとあらゆる主義主張に近づきます。

疎外されていると感じると、他の人との接触を求めます。しかしこの接触を求めることは、青少年の場合、周囲に対する大きな批判として現れます。それはまるで、自分の内側に閉じこもりうずくまっていて、矢を世界に向けて放っているようなもので、その矢はどこだろうと誰にだろうと、かまわず当っているようなものなのです。内側に大きな力が存在し、世界と周囲を変えたくて仕方がないのです。それで、まず家族に新しい習慣をとり入れるとか、周囲の社会を変えたいと思います。しばしばこの時期には、魂の三つのはたらきである、思考、感情、意志がまったくばらばらになっています。ある若者たちは、思考や、逡巡や哲学に没頭します。また別の若者たちは、感情や信仰に自身を捧げます。そのひとつの例が様々なヒッピー運動でもありました。多くの若者たちは、攻撃的で破壊的になり、自分の意志を抑制することができません。挙げ句の果てにはテロ行為を引き起こすのです。荒馬のような自分の意志は、ほとんど制御することができません。真実を求めることも始まります。両親も教師も、確固として真正であれば、立っていられます。家庭の中で、きちんとしていない関係は見ぬかれるので、真実にそぐわないことを外面的に装おうとすることは意味がありません。書物の叡智ももはや受け取ろうとはせず、人生から得られる体験でないといけないのです。彼らは真実を自分の中に、そして両親の中に、世界の中に見つけたいのです。

この〈七年期〉に、後の人生における私たちの霊的成長の基礎が築かれます。十四歳以降、私たちはしだいに自分自身の運命に責任を持つようになっていきます。様々な人との出会いが深い運命的な意味を持ち、それは敬意を払われ、育てられようとします。私たちが行うことすべてが結果をもたらします。子どもたちを学習に追い立てることは、もはやあまり役に立ちません。それまでに自分で学んでいなかったのなら、その結果を引き受けねばなりません。教育においては自由の原理が支配していなくてはなりません。しかし、自由への歩みはゆっくりなされます。青少年たちが一歩一歩勝ち取っていく外的な自由について語ることができるでしょう。彼らが責任を引き受けていくに従って、その自由をも楽しむことでしょう。自由と責任は天秤にのった二つの要素であり、彼らはその均衡を取ることを学ばねばならないといえるでしょう。同時に、二人の人間の相互理解にとって最も大切な要素、つまり対話というものがしっかりと育まれなければなりません。反論はできますが、禁止はできません。青少年は自分の裁量で行動することを学ばねばなりません。

この年齢に特に大切な、内的自由についても語ることができます。人は家で、家庭で、より自由に感じていればいるほど、外側へもっと自由になりたいという要求を持つことは少なくなります。(このことは結婚した関係でもいえます。) 次のような場面を、あるいはこれと似たような場面をしばしば体験することでしょう。ある青年が自分の部屋を持っています。そしておそらく大学生です。突然、姉が離婚して三人の子どもを連れて実家に戻ってくることになって、彼は驚きます。彼は、自分の場所を姉のために空けなくてはなりません。「どうして自分が?」もし、両親がその前に彼と対話し、そして彼が自ら積極的にこの行為をしたのならまた違ったことでしょう。しかし、彼が部屋を明け渡すように強制されるなら、それは彼の個人的な自由への介入となり、それはこの年齢ではもう許されないのです。別の例です。ある少女が手紙を受け取ります。しかし、直接彼女の手に届いたのではなく、その前に開封されています。あるいは、ある両親が机の上に置いてあった日記を見つけたとします。日記に自分の本心を打ち明けるという要求をこの年頃の青少年は持っています。そして両親はその日記を読んで、娘が十五歳か十六歳でボーイフレンドと性的関係をもっているということを知ります。日記は燃やされ、少女は両親からひどく罰を受けます。

この時期、信頼関係が曇ってしまわないようにしなくてはなりません。両親が子どもの友だちであるように接すると、互いの会話の基礎を作り、信頼関係が作られるきっかけになることが多くあります。そうでない場合、青少年期の子どもたちは年上の友人や親戚の人など、とにかく大人として話してくれるような人を求めます。それは、他者をひとりの個性として尊敬するという、内的な自由の可能性です。いつまでたっても子どもとして扱われるとしたら、一体どうして大人になれるというのでしょうか！　そして、今や世界へ出て行こうという時期になります。その時期に、多くの若者たちは様々な体験を求めて旅立つのです。多くのことを試し、多くのことを体験しようとします。禁止されているようなことの多くは、隠れて行ないます。単に自分で自分を試し、自分で自分を見つけたいという必要性からそれを行なうのです。「私は誰であるか？」という問いは、あらゆる領域に関連していきます。宗教、性、職業へと。そしてどの衝動が自分自身の中からきていて、どの衝動が両親のものなのか区別することがとても困難です。そのことをよりはっきり認識し、そして自分自身を発見するために、多くの場合家を出て行きます。

こうして十九歳までやってきました。十八歳と七カ月でいわゆるムーンノードという時期になります。月の軌道（白道）と太陽の軌道（黄道）の交点が誕生時と同じ配置に戻ります。この時期に自分の運命の道をはっきりと感じる可能性があります。（このことについては後で述べます。）この時期というのは、あたかも天界が少しだけ開き、世に出て行ってどんな職業に就こうか内的に認識するような時期です。今や三回目の自我の誕生が意志と活動の領域で行われるともいうことができます。しかし、このような外の世界へ出ていく時期に、全く正反対のことが、どれだけ多くの人々に起こっているでしょうか！　特にブラジルのような南半球の国々では、女性に対して多くの規制があり、女性が職業的に成長できないのです。そのことはバイオグラフィー2を見てもわかります。父親が娘への決定権を握っていて、娘が行くべき職業をも指図しています。この時期、多くの若者はいわば反逆に成功しますが、反対に閉じこもることもあります。多くの父親は子どもに跡を継いで欲しいと期待します。しかし今日では、職業選びはより個人化し、自分の職業の道を見つけることすらとても困難になっています。時には、子どもが自分の職業を見つけるまで、両親は何年も我慢を強いられるということもあります。最後にやっと自分の道を見つけるまで、いくつもの専門科目を学んでは、またやめてを繰り返すこともあります。あるいは就きたい職業が見つからず、決して落ち着くことがないということもあります。

この時期に、後の人生のための、霊的成長の種が蒔かれます。自己教育や、理想的な価値観を求めること、また価値そのものを求めることです。真実や真性なるものへの要求はとても強くなります。それには三つの側面があり、ひとつは科学的な真理です。それはこの時期の成長発展には最も重要です。二つめは心理的な真実です。それは今日多くの若者たちがより関心を持つようになっています。そしてもうひとつは霊的な真実です。それに対しても今日多くの若者たちがより開かれた態度を持つようになりました。若者たちが、科学的、心理的、霊的真実を十分に偏りなく与えられているときにのみ、後の人生における調和的な成長発展と、自己教育のための基本的条件を持っているといえるのです。それは、人生の中間期における魂の成長発展や、その後の人生の霊的成長発展にとってもいえることです。

バイオグラフィー1で、Lさんにとって十九年目の年は、彼女がポルトガルに帰り、過去を振りかえる時期です。そのとき彼女はちょうど十八歳で、それはムーンノードの時期に当ります。月が黄道十二宮と黄道に対してちょうど誕生時と同じ位置にあるのです。Lさんはこの時に自分の地上における霊的な課題をつかむことが可能です。ある意味、自分から世界へ出ていき、はたらくために過去を置き去るのです。彼女のバイオグラフィーでは、ポルトガル訪問は再び繰り返され、三十七歳のときも過去を置き去ることが起こります。それは、二回目のムーンノードの時期です。そして五十六歳から、つまり三回目のムーンノードの時期を過ぎて、彼女は徐々に忙しい職業生活から身を引き、少しずつ自分の店を手放していきます。

バイオグラフィー2では、タンガは自己を主張し、そして家族の中で女の子として初めて学問へと向います。力で彼女は新しい道を切り開きます。しかしそれから政治に関わり、三年間社会から遮断され、「投獄され」ます。それが彼女の病気の原因ではないでしょうか？

第一〈七年期〉は「世界は善である」体験をする理想的な場となります。それは人生における私たちの深い倫理的感覚を決定付けます。第二〈七年期〉には、「世界は美しい」という体験がもたらされたなら、人生における美的感覚の基礎になります。そして第三〈七年期〉が理想的に「世界は真実だ」という感情をもたらすならば、私たちの中に真理に対する感覚と人生における健全な批判精神が育てられます。人間はこれらの基礎を通して、真・善・美の人類の原則を自分の内に持っているのです。

もし、子ども時代や青少年時代にまったくの正反対、つまり、悪と醜さと偽りとを体験するならば、どのような非人間的な資質が現れるだろうかという問題を考えてみましょう。しかし、どんな人の人生においても、そのような時期に光をもたらすことは可能であり、その時期を自分の個性へと統合することができるのです。そうすると、ひとつの〈七年期〉に単に悪いことばかり体験したわけではないということも発見します。そのような見地は心理分析においては重要視されています。私たちはむしろ「光の瞬間」を思い出すことを試みなくてはなりません。魂が光と影の中で生きるようになって初めて、色というものが現れます。多くの抑圧された感情や思い出が、再び意味あることとして現れてもきます。そしてそれらが、このようにして個性へと統合されることも可能なのです。私たちは、十歳でやったのと同じような反応を、四十歳になってはもうしないという可能性もあるのです。

次に、今までみてきたこの人生の段階と次の人生の段階をよく説明している例をお話しましょう。ある二十六歳の若い男性が十八歳の弟にこう言いました。

「僕はいつも幸運だった。そして今、その幸運を保つために苦労しなくちゃいけないという感じがする。おまえはいつも不幸だった。そして今、自分の意識で、不幸をもたらす事柄を避けるということができる時がきたんだ。」

ここで感じられるのは、二十一歳まで、あるいは少なくとも十八歳まで、物事が贈りもののようにひざの上に落ちてくるということです。ある人の人生ではそれが重く、また別の人の人生では全く軽く、幸運であると感じます。それが重くて困難である場合、不幸だと感じます。しかしその後、二十一歳以降、変容の過程が始まります。それまで受け取っていた天分や能力に対する責任を発展させ、それを意識的に変容させることを始めます。この二十六歳の男性は今、人生におけるある困難さを感じ、自分の人生を先へ導くために骨を折らなくてはならないということに気づいています。そして十八歳の弟に、今、意識的に自分の運命を変化させ良い方向へ転換させることの可能性を示します。

簡単なことから始めます。試験に対してよく準備していれば、努力もせず準備もしなかった人より、もちろん受かるチャンスは大きくなるのです。十四歳で、可能な限りのあらゆる欲望や願いが大きくなります。情動が下部の代謝系の部分から上っていきます。この年代ではっきりと持っている理想的人間像と、代謝系部分から浮上して大きくなっていく性的衝動や願いとの間の葛藤が起こります。この闘いの中でまるで引き裂かれたようになります。そこで、自己教育が始まるのです。

そのような葛藤の状況にあった、ある十六歳の少年の言葉を思い出します。「僕はタバコを吸うことだってできる。タバコを試してみたいという気もする。でも、タバコをやめるのにどんなに力がいるかということを考えると、そうしたくはないんだ。」

二十一歳から二十八歳までの多くの人々が、その前の〈七年期〉に行なった非行の結果をまだ担っています。今やその結果に対して意識的に向かい合わなければならないのです。それはまた職業生活においても同じです。多くの場合、十四歳から二十一歳までの間に何らかの職業につきます。そして二十一歳から二十八歳までの間に、意識的な関わりによってその職業において成熟へと達するのです。

古代ギリシャ人は戦車競技をしました。彼らは、車を引く荒馬を御することをくり返し練習しました。そうして彼らは自分の自我を強めました。それにより内的な、魂の領域の荒馬をも飼いならすことができたのです。今日、多くの若者たちはあらゆる水上競技を営みます。例えばヨットやサーフィンなどです。そこでは自分自身を垂直に保つために、風や高い波に対して激しく闘わなければいけません。人間の魂は水に喩えることができることでしょう。時折激しく荒れ狂います。それは若い人たちに自分の自我や意志の力を要求します。どれくらい長く自分が大きな波に対してまっすぐに立っていられるか、試すのです。古代ギリシャ人のように、今日でも私たちは、ある年齢のときは外的なもので何かを支配することを習得しようとするのです。そしてそれは後に内側から支配していくことへと至るのです。別の例でいうと、楽器もまた支配することを学ばねばならないのです。そうして初めて調和的な美しい音が出せるのです。しかし、青少年期にはまず一度、可能な限りの不協和音が試されなくてはならないのです。もちろん、中にはこの時期、にっちもさっちもいかないでいる人たちも多くいます。

そのような成長の結果に続く次の段階を、次の章でみてみましょう。

私は私ではない
私は彼だ
私の側にいて、私には見えない
その彼を、私はしばしば訪ね
そしてしばしば忘れる。
私が話すときは、彼は静かに黙り、
私が憎めば、彼はやさしく赦す、
私がいないところを、彼は歩きまわり、
私が死ねば、彼はしっかり立っていつづけるだろう。

――フアン・ラモン・ヒメネス(22)

2-1　二十一歳

今日、二十一年目の歳というものを、人々は様々な仕方で体験します。多くの人たちはこの時期、大きな困難を体験します。それを「自我を見出すための困難」ということができます。「私は誰？」という、すでに前の〈七年期〉に頭をもたげた大きな問いかけが響いています。

多くの疑惑と争いの状況が生まれます。「私は両親の成果にすぎないのだろうか？」「この仕事を自分から選んだのか、それとも両親の影響から選んだのか？　父は技術者になりたくてなれなかった。それで自分はこの勉強を始めようとしているが、私が自分でそれを欲しているのか、それともそれは私の中にある父の願いがそう欲しているのか？」「そもそも教会のごちゃごちゃにはうんざりだ。両親の宗教を自分は担いたくはない。それに神なんて信じてもいない。」「私は何年もヴァルドルフ学校に行かなくてはならなかった。両親は人智学を信じている。けれども、私はこれらのことについて知りたいとは思わない。自分の道を歩きたい。」「天使だとか大天使だとか、そんなことはもうたくさんだ。」

これらの発言すべては「自我を見出す」ことへとつながっていきます。多くの人々はこの時期に両親の家から出ていきますし、そのことにより自分を探すための可能性を持ち易くなります。それができなくて家に留まる人々もいます。それでも自分を見つける可能性は様々です。おそらく日中は働き、夜学ぶということもあるでしょうし、その逆もあることでしょう。そしてほとんどの時間は家の外で過ごします。両親は、家をまるでペンションのように使っていると文句も言うでしょう。そういう両親にはこう言うことができます。「そうならありがたいこと。だってそれは自己発見のひとつの道ですから。」

また、ある人の場合、何もかもいつもきれいにきちんと片付けておきたがる母親がいるとします。そうなると、だからこそ無意識にその人は、それはすべてばかげたことだと強調しようとするでしょう。「私は家中でいちばんのなまけものなの。だから特別にすべてまわりにおいておくの。おかあさんは、自分の杓子定規なありかたをやめなくちゃならないってもう気づくべきよ」と。また、ある人はおそらく一年くらい部屋に鍵をかけて篭り、家族の誰とも口をきかなかったり、時には食事を運ばせたりするでしょう。そういうときに、無視するのもその人を悩ませますが、あたたかく覆うように接するのもまた望まれません。「お願いだからほっといてくれ！」となります。

もちろんこの時期に、ある非常に重い心理的な病に陥ることもあります。しかし、それらをここに記述することはこの本の目的には適いません。

その代わり、この時期のいくつかの発言を聞いてみましょう。それらは、この時期における自我の発見を肯定的な体験としてとらえています。

私が二十一歳になったとき、こうして成人になったことを祝わなくてはと感じました。私は両親に旅に出ることの許しを請い、女の子として生まれて初めてまったくひとりで旅に出ました。四十年前の南アメリカでは、このようなことはまだ普通ではありませんでした。

別の手記です。

私の一番下の息子が二十歳になったとき、私は彼に、自分の中で何か変化したと感じるかときました。彼は言いました。「光が僕の内側に差したような感じがする。僕の中で何か暗いものが、ゆっくり輝き始めている。」

そしてこの青年のさらなる言葉です。

良心のある場所はどこだろう？　それは、僕の頭の後ろのあたりで、そこから良心の声がやってくる感じなんだ。

3　二十一歳から四十二歳までの段階「人間である」——魂の成長期

多くの若者はこの年齢にリュックサックを背負って世界へと出ていきます。その姿の中に、あるイメージを見てとることができます。それはまた、魂の中でもおきている光景です。私たちは荷造りされたリュックサックを抱えています。その中の荷物は子ども時代に詰められたものです。そしてそれを今背負っていかなくてはなりません。けれども、そうやって進んで行く中で、一度立ち止まり、一体このリュックサックの中に何が隠れているか見てみることが必要です。そうして、このリュックサックの中に石の塊を見つけます。

皆さんは一度くらい、アメジストやメノウ、あるいはその他の晶洞を見たことがあるでしょう。外側から見ると晶洞は灰色でごつごつしています。しかし、それを割って中を見ると驚きます。すばらしい結晶が私たちの目の前に現れます。光を受けてきらきらと輝いています。これらの小さな結晶のひとつをとって磨いてみますと、もっと輝いて、光の洪水のようになります。

私たちの魂の成長もそのようではないでしょうか？　つまり、自分のごつごつした石を手に取り、それを割って磨き始めるのです。そうすることにより、私たちの魂はしだいに霊的な光を映し出す鏡になっていくのです。二十一歳から四十二歳、またはその後のすべての出会いにおいて、私たちは、他者を通して自分自身を見出し、他者を通して自分の堅い角を磨きおとす可能性を持っているのです。自身の魂の中で目覚め、魂を磨くこと、それが先に記した二十一歳から四十二歳まで続く人生の段階、魂の成長期の課題なのです。

さて、リュックサックの中には他に何があるでしょうか？　仕事のための道具です。それを、学校や大学、家で集めました。私たちは、これらの道具のほとんどを、残念ながら使うことができないということを体験するでしょう。いちばんいいのは、それらを取り除くことです。そうすればリュックサックは軽くなります。そして残りの道具を良く磨いたり研いだりしなくてはなりません。そして、いくつか足りない道具があることにも気がつきます。その足りない道具を補充せねばならないときもやってきます。それが、私たちが二十一歳から二十八歳までの時期に主に達成しなければならない大きな仕事です。しかし、もちろんこれらの道具は生涯の間に新調したり、研いだり磨いたりされなくてはならないのです。

リュックサックの中に、まだ何かあるでしょうか？　たいてい両親は道中のためのおやつを与えてくれています。しかし、食糧はある一定のときの分までしかありません。女性だけでなく男性も、自分の面倒は自分でみるということが、今日では魂の成熟度に関わってきます。「すべてのおとなは自分で自分の面倒を見ることができる」というのが、親として与えることのできる最良の教育です。それを生活能力への教育ということができます。そうすれば、しばらくたっておやつが尽きたとしても、もう問題ではなくなります。そしておやつを常に新しく作りだすことが可能になるのです。

他に何があるでしょう？　時々手をつっこむとドロドロしたやわらかいものがくっついたりします。あわてて手をひっこめますが、勇気を出してリュックサックの中を見てみる必要はないですか？　何がこんなにべっとりくっついたのでしょう。そう、もちろんそれは古い泥で、今洗い落とさないといけません。それらは子ども時代に与えられた古い「規範」です。特に第二〈七年期〉に強い影響力をもっていました。すでに言いましたように、多くの言葉は子どもの名前よりも頻繁に耳にします。「おまえが勉強したって何の役にも立たないさ。おまえはばかだから。」「おまえは不器用だ。」「男の子は泣いてはいけない。」

何か学ぶのに、そんなにばかでもないのだと自分で自信が持てるまで、ときには長い時間かかります。それは両親が私の上におおいかぶさっていた時期で、私自身はそもそもそのことと何も関係がありません。それゆえ、それは洗い落とされねばならないのです。あるいは、自分は、本当はとても器用であると気づくこともあります。小さい頃からの願いは家具職人になることだったが、不器用ではどうにもならない。けれども、案外ひょっとして自分は家具職人としてやっていけるのではないかと気づくのです。当時両親が言ったほどには不器用ではないのではないかと。ある男性はすでに結婚していてやさしい妻と子どもたちがいるとします。「時々妻は私があまりに情がないと嘆く――。しかしそれは不思議なことではない。子どものころ泣いてはいけなかったし、感情を表してはならなかった――。」それ故、今それを取り戻すことをせねばならないのです。

グリムのメルヒェン「かえるの王さまあるいは鉄のハインリッヒ」という話は、この段階の魂の成長がどういうものであるか理解するのに大きな助けになります。私たちが第二〈七年期〉の時に植えつけられた「規範」から自由にならなければ、私たちの魂はその「たが」に捉えられ、さらに成長することはできないのです。「かえるの王さま」のメルヒェンでは、王女は父親の厳格な規則を破らなければなりませんでした。王女は壁にかえるを投げつけ、そのため王子の真実の姿が現れることができたのです。家に帰る途中王子は三回「ハインリッヒ、馬車が壊れる」と呼びます。しかし、それは馬車のことではなく、鉄の「たが」のことを言っています。それは、王子が魔法でかえるになったとき、そのしもべの心にはめられたのです。子ども時代に植えつけられた規範や制約により、私たちは束縛され、鉄格子の中にいるようにこわばります。しかし、それらから自由になって初めて、私たちの個性はさらに成長していくための準備ができるのです。それは自己教育の重要な課題でもあります。そしてこの魂の成長期の、特に二十八歳から三十五歳までの時期の課題でもあるのです。

さて、もう一度リュックサックに戻ります。いくつかのものが、まるでタールのようにべったりくっついているのに気がつきます。タールはなかなかとれません。それはどういうことでしょうか？たとえば私の身長は一・八メートル、あるいは一・五メートルだとします。それに抵抗する意味があるでしょうか？　もうそんなことにかまわなくなり、そのことを受け入れる、そういう時期ではないでしょうか？　あるいは、両親が複雑な名前を私につけたとします。これもまた反抗する意味がありません。私は、おそらく非常に憂鬱質かもしれませんし、あるいは胆汁質かもしれません。しかし、私は自分の気質と向き合っていくこともできるのです。その気質は、おそらく私の曲がった鼻同様、私自身のものなのです。これらは、それに対して抵抗したり、そのことで腹を立てたりするものではなく、単に私の人となりの一部なのです。私はこれらの要素を積極的に受けとめ、私の個性へと統合していく必要があります。この、あるいはあの両親を選択したのは私自身だと言っていいかもしれません。四十歳になって両親の行なった誤ちに対して反抗するのは意味がありません。人生における障害も、それを飛び越えることを学べば、力を与えるものとなるのです。

リュックサックの中に隠れているまだ多くのことを見つけることは可能です。それを自分で見つけ出すことはひとりひとりの読者の皆さんに委ねましょう。次に記す、ある二十二歳の方の手紙は、今ここで申し上げたことについてより明確な印象を与えることと思います。

3-1　ある二十二歳の医学生の手紙

僕は自分の中の大きな変化を感じています。日々の生活のくり返しの中でも、内的に、また外的に。

僕はクラスでもよくできる学生のひとりで、良い点を取っていました。そして、ある時突然気がついたのです。今学んでいること、その学びの方法、先生がしていること、そして先生が価値を置いていること、それらは僕に何ももたらさないと。少なくとも医学の勉強に対しては。それは僕の本来の目標でした。僕は、自分たちがあまりに技術的になりすぎているとか、僕の頭はそんなに多くの概念にもうこれ以上は耐えられないというように感じています。繊細さを失ったような気がします。

それゆえ、僕は新しい方法を始めたのです。つまり、教授が言うことをそのまま書きとめたりとか、それに注意を払ったりということを、もうやめるのです。講義から要点だけをつかもうとしています。要するに、単なるコピー機であろうとはしたくないのです。講義は一日中あり、何も得ることのない多くの科目があります。それゆえ、これらのいくつかの科目を熱心に受けることをやめました。人々は僕が間違っていると見ていますが、僕はこのやり方でとても満足しています。そして自分の時間を興味ある別のことのために、よりよく使うことができるのです。ただ、もう良い点は取れません。しかし、それでも僕は授業から十分利益を得ていると思います。

少し変わったのは僕の外見で、それは皆の気には召さないようです。僕はちゃんとした医者に見えるような顔をしていました。そうした顔に、僕も含めて医学生になって以来どの学生もなっていきました。外見というのは彼らにとって重要なことです。皆、同じようにとかされた同じ髪型をし、口ひげをはやし、眼鏡をかけ、話すときはおきまりの専門用語を使う。それで僕は決心しました。髪を巻き毛のまま伸ばし、髭をそらず、眼鏡をとりました。良い服は家に送り返しました。皆、僕を「ヒッピー」と呼び始め、僕はとても満足でした。誰もが大学生の印として持つ学生カバンの代わりに、気に入っている素朴な袋を持っています。

僕は自分の他の多くの性質を育てるように試みているのです。自分の中で何か爆発したような感じです。すべてをひっくり返したいという衝動です。ギターを弾くことを習い始め、演劇グループに加わり、しだいに自然をよく理解するようになっていきました。可能な限り僕は自然を観察しました。野原や川を。小さな庭仕事も始めました。何もかも変えたかったのです。ホメオパシーを勉強し始め、鍼灸のコースや超心理学のコースも受けました。以前は家から出ませんでしたが、今は大好きな友人グループがいます。僕たちは長いことおしゃべりをします。僕はボヘミアンの生活を送り、遅くまで起きていて、楽しみ、たくさんの人と知り合います。

僕はあるホメオパシーの診療所で働いています。この数カ月とてもいい状態だと感じています。

すべてが人間的になったと感じるのです。特に様々な人々の能力の発展についてとても感激しています。定期的に人智学の本も読んでいます。『神秘学概論』を既に読み、『霊学の観点からの子どもの教育』、『四つの気質』、『子どもの最初の三年間』や『魂の道具としての身体』などの本も[23]。これらはすべて、僕に大きな内的な豊かさを与えてくれます。

僕はまた、自分を内的に発見することと、自己教育することに大きな関心を持っています。ある心理療法を始め、その調子もとてもいいです。僕の何をも隠さないで、全ての感覚の扉を開き、極端に正直で、実践的なところで可能な限り役に立とうとしています。

ドラッグを試してみたいと考えていることも、あなたに言っておきたいです。精神医学を勉強したいし、そのためにドラッグも知るべきでしょうが、まだ自分の中ではこの点についてはわかりません。どうしてそうしたいのか、ひょっとして逃避したいからか、そのことを明確にしようとしました。でも逃避ではないと思います。

数日前友人と酒を飲んだとき、ある体験をしました。そこで観たことは信じられないくらいです。つまり、僕が言ったりしたりしたかったことは、酔っていなくてもしただろうと思います。数年前だったらできなかったでしょう。僕は今、外向的で、飲まないでも踊ります。そしてそれは以前できなかったことです。ある意味、僕は幸せです。以前はとても憂鬱質で、しょっちゅう死にたいと思っていました。今、このような爆発したような段階で、もう死の事なんて考えもしないし、考えたとしてもごくたまにです。僕の気質は依然として憂鬱質ですが、内的にはとてもいい状態です。僕は今、ものごとや人に対する、より大きな愛情を感じているように思えます。好んで人々と話し、自分が感じていたり、考えていることを明確にはっきりと言うようにしています。以前はそうではありませんでした。人が僕を苦しめたりしても、人に言えませんでした。おそらくちょっと大袈裟かもしれませんが、でも、それは僕にはそう見え、そう思えるのです。バイオグラフィーに関するあなたの研究に、もしも何かお役に立てばと思います。

3-2　二十一歳から二十八歳

二十一歳から二十八歳までの時期を、遍歴時代の段階ということができるでしょう。多くの人々が、たくさんのことを体験するために世界へと出ていきます。ある意味、私たちはもういちど子ども時代へと遍歴し、最初の二十一年間の出来事を逆に辿って変容していくのです。そうすると、二十一歳から二十八歳は、二十一歳から十四歳までの時期を映し出します。多くのバイオグラフィーにおいて、このような鏡映関係《ミラーリング》を見ることができます。(「リズムと鏡映関係《ミラーリング》」の章を参照）若い医学生の手紙にも顕著であったように、十四歳から二十一歳までの時期は困難な時期です。しばしば人生が辛くて重いと感じられるような、大地へ引きずられるような感じの時期でもあるのです。若者は、まわりが自分をちゃんと理解してくれないと思い、孤独を感じます。しばしば、圧迫感を感じることもあります。そして二十一歳を過ぎて別の人生の段階に入っていくのです。それは、外向的であり、あらゆることを体験したがり、自ら人生に学んでいく時期になります。

ある魂的な観点からみると、第一〈七年期〉と平行している状況があります。子どもが歩き始めるとき、転んではまた立ちあがり、また転んでは立ちあがりを繰り返します。この第四〈七年期〉ではそれが魂の中で起こります。つまり、何か体験し、転び、また立ちあがり、そしてまた新しい体験をするというように。若者は自分の経験の中でまだ不確かであり、それらの経験から学ばねばならないのです。生きることに旺盛で、あらゆる領域で実験してみたいのです。仕事であったり、人との関係であったり、あるいは麻薬であったり、霊的な体験だったりするのです。

今や、私たちはより強く自己教育を引き受けていくのです。まるで荒馬に乗るようなものです。しだいにうまく手綱をとることができるようになっていきます。しかし、何度も荒馬は人生を駆け抜け、何度も馬から落ち、その度にまた馬によじ登り手綱をとり直すのです。人生のこの段階を、ルドルフ・シュタイナーは「感覚魂[24]の時代」と呼びました。人生における上昇と下降を通して表わすことができます。私たちは周囲の状況に非常に左右される時期ですが、しかし第一〈七年期〉のように身体的な意味ではなく、むしろ魂の領域でそれはおこります。他の人々が自分についてどのような意見を持っているかを知ることが重要になります。義理の両親はどう思っているかとか、良き息子や良き娘のイメージを両親の前でどのように守るのかなどです。

この時期に私たちはあらゆる役割の中に陥りやすくなります。労働生活における不安定さを補償する職業上の役割、良き夫や妻としての家庭的な役割などです。良き母、良き父であるために、何を期待されているだろうと内側で問いかけています。ここに、自分が担っている役割が、芽生えつつある自我を押さえつける危険性がでてきます。役割との闘い、C・G・ユング[25]はこの役割のことを「ペルソナ」といいましたが、この闘いがこの時期に始まり、ともすれば人生が終わるまで続くことになるのです。外的なバイオグラフィーが、自分の内的なバイオグラフィーと対立し始めるのです。私たちはその両方を一緒に導いて行くことを学ばねばならないのです。

第四〈七年期〉はまた、友人関係やグループを形成する時期です。志を同じくする仲間と何かを実現したり、多くの友人たちと余暇を一緒にすごしたりします。仕事では経験から多くを学んだり、仕事場をしょっちゅう変えたり、また自分の仕事の結果を好んで見たいと思ったりします。一日に八人の子どもの誕生に立ち会う医師はなんと幸せなことでしょうか！　その人の自我は成長し強くなります。しかしそれに対し、一日の終わりに空の手で立っていざるをえない、ベルトコンベアーで働く労働者は、なんと不幸なことでしょうか！　彼にはこの空虚さを穴埋めするための逃げ道しかありません。ビールやカイピリーニャ(26)を飲むことしかないのです。彼は何時間も酒屋に座り、空虚さを振り払うしかないのです。

周囲への、つまり他の人々、職場の同僚、上司や、家では結婚相手への依存が大きい時期です。私たちはよくパートナーとして、自分が持っていない能力を持つ人を選び、そしてお互い補い合えるだろうと望みます。ある意味、そこではお互い半分ずつなので、パートナーへの依存度は簡単に高まります。次の二十八歳から三十五歳の段階でやっと私たちは個的本性へと向かう道をたどることが可能になるのです。そうすると私たちは人間として完全になり、要求や依存をしないで、パートナーを新しい形で愛することが可能になるのです。

若者の熱狂や生命力は私たちを鼓舞し、私たちはこの時期、理想主義の塊となり、なんでも可能であり、何でも実現できると信じています。例えば、酒のみの夫を持つ妻は、それを止めさせることができると確信しています。オルタナティヴな医療や自然食のあり方を世間に浸透させることができると信じていたりします。知識欲旺盛で、知的で光り輝いています。二十七歳くらいになると、熱狂の力はいくらか萎え始めます。今日多くの若い人々には、熱狂状態から鬱状態に至り、場合によってはそれが何年も続くことがよく見られます。

先ほどの若い医学生のバイオグラフィーでは必ずしもそうではありませんでしたが、彼のその後の人生はそれまでの彼の成長の中で予見できなかったような、驚くべき方向へと向かいました。どのようになったのでしょうか？　この若い医学生は医者の免許を取得し、精神科を専門としました。彼はブラジル内地の小さな町で子どもの多い家庭に生まれたのですが、当時住んでいた町がとても小さく感じるようになりました。彼はサンパウロに移り、あらゆる冒険のあるこの都市が大好きでした。人間関係はしだいに固定され、深い友情関係があったのは男性とだけでした。彼はサンパウロのアントロポゾフィーの病院で働き、グループでの仕事や社会教育にとても関心を持つようになりました。三十三歳のとき、イギリスの「社会発展のためのセンター」で三カ月のコースを取り、ヨーロッパのいくつかの都市を旅しました。これらすべて彼には困難なものでした。というのも、根本的に彼はブラジル内地の純朴な若き青年のままだったからです。彼の魂は繊細で感じ易いものでした。彼は良き医者であり、特に心理学的なケースには優れていました。いつも一人で旅をしていました。彼が三十六歳のとき、内的に大きな葛藤の中にあるのがわかりました。しかしそのことを問うと、彼はいつも大丈夫と言うだけでした。あるとき彼はハイキングに出かけ、藪と霧で道に迷いました。家に帰ってくるまで三日間荒野をさ迷いました。この恐ろしかったに違いない体験について、彼は誰にも話そうとしませんでした。彼は再び幾分か強くなりました。しかし三週間後、睡眠薬と薬の服用過多で永遠の眠りについたのでした。そうして彼が抱えていた内なる葛藤は謎のままなのです。

私たちはこの感覚魂の時代に、つまり二十一歳から二十八歳の間に健全な基盤の上に立つことができたら、次の時代に私たちの個性が花開くための基礎を築いたことになります。絶えず私たちと共に仕事の成果を分析して評価する上司は、仕事における健全な土台を見出すのに助けとなります。客観化の練習も助けになります。こうして自分の立場だけが正しいのではないということを理解し始めます。どの側から対象を観察するかによって物事は違って見え、また物事を高い見地から見ることを学ばねばならないのです。今日、ゲーテ的観察術(27)で現象をとらえるということを基礎にした包括的な学問があるので、客観化の練習をして若い人々を助けることが可能になっています。

3-3　二十八歳　才能の死という危機

かつてアルバート・アインシュタイン(28)は聞かれました。「天才とはなんですか？」彼はそれに対してこう答えました、「九〇％の汗（努力）と一〇％のインスピレーションである」と。

この言葉は主として、二十八歳以降の時代にあてはまります。それまでの私たちは、身体の若々しい力に担われていました。また、知識と熱狂によって、私たちの存在全てにわたって勢いを得ていたのです。どれだけの若い詩人や音楽家たちがその後、天才的な素質をまったく葬ってしまうことでしょうか！　あるとき、バイオグラフィーのワークショップにある女性が参加しました。彼女はすばらしい声を持っていました。しかし、彼女が歌うと彼女の夫はいつも馬鹿にしました。それで彼女は歌わなくなりました。何人かの他の参加者が、彼女がお風呂で歌っているのを聞きました。このとき彼女はすでに六十歳を過ぎていましたが、みなそれを聞いて感動しました。しかしこれは一回だけの出来事に終わりました。この歌い手は素晴らしい才能を葬り去り、もう歌おうとはしませんでした。

あるバイオグラフィーセミナーに参加した別の女性からの手紙です。

私は時々あなたのバイオグラフィーワークショップに出たときのメモを読み返し、そして多くのことをそうだとあらためて思います。私は十二月で二十八歳になりますが、今まで自動的にうまくいっていたことが、今まったくそうでなくなっているとはっきりと気がつきます。どのように行動したらいいのだろうという問いに突き当たったとき、この知識としてわかっていることをどうやって行動したらよいのでしょうか？

答えはこうです。「どう行動したらいいのか？　知っていることをどうやって実践にうつしたらよいか？」という問いにぶつかった瞬間、既に先ほど述べた道の手掛かりを得ているのです。なぜなら、まさに行為を通して、受身の状態を、たとえそれが鬱的状況だとしても、克服できるのです。この道はもちろん、それぞれの人によってまったく異なります。

運命を共にする仲間との出会いにより、いきいきとなることが可能です。自分を新しく他者の中の鏡に映して見出します。新しい力が起こり得ます。それはまるで二つの色が混ざり、たとえば青と黄から緑が生まれるようなものです。

「関係」とはそもそも何でしょうか？　私たちは、ある共通の関係の中で人と並んで行くことができます。多くのことを共にし、互いによく理解しあっていると思っています。しかし、それぞれが自分の色に留まったままです。創造的な過程はまだ始まっていません。まず勇気を持って色を混ぜること、たとえまったく自分と違っているとしても、相手を理解しようと試みることです。そうして初めて創造的な過程が生じ、色が混ざり合うときのあらゆる色の微妙な違いがうまれてくるのです。確かに青が完全に独立して内側に静まり、黄がひとりで輝いている瞬間もあるでしょう。しかし、その間には様々な緑の色調があるのです。熱帯林の真緑からやわらかい春の草原の緑までいろいろです。

どの人も自分の固有のリズムで走ります。走ること、走行もまた人生のひとつの姿です。どの人も自分の人生で自分固有のリズムを見つけることが非常に大切です。そして、他の人のリズムを尊重することもまた同じように大切です。しかし、人と一緒に走ろうという瞬間があるとします。一体何がここで必要でしょうか？　どのように一緒に走るのでしょうか？　どちらかが前を走り、もう一人があとからついていくのでしょうか？　いいえ、そうではなく共通のリズムを見つけることが必要になってきます。遅い人が早い人に合わせると、すぐに疲れます。早い人が遅い人に合わせると、停滞してちゃんと流れていないような気がします。私たちは第三のリズムを見つけなければなりません。そのれは新しい創造的な過程です。このような観点で崖っぷちに立ちます。疑いと不安を感じています。向こうへ渡る橋をかけることができるのだろうかと。

受精卵の中にひとつの関係の元型を見る事ができます。ひとつの精子が卵子に出会うと、受精が起こります。受精が起こらないと、卵子も精子も死滅します。私たちの関係においても同じことがいえます。私たちが互いに実り豊かに作用し合う限りにおいて、関係の中に新しいものは生まれ、関係は成長していきます。

それゆえ、この時期の出会い、二人の人間の結びつきは、新しい要素を多数もたらすことができるのです。それを通して、人生を新しく形成することを前にして起こる無力感をやわらげることができるのです。ですから、二十八歳のころの危機を、私たちはあまり強くは体験しません。

しかし、どの危機も新しい目覚めへと導くことが可能です。例を挙げれば、私のある友人は二十八歳までにまったくの無神論者になりました。子ども時代、彼は休暇の度に、非常に厳格なプロテスタントのいくつかの家庭で過ごしました。後に彼はすべての宗教的なるものを全く否定しました。年上の同僚が彼に信仰を持っているか聞いたことがあります。彼は激しく「あるわけがない！　もしキリストを通りで見かけたら、顔につばをはきかけてやる」と答えました。それに対してその同僚は笑い、そして「そうか、じゃどうすることもできないな」と言いました。ある別の女性の同僚がその場で仕事をしていて、その会話を聞いていました。しばらくして彼女はルドルフ・シュタイナーの『神秘学概論』を持ってやってきて、その若き「不信仰者」に渡しました。彼はその本を非常に熱心に読み、彼の人生にとっての多くの新しい考えを得ました。彼の人生は人智学を通して新しく豊かになりました。彼の家族も新しい展望を得ました。彼は機械エンジニアとしてまじめに熱心に働き、その後その分野で実力をつけました。三十七歳のときに新しい転機がやってきて、彼は職業を変え、そしてその後、個人と企業における成長発展に関わる仕事に捧げたのです。

二十八歳前後の頃に、内的な分裂を体験する人もたくさんいます。ある二十八歳の女性の、葛藤の状態を私は思い出します。彼女はシングルマザーで、小さな娘がいます。彼女はこの先の人生をブラジルですごすかヨーロッパですごすか決断をしなくてはならない状況にあります。次の詩の中で、彼女はその内的状況を記しています。

私がここにとどまれば、うまくいくだろう。
時々、私が二人いる
そしてまだよくわからない
私はいったいどちらの人間で
あり得るのか、あるいは、ありたいのか。

（それゆえ、私はここにいる）

すべてうまくいっている
でも、こわい、この瞬間を見つめるのが
だって私は引き裂かれているから、そして恐れている
この分断が私をしのぐことを
次の七年の間に。

今、見出すとき
どの土地
どの文化
どの世界を私は捜し出し、
根付き、あるいは維持するのか？

ブラジルにとどまるということは、私がさらに
イメージや意識の分野の畑を耕していくだろうということ、
私は執筆し、仕事をしていくだろう
印刷物や新聞社、マスコミの中で
そして実りを得る
私が自分の中に、自分の周りに築いたものから。

私の家、娘との関係、
私の著作の秘密、
私のレコードへの思い、私の好きな音楽（私の文化）
私の言語、
私の土地は多分もっと私を必要としている
外の世界よりも。

私は自分が必要、
もし、ここから出ていくとしたら、それは
私の中に新しい土地を植え付けること
すべてあきらめ
遠くで生きること。
私の中や、私の周りに再び築くこと
新しい家を、
新しい魂を、
新しい体験を、
古い夢に新しく触れ
不確実さと孤独の中に身を置き、
内的な賭けをし、
そして物質的な不安をもつ

何の成果もなく戻るのではないかと、
ブラジルでは通用するゲームのきまりから
引き裂かれて。

ものごとを学び、
私の文化的水平線と意識を広げること、
それを妨げるのは、
お金を稼ぐ必要があるとき。
もう私はひとりで稼いできた。
(同時に父であり、母であることは闘いだ)
そして、今?
もっとそうしたい?
もっとそうできる?
すべてうまくいっている。
どうしてこの決断をいまこのときに
何もかもが強まって現れているような時に?
私は理解できない
どうしてこういう宿命なのか?
どうして新しい変容が必要なのか?
私は誰でありたい、誰であり得るの?

すべてうまくいくことだろう
どんな道だとしても、
どんな道だとしても同じだ。

でも、私はわからない、
できるのか
そうしたいのか
何であるのか。

見るなかれ、他者のしていることを
他者はあまりにも多い
単にゲームにまきこまれるだけだ
それは決して休まることがない

ただ、神の道を行け
他の一切のものに従うな
そうして正しくまっすぐに
たったひとりで歩いていくのだ

――クリスティアン・モルゲンシュテルン[29]

3-4　二十八歳から三十五歳「死と再生」

まず、いくつかの絵や手記を通して、第五〈七年期〉の特徴を見てみましょう。図3と、それについて述べた以下の記述が、この時期の状況を明らかに語っています。

私は洞穴にいて、身を守るために楯を構えている。けれども、楯はあまりに大きすぎて、穴の外の光を見ることができない。ついに私は決心する。この洞穴から出ていって、光の剣を手に取り闘うのだ。この一歩を踏み出すことができたのは、私が三十二歳頃だった。

この絵と記述は、あるノルウェー人の女性のものです。彼女は幸せな子ども時代をすごし、二十一歳までノルウェーに暮らしていました。ブラジル人である今の夫と知り合ったとき、彼女は結婚し、ブラジルに移ることにしました。彼女は農場に暮らしましたが、彼女にとってブラジルで暮らしてい

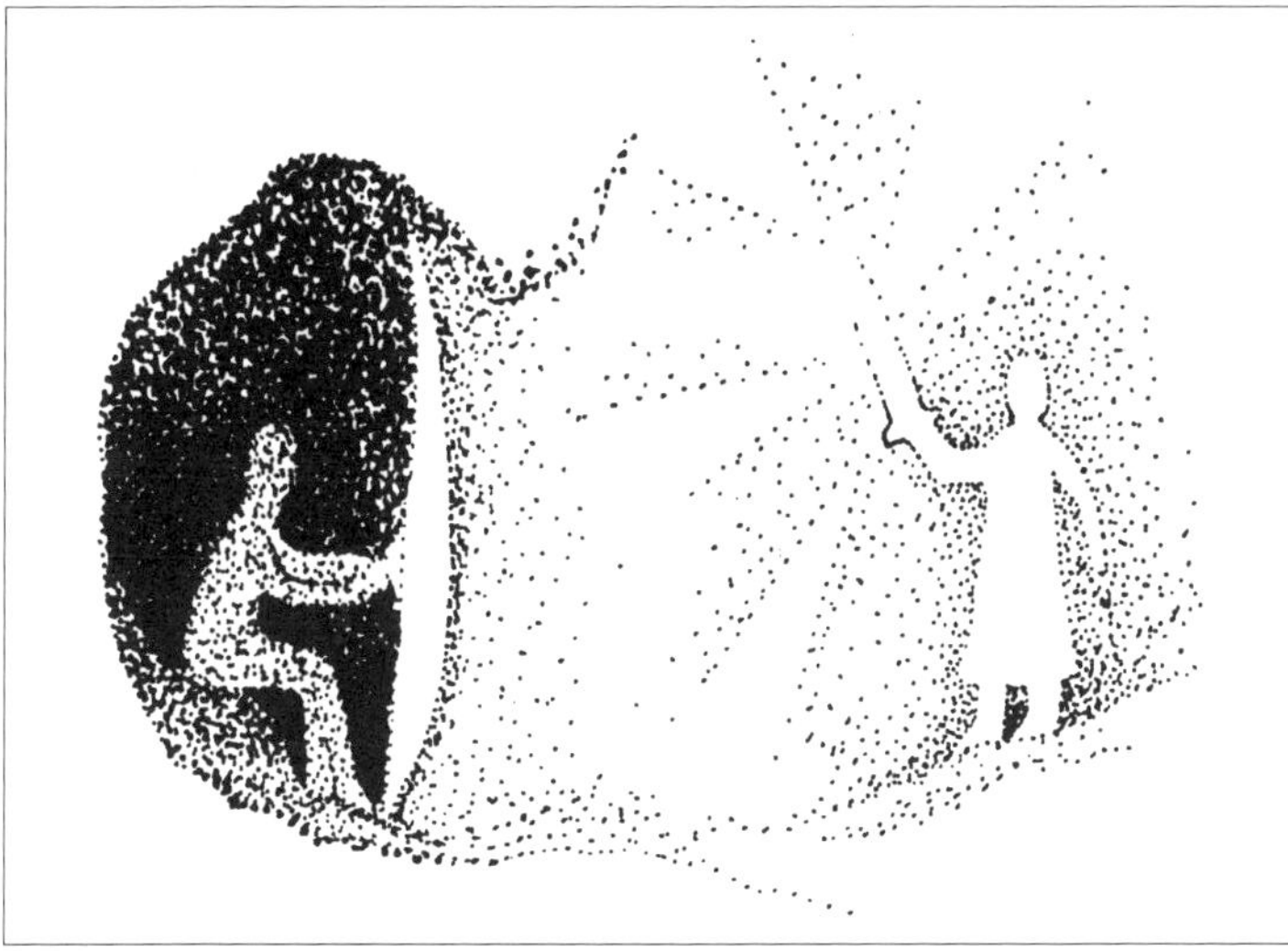

図3

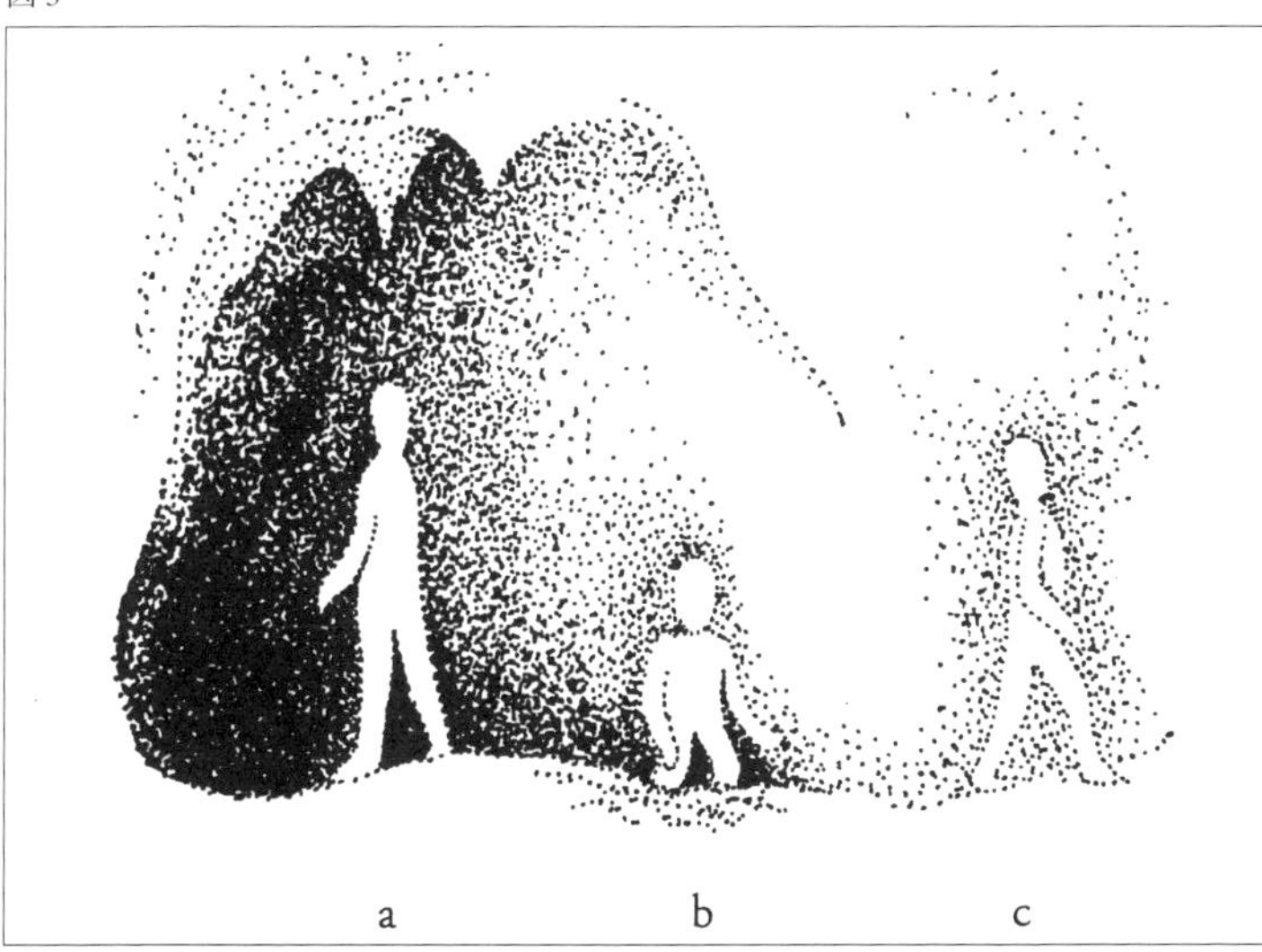

図4

くことは非常に辛いことでした。いつもノルウェーと比べました。ここでは太陽はあまりに強く、あまりに長く照りました。雪やもみの木、山々がここにはありませんでした。新しい言語を習得することも大変でした。その間に彼女は三人の元気な子どもの母になりました。彼女は家族や子どものためにのみ生き、夫は彼女にとって保護者でした。彼女は争ったり、交遊関係を持ったり、社会的活動をしたりすることに不安を持っていました。この状態が三十二歳まで続きました。絵はこの内的体験を表わしています。三十五歳のとき、この女性は教師として農場で働く決心をしました。今でもまだ完全にこの土地を故郷のようには感じられないのですが、彼女はこの仕事を続け、新しい可能性を見ています。

では図4のもうひとつの絵を見ましょう。

私は自分が穴の中にいて、穴の奥の壁を見てそちらに行っていることに気がついていない（a）。光が自分の後ろから来ているのに気がついていない。突然ある出会いがあり、対話があり、私はただ後を振り返るだけでいいと気がつく。そうすると穴の外の光が目の前にあるのがわかった。けれども私はまず大きな沼をぬけなくてはならず、その沼は膝上まで沈むほど深かった（b）。そして今（今私は三十歳である）、私はまだ穴の中にいるけれども（c）、出口に近くて光が見えている気がしている。死ということを私はいつも近くに感じている。十二歳のとき、三十二歳で死ぬ夢を見た。このバイオグラフィーワークで、今私は人間と人類の全体像を初めて知り、死と生がどれだけ結びついているか知った。以前は人生に意味も動機付けも見ることはなかったのだ。

そして同じ人が次のような詩を書きました。

私は、夢を見、夢を見、夢を見つづけた
幾晩も、幾晩も、思い出すことなく。
そして今日思い出した、
私は囚われの身
高層アパートの家の中で、
高いところに閉ざされている。
そして、誰かが私の側にいる。
あの上の、窓を通して
下の自由な世界を見る。
けれどもあそこには行けない。
逃げ出そうとしたなら、
二十四時間続く罰が
終わることはないと思うから。
すでに四カ月が過ぎた――
逃げ出すべきか、とどまるべきか？
闘うべきか、待つべきか？

この詩や絵は何を表わしているのでしょうか？

これらは、囚われた魂の姿です。その魂は飛び立つことができません。過ぎ去った過去がこびりつき、沼を渡っていくのです。光は見えますが、まだ遠く離れています。青年期の才能はなくなり、諸力は衰えていきます。境域を越えていかねばなりません。その力を見出せるでしょうか？　私たちはひとりでその道を見つけられるのでしょうか？

多くの人は、二十七歳から三十三歳の間、時には三十五歳くらいまで辛い時代を送ります。生命力は弱まり、消耗していきます。重い病気もよくあらわれます。驚くことに、この時期に癌になったり、エイズになったりというケースがよくあります。時には死と向かい合わねばならなかったりします。どれだけの人が三十三歳前に亡くなることでしょう！　癌、エイズ、交通事故、自殺などが死因にあげられます。

何か新しいことがこの年齢に始まらねばなりません。自我を強め、自分自身を克服せねばなりません。ここでいっている危機は、ほとんど才能の危機ということができます。（この観点から一度、聖書にある才能の喩え(30)を見てみると良いでしょう。）私はこの世に持ってきた素質を葬り去るのでしょうか？　それを使い果してしまうのでしょうか？　それともそれをゆっくり変容させるのでしょうか、三十五歳を過ぎてから世界のために豊かな実りをもたらすことができるように？

直感の時代は過ぎ去ってしまいました。内側からの自我によるはたらきかけが、今始まります。どのような力がそれを助けるのでしょうか？　それは、私たちの自我ともいえるキリストの諸力なのです。それらの力はあの転換点(31)以降人類に流れ込み、私たちの自我を、個的本性に向かう道へと、もっと自立して決断できる能力へと、そして自分固有のモラルへと導いているのです。どうやってそれは可能となるのでしょうか？　多くの人々はこの時期、ある本や、ある哲学、ある人との出会いを経験し、それを通して再び信仰へと、神へと導かれたりします。三十歳から三十三歳までの時期、これはキリストが地上に受肉しはたらいた時期[32]といわれていますが、この時期はこうした要素を多く含んでいます。個的本性へ向う過程をたどる人々もいますが、そうでない人々もいます。またより意識的に生きるようになる人々もいれば、まったく無意識のままにとどまる人々もいます。

この観点からもう一度バイオグラフィー1の記述をみてみると、次のようにも言えます。細菌性腸炎による下痢と高い熱によって、この若い女性は特別な体験をします。天国の夢を見ます。バイオグラフィー2においては、夫から別れた後二年間（三十歳から三十二歳）辛い時期を送ったタンガは再び仕事を始め、子どもたちとともにまた暮らし始め、幸福な時代が始まります。さらにこれから出てくるバイオグラフィーでも、この要素、つまり人生における変化と転換が見られます。バイオグラフィー5では、新しい子どもが家庭にやって来て、この主人公の内的な態度にひとつの変容をもたらしました。バイオグラフィー6では、ルドルフ・シュタイナーの『神秘学概論』が新しい出会いをもたらしました。

人生の真中でもある二十八歳から三十五歳までの時期はしかし、多くの人々にとって、またまったく違う側面を持っています。この時期は、私たちの身体性が個的本性によって深く満たされている時期でもあります。これは、私たちに外へ向って目標を持つための力を与えてくれます。仕事では結果が表われます。仕事やキャリア、地位を勝ち取るために、この時期多くの男性たちは強く外側へと向いていいます。子どものいる女性は、しばしば家や家族に時間をとられます。

この時期に自然に出てくるエゴイズムを調和させるために、周りの世界への寛容、愛、同情心を育てる必要があります。ルドルフ・シュタイナーはこの時期を、「悟性＝心情魂の時代」と呼んでいます。そして、いつもこの二つの表現を意識的に一緒に用いています。思考（悟性）と感情（心情）は個性へと統合されなければなりません。もともとどちらかというと思考と意志がより強い男性は、もちろん妻や子どもとの関係を持つためにも、感情を育てなければなりません。男性の女性的魂の力ともいえますし、ユングのいうところのアニマともいえます。それに対して女性は、どちらかというと感情が強いのですが、思考と意志の能力をより多く育てる必要があります（男性的魂の側面あるいはユングのいうアニムス）。それにより女性は夫をよりよく理解できるようになり、自分にやってくる課題をよりよく片付けることができます。とりわけまた、職業において修練を積んでいくときなどにも必要です。

ルドルフ・トライヒラーは「どのように世界を体験するか？」という言葉で、二十一歳から二十八歳までの時期を特徴付けています。そして二十八歳から三十五歳の時期には、次のようなモットーをあげています。「どのように世界は組織化されているか、そして、このような世界との関係の中でどのように自分をオーガナイズするのか？」そこでは、周りの世界との正しい呼吸が問題になってくるのです。仕事場でも家庭でも、正しい均衡を見出すことが重要です。一方で、ある適応能力を発展させ、しかし他方で、私の自我が周りによって窒息することなく、私の個的本性を自由に伸ばしていくことができるようにしなくてはなりません。パートナーへの依存は減っていき、私はより私自身になり、そうして愛する能力をもまた育てていくことができるのです。婚姻関係が良き同志関係に成長し、それぞれがお互いの個的本性を尊重し、絶えず要求をつきつけ合ったりはしません。身体的なことで業績をあげるような職業に就いている人は、この時期に、その能力の最高潮に達します。多くのスポーツ選手にこれがあてはまります。この二十八歳から三十五歳の時期に、どの人もとりわけオーガナイズしていく能力を持ち、自分の人生の未来を設計する傾向にあります。

二十一歳から二十八歳までに抱いていた理想主義や軽い幻想と、三十五歳から四十二歳までの時期の物質主義や硬化現象との間の均衡をとることができ得る、そういう段階に、この第五〈七年期〉はあるのです。

3-5 バイオグラフィー3 三十歳と三十三歳の間の体験

どこから始めればいいのか私はわかりません。もちろん、すべて三十歳から始まったなんて言うことはできません。それは真実ではありません。その前には三十年という人生があり、それはすべてその後にくるべきことの準備だったのですから。

ある家族、父と母と三人の娘がいました。私はまんなかの娘でした。ユダヤ人の家族です。ロシア生まれの父は、八歳のとき両親とブラジルに移住してきました。彼の家族の上には迫害と反ユダヤ主義、貧困、そしてそれらを克服しようとする意志と必要性がのしかかっていました。母は、すでに三世代も前から南アメリカに「なじんで」暮らしていたユダヤ人の家庭に生まれました。私の父は芸術家であり、インテリで、商売をしていました。母はすばらしい主婦であり、良き母、良き妻であり、従順、忠実で、とても愛すべき人でした。

私の子ども時代はとても幸せだったと思います。私は早くから、自分の快活さ、ユーモア、創造性で人を引きつけることを習得していました。家ではこの性質がとても重んじられたので、私は対決や争い、腹立ちを避けていました。また楽しい遊びも早くから知っていました。愛されるために輝いているものを探しだし、そしてすべてうまくいっていました。

友だちもたくさんいましたし、私のことを気に入って誉めてくれるような一家もありました。

父は、私が十七歳のときに若くして亡くなりました。とても辛いことでしたが、それでも人生は先へ進みました。

二十歳のとき、私は結婚しました。恋に夢中でしたし、新しい人生に対して自分を開いていました。すぐに子どもが生まれました。四年の間に、三人の子どもを産みました。そして十年が過ぎました。その間私は子どもを教育し、食べさせ、服を着せ、子どもと遊び、歌をうたい、こまやかな愛情をそそぎました。また自分の子ども時代にお手本として受け取ったものを、私の子どもたちにもある程度与えようとしました。そして、これらのことすべてに非常に完璧であろうとしました。これらすべてに、ある願いが混ざっていました。つまり、外的世界にとっての誰かで「あり」たい、たとえば、芸術家でありたいとかです。とりわけ、やっていることすべてに「良く」ありたいと願っていました。

この時期私は、人生や世界、人間や神を見る新しい形と出会いました。最初はとてもゆっくりでしたが、人智学を通して、霊的な世界があるということを受け入れました。しだいに私は物質主義者から精神主義者になっていきました。というのも、父のユダヤ教は民族の伝統と結びついていましたが、父はとても物質主義的で不可知論的で、私に大きな影響を与えていたからです。

そして、私自身は、二つの自分に引き裂かれていました。物質主義的な友人たちに霊的世界のことを話すのはとても大変でした。もっと大変だったのは、ユダヤ教の家族にキリスト教的立場を告白することでした。そうして私は十年もの間、二つの顔で過ごしたのです。あるいは千の顔だったかもしれません。そのひとつに根ざすことはありませんでしたが、私はあらゆる領域でうまくやっていました。

二十九歳になったとき、私はとても不安定で欲求不満になっているのを感じました。この世界の今世紀に生きている女性として、私の存在の一部である、母として、妻として、主婦としての課題を、よくやり遂げたかったのでした。そして私は誰よりもよくできたのです。私の内なる別の私は、職に就き、認められ、稼ぐ「誰かであり」たいと思っていました。また私はいつもチャーミングで魅力的であり、夫の最愛の存在でありたいとも思っていました。要するに「スーパーウーマン」であろうとしましたが、そうはいきませんでした。欲求不満は高くなり、自分ですべてうまくいっていると言い聞かせようとしました。

三十歳になったその年、私と夫の関係は非常に大きな危機を迎えました。そのようなことが私に起ころうとはまったく考えもしなかったので、深い谷底に上から落っこちたようでした。恐れと不安と不確実性に襲われました。初めて私は、自分が思っているほどの人間ではないということを認めざるを得ませんでした。あるいは、私は、他の人が私に期待している――私の目にはそう思えたのですが、そういう人間ではないといった方が良いでしょうか。鬱状態はひどく、私は不安感に捕えられて逃れることができませんでした。私からすれば、それは妻としても、母としても、仕事でも、すべてにおいてゼロでした。

夫と私の関係が持ち直してすぐに、母が子宮筋腫のため手術をしました。子宮が取り去られましたが、このことは私にとって非常に印象的なことでした。今思い出すと、あのとき、私が生まれ、そこで私を守っていた家が、私の「巣」が、ゴミ箱に投げ捨てれらたような感じがしました。

私はひとり放り出されたように感じていました。

それから二カ月も経たないうちに、私は病気になり、腸管出血を起こしました。医者の診断は潰瘍性大腸炎でした。心身性の病気だと言われました。幾つかの例外を除いて、治るのは難しいとも。大腸を切り取ってしまった方がよいとか、癌細胞のような腫瘍ができているというくらい、病気は悪かったのです。

さらに二カ月後、母は癌であると宣告されました。私は地面がひっくり返り、支えを失ったような気がしました。

しかし私は何事もなかったかのように振る舞っていました。医者が、病気をなくすような薬をくれるだろうと思っていました。病気などはなくて、私は「スーパーウーマン」として元気な腸とともに生きているのだと。それはまるで、私と病気が二つの別の存在のようであり、病気をあたかもオートバイの両方の車輪のようにかたわらにひきずっているようなものでした。

二年間、私は病気とそのようにつきあっていました。母が亡くなったとき、その別離と喪失感でこれ以上自分を持続させることができないと感じました。私の状態はとても悪くなっていました。そして突然私の中で変化が起こりました。自分の病気を自分自身として見る事ができたのです。私は自分の病気をきちんと認め、ひとりでそれに向う決心をしました。私は形式的に医者を訪ねたり、アントロポゾフィー医学の医者を訪ねたりするのをやめ、完全に治療と食事の転換を図りました。毎日鍼灸のみを行い、誰の忠告にも耳を貸しませんでした。薬を飲むのもやめ、検査にも行かず、出血や下痢に注意を払うことをやめました。

私の身体はすぐに弱りました。痩せ始め、自分に注意を向ける以外のことを行うのが不可能になりました。仕事をしたり勉強をしたり、子どもや家のことに注意を払ったり、夫の生活に関与することができなくなりました。私の人生は私の周りを旋回し、中間の道はありませんでした。ただ生か死かしかなかったのです。私は自分のバッグを持つ事もできないくらい弱り、手や足、膝は関節炎になり、くるぶしは腫れ、杖をついて歩かねばなりませんでした。腸が原因で身体中に毒素がたまり、いたるところに節ができていました。それは百以上もでき、そのほとんどには三つから七つの疣がついていました。そしてそれとともに四〇度くらいの熱が出ました。病気がひどくなる前から下腹部で起きていた痛みは、身体中にひろがりました。私は完全に貧血で栄養不良の状態でしたが、まだどんな忠告にも耳を傾けようとはしませんでした。まだ私は「スーパーウーマン」であり、自分の力と鍼灸で治せると考えていました。

終に私の状態はとても悪くなり、最悪の心身状態で病院に入院させられました。手術を行うのは不可能な状態でした。また、あまりにも私は弱っていたので、回復はきわめて難しい状態でした。

このとき、私は自分が死ぬだろうと感じていました。私の周囲の人々もそう思っていました。死が私の側にあるのを、私は見、感じることができました。私は死の淵にあると感じていましたし、あちら側を見る事ができました。ただ、そこを超えて落ちるだけでよかったのです。最初は、憤慨して怒りがこみあげました。どうしてよりによって私が、と思いました。私はまだ若いし、まだ人生でやりたいことはたくさんあり、まだ何も実現していないのに。それから不安に、とても不安になりました。そのように死を迎えるということに対しての不安ではありませんでした。不安というのも、私はそれ以上は考えられないほどの、最悪の痛みを体験していたからでした。不安はむしろ不信仰に対してのものでした。私はまじめに霊的世界の存在や、神を信じていました。しかし、突然、死んだら死後の生活や、現世の意味、人間の成長発展について信じていました。

何もないのではないかという不安感が目の前にやってきたのです。もし、信じていたすべてがうそであったら？　すべてが死とともに終わりになってしまったら？　もし、私の人生すべてが何の意味もなかったら？　私はいろいろな人々に会う度に心の中で別れを告げはじめました。これが最後かもしれないと。ベッドから窓の外を眺めました。木々や、空、天候の変化、匂い、それらを、目、耳、鼻で、まるで全ての感覚器官をこの世の最後にはたらかせてすべて受け取るかのように、眺めました。子どもたちや夫には、しきりに言葉や愛撫を求めました。

そうした肉体的な極限状態から回復した後、――私は未だ非常に弱っていたのですが――さらなるぶり返しが起こりました。医療過誤により、私は二週間の間、間違った薬を飲んでいたのです。この薬のせいでひどい下痢がおこり、また、中毒性および幻覚性のある薬物が含まれていたため、私はほとんど狂気と死の瀬戸際へと追いやられました。私の瞳孔は広がり、外側より内側を見るようになり、心臓の鼓動は恐ろしく激しくなり、腕や手はヒリヒリし、もう死ぬかと思いました。それでもまだ足りないかのように、発汗と不安感で、私の周りにある物すべてに対してショックを受けるというような、パニック状態になりました。そのうえ、新しく不安を呼び起こすような幻覚症状が起こりました。私はまるで胎児のようにまるまり、親指をくわえていたりしました。医者は、私はなんとか死を免れたと言いました。私は二度も、死を本当に間近に見たような体験をしたのです。私は、パニックに陥るということがどういうことか理解しましたし、完全に世界で独りであることがどういうことか理解しました。他の人から隔たっていて、助けてくれようとしているその助けを受け取る能力がないということを。

私が余りに身体的精神的苦痛の中で自分の内にこもっていたので、夫は、私がそれから気をそらすことができるようにと、テレビを病室に置くことにしました。しかし、私の感覚知覚器官はこの一連の体験によって余りに繊細になっていて、私はテレビ番組を純粋に白紙状態の目で見つめました。映画の合間にはいつもコマーシャルが流れ、もっとも馬鹿げた、もっとも無駄な品々が、消費社会に提供されていました。その合間にニュースが流れ、様々なことがごちゃごちゃに報告されました。天気予報だったり、バナナについてだったり、地球の反対側の争いの状況だったり、死や、殺人、革命、地震、火山の爆発、交通事故、船や飛行機の惨事、おそろしいドラマなどなど。そのあとすぐに、お笑い番組が流れ、女の子たちが踊っている。これらすべてが私にショックを与え、現代において地球上に暮らす世界市民であることの意味が、単に知的にというだけでなく、本当に深い意識でわかったのです。すべての人間、私の国に住んでいる人々だけでなく、地球の反対側に住んでいる人々も、皆、この瞬間生きていて、私の同時代人であるのです。同じ時代にこの地球上に生きているのです。誰もがその人の運命とともに、誰もが自分の十字架を担いながら、しかし皆一緒に生きているのです。そしてある形では、例えば中国にいるある人が体験していることを、私も体験しているのです。そして、私たちひとりひとりは皆、あるたったひとつの存在の四肢や足、頭のような部分部分であると深く感じました。そして、私は別の人生を生きるために、今この人類の大きな家族のもとを離れたのだと感じました。この地上での私の人生は、私の問題と私の体験により変容しましたが、それはまた他の人々によっても変容しているのだと思いました。これらのことすべてを私は受け止めたのです。

突然私は気がつきました。人類がおかれているこの混沌とした状況を見ても、私には生きのびる以外の運命はないのだということに。それは何か意味があることに違いありません。何かある目的のために私は生きのびなければならないのです。人々と一緒にあるために。その人たちに届こうが届くまいが、人々とともに生きるために、人々と活動するために。そして私の寄与、つまり私の「ひと筆」を人類発展の大きなビジョンに差し出すために。私は自分の内側に、すべてに対する計り知れない責任と愛を感じました。

とてもゆっくりと、私は病気を克服し始めました。次第に私は力が出てきて、希望も持ち始めました。治療として私は粘土で彫塑を始め、庭仕事もするようになりました。私のような離肉の過程を体験したものにとって、土は支え、いわば拠り所を見出すのに最良のものでした。色や形にいきいきと打ちこむことで、私は自分の状況に対して何か活力のあるもので答えました。美で自分を取り囲む、それを私は行ったのです。

私は、鬱状態や塞ぎこんだ状態になることを避けました。美しいものや愛らしいものを探しました。それが私の栄養でした。私は新しく生まれたような感じがしていました。それはまるで、私が泉の底に到着し、そしてまた新たに生きることができているかのようでした。私はまた他人との関係を持つことができるようになりました。自分の「成果」で常に自分を確証する必要性は消えてしまいました。ノーと言うことが前より楽になりました。というのも、愛されるために人々に気に入られる必要がなくなったからです。私は幸福でした。生きていること、他の人とここにいることが幸福でした。私は自分をより愛し、たとえ「スーパーウーマン」でなくとも自分を受け入れることを始めました。そして自分に対してあまり期待しなくなりました。私は人類とまわりの人々に対する愛に満たされて、そして大きな喜びに満たされていました。

私は自分の歳を考えて似ていると思ったのですが、自分の大きな使命を準備するために三十歳の人生まで生きたイエスのことが思い浮かびました。三十三歳で十字架に架かって復活するために、彼は三十歳で偉大な苦悩と諦念の道を歩み始めました。私は、もちろん別のあり方ではありますが、同じような体験をしたのだと感じました。三十歳のとき私は死に向かう困難な行程を始め、身体のひどい痛み、不安、パニック、孤独、弱さを体験しました。私は完全に他者に頼り、何も返すことができずにその差し伸べられた手を受けなければなりませんでした。私は無力感と死を感じましたが、死ぬことはありませんでした。三十三歳のときの「十字架の道行」のような下降は止むことはありませんでした。そしてそこから、まるで新しく生まれたように、私は新しく出てきたのです。私の今の人生は、「その前」と「その後」に別れているような気がしています。それははっきりとしています。

そして、私は、私のようにユダヤの血筋と教育を受けている人間にとっては非常に困難な一歩を踏み出す決心をしました。洗礼を受けることにしたのです。そして、そのことによりこの地上においても、また霊界においても、私がすでに経験したような大きな一歩に具体的な形を与えることを決めたのです。つまり、私の中に起こったことを認めることです。それは霊的世界の知覚です。それはとても強く存在し、私はそこに属しています。私を取り巻く共同体の中でここにいる限り、私はその霊界を通してこの地上ではたらきかけているのです。

私の病気は治ったわけではありません。この病気は治ることは難しいのです。けれども、はたらき、勉強し、家族や世界と共にあるための強さとエネルギーはあります。それをもう失いたくはありません。自分を少しだけ小さく感じますが、けれども、おそらくまさにそれ故に、その方がいいと感じています。もう自分に対するそれほどの期待を持ってはいませんが、私は以前より自分を好きになりました。

私は自分がどこにいきたいのかまだわかりません。昔の過ちに私はまだとらえられています。とにかくすべてきちんとやろうということと無意識に闘っている私に、はっと気がつくことも多いですし、昔のパターンに戻ってしまうこともしばしばです。時々不安もあります。しかし、こうして人間として成長発展の過程の真中にあるのだという発見をし、ここで過ごしていることが許されている毎日を幸せに思うのです。

3-6　バイオグラフィー4

三十六歳になって、私は人生を新しい観点で見るようになりました。まだ自分は壊れ易いと感じ、私の内側を守らなければならないという印象はありますが、しかし、本質的な変化を感じていました。

私の父はブラジル人で、母はデンマーク人でした。ふたりとも一人っ子でした。父が母と結婚したのは、私が生まれることになったからでした。父は美男子で、美食家で、誰もが彼を賞賛していました。母は反対に内向的で、コンプレックスのかたまりでした。母はとても厳格で規律に従ってまじめに生きていました。子ども時代の大部分を私はブラジルで過ごしましたが、毎年数カ月は祖父母の住んでいるデンマークに行きました。初めてデンマークに行ったのは、それが私の最初の記憶ですが、二歳のときでした。ブラジルでは小さな幼稚園に通いました。二歳半になったとき、妹が生まれました。そして母が妊娠中は大きな嫉妬心を感じていたことを思い出します。子どものとき、おたふくかぜにかかったり、扁桃腺の手術をしたり、不安感ゆえの不眠に多く悩まされました。

六歳で私は学校に上がりました。私は自分に自信がなくて、他の子どもに対して嫉妬心を抱いていました。本を読むことを覚え、それから淡い初恋を体験しました。七歳になったとき、両親が別れました。それまで、私は夜尿症でもありました。私は母のもとに留まりました。八歳になったとき、母はまた結婚しました。母の二回目の結婚生活は四年間しか続きませんでした。二番目の父親は母に対して優勢でエネルギーに溢れていましたが、大人になりきれていませんでした。彼は私や妹に対して嫉妬深くありました。実の父親はよく日曜日にクラブにいるのを私は見ました。しかし彼はあまり私のことはかまってくれませんでした。ただ、九歳ではしかにかかったとき少しだけ心配してくれました。

五歳から十歳まで毎年夏休みはデンマークの祖父母のところで過ごしました。そこは私にとって故郷のようで安心するところでした。九歳のとき、私は荷物をまとめて家から出ようとしました。孤独で大きな欲求不満を感じていました。母が二番目の夫と別れた後、私たちは別の家に引越しました。母は私のことをエゴイスティックだと思い、私は何か重いものが自分の上に乗っかっていると感じていました。二番目の夫との離婚後、母は飲酒を始めました。しかし、そのことに私が気づいたのは十三歳になってからでした。というのも母はこっそり飲んでいたからです。十三歳のとき、私はデンマークの寄宿学校に行きたいと思いました。そこで一年過ごしました。それは私にとってすばらしい時期でした。そこでは暖かさと愛を感じ、たくさん友だちがいました。私は、デンマーク語、英語、ドイツ語を習い、編物や刺繍を覚えました。

十四歳でまたブラジルの学校に戻りました。父は情の上ではいつも私から遠い存在でした。この時期、私は外面をよくするということを覚えました。すべて良いように見えましたが、内側では不安と、悲しみと重苦しさを感じていました。私は他の人の注意を引こうとしていました。十五歳で初めてボーイフレンドとつきあい、十六歳で別のボーイフレンドができ、その人と初めて性的な関係を持ちました。そのため私の中には大きな罪悪感が生まれました。十七歳のとき、デンマークの祖父母がふたりとも亡くなりました。その頃母が、私がもう処女でないことを知ったときには、私の罪悪感はもっと大きくなりました。母は「おまえは、ナイフで私の背中を切りつけたようなものだ」と言いました。私は罰として一カ月の間、家から出られませんでした。同じ年、父が私の素行が悪いといって、私の顔をなぐりました。この出来事のあと、私の中には性的な願望はなくなりました。

十七歳のとき、妹と一緒にヨーロッパを旅しました。母はこの時期非常に飲んだくれ、自殺しようともしました。私は新しい恋人と出会い、性への関係はまた普通に戻りました。母は私に、私が関心をひいて男の人たちをつなぎとめるためにそうするのだと言いました。しかし、この恋人は私の愛情には応えてくれませんでした。十八歳のとき淋病にかかり、母はまた「おまえの恋人はおまえのことは大事にしていない」と言いました。十九歳で大学に入り、観光学コースで学びました。妹とまたヨーロッパやブラジル北東部に旅行しました。初めて妹と良い関係を持ちました。二十歳で三番目の恋人と知り合いましたが、彼との関係はとても難しく、彼は私に暴力を振るうようになりました。私は、父に擁護と助けを求めましたが、父は私のその恋人のことを知っているにもかかわらず、助けてくれませんでした。私は父に対してひどく失望しました。感覚的傾向の強い母は、娘が自分と同じように性的な傾向にあるということが耐えられませんでした。

私は、多くのことが自分の中に潜んでいるとわかっていましたが、自分を信頼するところが私の中に欠けていました。二十二歳のとき、私は三番目の恋人に別れを告げ、そのあとすぐに今の夫と出会いました。しかし、夫の家族は私を受け入れてくれず、拒絶されていると感じました。私はそれに対して攻撃的に反応し、母のせいだと思いました。母はずっと飲んでいましたので、そのことを恥ずかしくも思っていました。母はやがてアメリカ合衆国に旅をし、そこに住みつき、ブラジルには年に一度だけ戻ってくるようになりました。このことで私は非常に軽くなりました。私は結婚式の準備を始めましたが、お金もなく、すべて自分でしなくてはなりませんでした。母も義理の母も側にいなかったのですから。

二十六歳で最初の娘を産みました。娘の授乳期は良い時期で、私は子どもをもって幸せでした。私は子どもを可能な限り完全栄養食の食事で育てようとしました。義理の母はそのことをからかいました。しかし私は自分で「完璧な母」と感じていました。夫との関係は、セックスを含めて非常に困難でした。私の関心は冷めて、いつも罪悪感があり、夫は善人で私は悪人と感じていました。それで二十七歳のときあるセラピーをやることを決めました。そこで私は、自分の若い時代にやっていたことを今の夫との生活でもまた繰り返しているのだということに気づきました。私は、後で和解を楽しみたいがために、いつも危機を呼び起こそうとしていたのです。一日の流れが何も変わらず、何も新しいことが起こらないと、私は不満でした。そもそも若い夫婦として私たちは収入以上の生活をしていたのです。二十八歳のとき、私は小さな情事を体験し、夫から別れようとしましたが、しかし、私の場所はこの家であり、私は自分の婚姻生活のために闘わねばならないという洞察を得ました。同じ時期、私は瞑想法に出会い、霊的な書物にも興味を持つようになりました。そのうえヨガの練習も始めました。同じ年、母が訪問してきたことが夫との和解の助けになりました。

二十九歳で二人目を妊娠しました。それは大変な時期でした。というのも、同じ頃家を改築していて、私の力はほとんどそれに費やされていたのです。また、義理の母が非常に私の家庭のことに介入してくると感じていました。私は妻として、主婦としての役をきちんと果さず、わきに退いていました。そして三十歳で息子が生まれました。医者は、おそらくこの子は糖尿病であろうといいました。私は非常に弱り、一カ月床に就いたままでした。そして医者は息子が高血圧症であると診断しました。それは私のせい？　それはショックなこと？　私は不安で、おどおどし、感情を外に表すことができませんでした。時々死の不安に襲われ、外側へは強がっているように見せていました。私はゆっくり休養することもできませんでした。そして三十一歳のときに糖尿病であると診断されました。私は薬について何も知りたくはありませんでした。むしろ、自分が完璧ではなかったと、とても恥ずかしく思っていました。若い頃から吸っていたタバコをやめました。自分の病気を認めず、治療を受けませんでした。夫との関係では、いかに私はコントロールされ、操られているか気づいていました。同じ状況が繰り返されていたのです。それは私が母とそして母のアルコール依存とつきあいつつ、習慣になっていたのと同じ状況でした。何かが変わる必要がありました。私は十四キロやせ、身体的な状況は悪くなりました。母が私を、アメリカ合衆国へ来るようにと呼んでくれました。それで私は子どもたちと飛びました。母はあたたかく迎えてくれ、ついに母と和解することができました。私は自分の病気を受け入れ始めました。そしてインシュリンをもらい、状態は良くなりました。母はまるで、私が若い時に母としてできなかったことをこの時期に取り戻したがっているような感じでした。母は私のことをとても愛情に満ちて看護し、世話してくれました。

そして私がアメリカ合衆国からブラジルに戻ってくると、夫の家族も私のことを以前よりよく受け入れてくれました。それ以来私は、新しく生まれ変わり、母がその妊産期を初めて今私と共にきちんと過ごしてくれたような感情を持ちました。

三十三歳のとき、私は初めて誕生パーティーを開き、人々を招待し、高血圧症の息子もゆっくり歩き始めました。

三十四歳で私はブティックを開き、一年半続けました。最初は共同経営のパートナーがいましたが、彼女がやめ、ひとりでは仕事が多くなりすぎたのです。

三十五歳で初めて「アルテミージア」のバイオグラフィーワークショップに参加しました。それからルイーズ・レイの本を読みました。それは私にとってとても重要でした。

義理の母はいつもそうであったように、とても批判的でした。しかし、私は今や彼女を退ける力がありました。私はまた「アラノン」という、あるグループにも参加しました。それはアルコール依存症の親族の集まりでした。そこで私は自分の態度についての心理学的な発見をたくさんしました。今や、三十五にして、私は自分の運命の主人であり、自分を自分で癒すことができるとわかりました。夫に対する性的な態度も良くなりました。夫はプライベートな領域でも仕事の領域でも成長しました。彼もまたあるセラピーを始めました。私は概して幸せになり、私たちは家族として楽しい休暇を過ごすことができるようになりました。

私のバイオグラフィーに関して、あといくつかのことを書きます。

私は左利きで、一度も直されたことがありません。私はいつも自分がアウトサイダーのように感じ、集団に馴染むことができませんでした。私は恥ずかしがりやですが、同時に嫉妬心がありました。私がいつも抱いていた感情は、欲求不満、苦々しさ、傷ついた感じで、いつも人を妬んでいました。若いときはとても強く価値というものを重んじ、とても攻撃的でした。さらに私の人生に特徴的なことは、とても多く引越したこと、そしてブラジルとデンマークの間を非常に頻繁に行ったり来たりしたことです。

このバイオグラフィーは、三十歳と三十三歳の間の危機をよく克服したという感じを伝えてくれています。この著者も死に近づき、そして再生に向けて立ち上がります。彼女の母親が妊産期と、覆いと守りに満ちた過程を後で取り戻したことはよかったことです。それにより母親と娘の間に和解が生じました。同時に娘は、彼女の人生に非常に大きく影響していた母親の個性から自由になったのです。三十五歳からの人生において彼女は、自分固有の衝動というものにより気づいていきます。この衝動はさてどこへ向うのでしょうか？　この問いについては次の章で取り組んでいきましょう。

この世界が、今ある私から私をつくりだしているのだと思えば、
本当に何もできない。
そうであるなら、この地球を破壊することも
もちろんやめることはできないだろう。
けれども、こう考えてみよう。
誰もがなるべき、あるいはなることができうる
自律した人間存在が、
世界がいかにあろうとも
世界のために責任をはたすことができるのだと。
そうであるなら、当然、たくさんのことが私にはできる。

――ヴァーツラフ・ハベル(33)

3-7　三十五歳、そして三十五歳から四十二歳

私たちは三十歳から三十三歳までの困難な時期を克服しました。そして三十五歳にやってきました。ある観点から言えばこれは人生の真中の時期ということになります。受肉の過程からいえば、私たちは最も深いところに降りてきたことになります。大地にいちばん近いところです。そして今ゆっくり肉体から解き放たれ始め、再び上に向かっていくのです。今までの人生の諸段階は宇宙の、自然界の、環境の、教育と知識などなどの、大きな吸気のようでした。しだいに私たちは仕事でも家庭的な環境でも、自分の場という確かさを感じ始めます。私たちが、自我の中に意図として、主題として、そして使命として前の人生の領域から持ってきたものを、今や地上でより実現していくことが可能となりました。その持ってきたものと、今までの人生で習得した能力を通して、より強く内側からはたらきかけていきます。そしてさらに成長発展していくための確かな道を見出していきます。前の〈七年期〉で再び受け取ったキリストの諸力は、私たちを助け、私たちは他者の個性に対する真の友愛、寛

大さ、畏敬の念を育てることができるのです。

この〈七年期〉にはしかし、否定的な要素もあります。この年齢で非常なエゴイストや独裁者になることも可能なのです。どの人のバイオグラフィーでも小さなナポレオンになる危険性が生じます。（ナポレオンは三十五歳で自ら王位につきました！）この時期、エゴイズムに対して闘う必要があり、ここでも他者に対する前向きな態度や寛容さのあることが助けになります。ルドルフ・シュタイナーは多くの講演で、三十五歳を過ぎて初めて顕れてくるものについて挙げています。例えば、自分の行為と考えが世界に対して必要になるとき、人間は判断する能力を持つことが可能になります。受け取ることが今やゆっくりと、世界へ与えること、贈ることへと変容していきます。私たちの霊は、もう身体や魂の構築で忙しくはなくなっていきます。未来へと、より自由になって向っていくのです。

アメリカ人のジャーナリストであるゲイル・シーヒー(34)は、この人生の段階を「真正の危機」あるいは「夢の脱神秘化の段階」と呼んでいます。私たちは、自分自身について抱いていた幻影を壊さねばなりません。自分に問いかけなくてはなりません。自分が演じるあらゆる役割を取ってしまったらいったい何が残るのだろうかと。私たちの個性は成熟し、私たちはもはや外見のためではなく内実のために生きたいと思います。パートナーとの関係においては、私の役割が夫としてあるいは妻として要求されているという義務からではなく、愛から行為していきます。「ノー」と言うことも簡単になります。人が期待しているからと言って「イエス」と言う必要はありません。それが期待されているからといって、これやあれをしなければならないというのはあとでただ腹が立つだけです。私が行為するのは自分の確信と真実性からであるのです。小さな例をあげましょう。私が、二十六歳から二十八歳だったとき、医者の仕事を始めましたが、街の市場で買い物をしているときに患者さんと会うのが恥ずかしいと思い、必要なものを買うのに、メイドに行ってもらっていました。三十五歳をすぎると、市場で買い物をするのは大きな楽しみになりました。いい果物や野菜を食事のために選ぶということはまさに喜びでした。そこで患者さんに会うことなどなんとも思わなくなりました。私は、真実性や物に対する愛情に出会い、他人が自分をどう思おうがまったく関係なくなったのです。

フリーメイソン(35)は、この間違って築き上げられた個性の破壊を、金槌のシンボルで表わしています。ルドルフ・シュタイナーが「意識魂の時代」と呼んだ時期に、私たちは今います。物事をより明確に、より批判的に眺めます。人生が決まりきった退屈なくり返しになる危険性が出てきて、しばしば内的空虚感を感じます。「外側への批判」を「内側への批判」に変容する勇気が要求されます。誰もが自分に問いかけざるを得ません。私の限界はどこだろう？　私の能力と行為の可能性はどこにあるのだろう？　二十一歳から二十八歳まではすべて可能だと思っていました。例えば、ある酒のみの男と結婚するが、もう飲まないように私の力でさせることができると信じているとか。あるいは、エコロジーの世界のために働きたいと思っていて、すべての人間が私の考えに喜んで飛びつき、受け入れてくれると信じている、などです。

今、この時期に、自分の限界と強く対決します。すべて可能ということはあり得なく、私はただある部分だけしか実現できないのです。自分の存在を過大評価してはいけないのです。「私ではなく、私の中のキリスト(36)」、この認識が、しだいに霊的な現実となっていくのです。

一方では自分の個性を過大評価する傾向があり、もう一方で、その多くは、主にその前の時期に家庭を築き子どもの教育に忙しかった女性なのですが、自分は何も習得しなかった、あるいは何の職にも就かなかったと思ったり、自分の創造的な素質を過小評価したりします。この時期には、自分の能力を過小評価するという傾向もあるのです。どの人にとっても、次のようにもう一度自分を省みることが重要になってきます。衝動や意図として持った職業上の願いの中で、何を私はやりのこしているのか？　どうやってその要素を再び取り上げることができるのか？

さて、三十七歳までやってきました。二度目のムーンノードの時期です。このとき、十八歳半のムーンノードの時期より、より強く新しい始まりの衝動がやってきます。過去を拭いとり、新しい熱望、新しい価値、新しい尺度を置きたいという衝動を感じます。多くの女性は職に就いたり、新しい勉強を始めたりします。男性はこの年齢で時々職業を変えます。そしてやっと人生の使命を成就させるために何かに取り組むことができるのです。

自分の夢に注意を払っている人は、自分の人生の何かを変えたいという衝動を感じます。そして今その能力があると感じます。エーリッヒ・フロム(37)の言葉を借りて表わすこともできます。彼は魂の状態を特徴付けるために、存在と所有の観点を用いました。所有の時期は過ぎ去ります。妻を持ち、家庭を持ち、職を持ち、家があり、時にはすでに工場を所有しています。しかし、これらすべてに意味があるのでしょうか？　おそらくそれを手にいれるために多くを失いました。子どもへの関係、妻への関係、自分の本来の価値との合一。しばしば自分はこの内的葛藤を感じ、何か変えたいという意志を持ちます。四十歳過ぎての人生に与えたい方向が準備されるのです。

この時期にも多くの人々は死の問題に直面します。身体的な衰えが始まります。このことは死ぬ夢にあらわれてきますし、不安の感情を通してもあらわれてきます。この時期の典型的な表現は次のようなものです。「時々、自分はもうあまり長く生きないような気がする。」「私の父親は四十二歳で亡くなった。自分もこの歳を越えて生きることはないだろう。」あるいは、ある女性が私の診察時間にやってきてこう言ったりします。「いったい自分がどうなっているのかまったくわからないんです。突然、通りの向こうへ渡ることが不安になるんです。」「今何歳ですか？」という私の問いに彼女は答えます。「ちょうど三十八になりました。」そのような体験や他の体験は死の影響や体験を映し出しているのです。それは、まるで死の天使が反対側から、人生の終わりの方から、こちらを眺めてこう言っているようなものです。「この何年かにまだ何をしたいのか、何を今までやりすごして、そしてまだ何を行為したいのか、それに注目せよ」と。

C・G・ユングはこの時期を「偉大なる死」の時期と特徴付けています。一方では、魂の中において、外へと向かっていた個性の成長をやめることの表現であり、他方では、身体の衰えの表現であるのです。

例えば、バイオグラフィー2のタンガの場合、三十七歳で新しい霊的な関心がわきおこります。それは、彼女が幼い時に祖母が植えた芽なのです。

ある三十七歳の女性の言葉を聞いてみましょう。

> 私は、私自身が私のバイオグラフィーの主人公であると今発見しました。ずっと今まで主人公を外に探していました。そして今、このバイオグラフィーセミナーを通して、主人公は、本当は私の内にいるのだと気がついたのです。

この発言は、この女性があるバイオグラフィーワークショップについて語ったときのものです。

肉体から意識へと上っていく身体諸器官における解体過程は、先に述べたような死の体験を生みます。しかしそれは、それ以上に大きな意識の拡大を可能にします。私たちは、物事をその源泉に見ることをし始めます。本質的なことと非本質的なことを分けることのできる状態になります。よく霊的体験もします。たとえば、日没時に「太陽が音を奏でている[38]」のを聞くかもしれませんし、花が開くのを見て、一度に人生全体を理解するかもしれません。他者との関係が深まることもあります。エゴイズムから離れ、他者がその人の本質の中にあるのを受けとめます。人々の中の「星の王子さま[39]」があらわれて、その本質を語り始めます。私たちが他者、あるいはある思想をその本質の中で捉えようとする時、私たちはそれらの前に忠実であり続けるのです。霊的なものにおける大きな飛翔の段階が始まるのです。私たちの言葉にはしだいに人生の体験や人生の内実がこもっていくのです。

しかし、人生のこの時期、内的空虚さを覆い隠すこともあり得ます。自分から逃避し、アルコールやコカインにのめりこむことにより、自分自身との対決を避けたりします。そして多くの人々には物質主義に屈服するという危険があります。より多く所有したい、たとえば、常に新しい会社を設立しようとするとかです。そして、さらに人生の意味を物質的なものを積み上げることの中に見いだそうとするのです。

次にあるのはある五十八歳の男性のバイオグラフィーです。それは、人生の法則についての考察を第八〈七年期〉まで示してくれます。

3-8 バイオグラフィー5

私は、あるオランダ人農家家族の、三番目の息子です。上のふたりは男の子で、私の下に弟妹が何人かいます。十四歳まで私はオランダで育ちました。学校に行くときは、私はふたりの兄の後をとろとろついて行っていました。私が道に取り残され、ひとりぼっちで立ち尽くしたりすると、兄たちは大喜びでした。私の家族はカトリックで、毎晩家でロザリオに祈っていました。およそ私たちの子ども時代はとても調和的でした。とにかく母は私たちのための時間はあまりなく、私たちは畑で父を手伝わなければならないことが多かったです。

十四歳のとき、私たち家族はブラジルに移住しました。旅立つとき、私たち全員が新しい服を身につけました。しかし、ブラジルではこうした服は暑さと多い雨のためまったく必要がありませんでした。十五歳のとき、私は肝炎にかかりました。

私は馬で畑を耕し、とうもろこし、綿、野菜、トマトを植えなければなりませんでした。オランダでは花しか作りませんでした。まもなくトラクターを買いましたが、それは二人の兄しか使えませんでした。何年も私たちは休暇も取らずに働きつづけました。十七歳のとき農薬により私は重い中毒症状を患い、腎臓障害で一月ほど入院しました。

十九歳のあるとき、私が家の小型トラックで出かけ、遅れて帰宅すると兄はひどく怒りました。父はそれに対して応援して「殴れ！」と言いました。そのことでひどく私は傷つきました。私たち三人兄弟はいつもある意味互いに張り合っていました。二人の兄とはあまり折り合いがよくありませんでした。それに対して弟とはうまくいっていました。しかし、弟は大学に行くためにまもなく家を出ましたので、私は友を失ったような気がしました。父はいつも上の二人の兄を可愛がりました。一番上の兄の言うことにだけは父は耳を貸しました。私はいつも自分のポジションを確保するために闘わねばなりませんでした。一番上の兄が結婚したとき、結婚式の前の晩、父は私たちの部屋にやってきました。私たち兄弟はひとつの部屋で寝ていました。父は兄に別れを告げ、彼が一番可愛い子であると言いました。そのことで私はとても傷つきました。

私が二十四歳で結婚したとき、二番目の兄もすでに結婚していました。しかし、私たち三人兄弟はずっと父の会社で働いていました。それは、オランダ人移民の間のいくつかの農場で組織された家族企業でした。私の父の目標は最大最良の会社を作ることでした。

私の結婚生活は申し分ありませんでしたが、私たちには子どもがありませんでした。それで、私が二十八歳のとき、男の子を養子にもらい、さらに三十歳のとき女の子をもらいました。三十一歳の時に私は会社のひとりの秘書に恋をしました。この秘書とは深い関係にはなりませんでしたが、私の妻はひどくこれに嫉妬して、結婚生活は困難な状況に陥りました。この秘書はその後数カ月まだ会社に留まっていました。三十三歳のとき、私たち夫婦は夫婦関係の危機を乗り越えるために、三番目の子どもを養子にもらうことに決めました。この三回の養子縁組はまるで運命によるかのように選ばれました。

これら一連の感情的な危機が原因で私はメラノーマにかかり、隔離されなければなりませんでした。その後すぐ、私はアントロポゾフィー的な治療を始めました。

会社はだんだん大きくなり、私たちは花を専門的に扱うことにし、主にグラジオラスと菊を扱いました。現在は七百人の社員のいる会社です。私は花を扱うことに喜びを感じていました。

三十七歳のとき胸の部分に小さな皮膚の悪性腫瘍ができました。

三十五歳以降、私はより大きな内的自由を感じるようになりました。人生に対して別の意味や、より大きな価値を置くようになりました。四十歳になったとき、父は会社を引退し、上の兄が社長になりました。

私は父親として三人の子どもとうまくやっていけないという感じをもっていますが、しかしとてもそれに対して努力はしています。おそらく、私が父との関係について非常に問題に思っていて、父とコンタクトを持つことがとても難しかったことと関係していると思います。

四十一歳のとき初めてバイオグラフィーワークショップに来ました。妻との関係はさらに難しくなりました。私はより人智学に興味を持つようになりました。妻は非常に厳格なカトリックの中で育ちました。彼女は私や子どもたちを非常に強くコントロールしました。私はより強く私自身のバイオグラフィーや私の人生への理解と向かい合わねばならないと感じていました。バイオグラフィーコースの中で、カール・ケーニッヒの本『子どもの生まれる順番の神秘』を基にした講演を聴いて、第一子、第二子、第三子の人生の状況というものを知りました。その多くが、私の三番目の養子にもあてはまりました。私はその子と自分を同一に感じていました。そして、その子との関係において新しいものを持ちこむことが可能であるということに気づきました。さらに次のバイオグラフィーワークショップに参加し、二人の兄への関係もはっきりとしてきました。

四十二歳で私は大きな恋愛をしたので、妻と別れ、新しい人生を始めることを考えました。それは私のさらなる人生に新しく活気を与えてくれるだろうと思いました。私は一年間ずっと集中的にこのことを考えました。しかし、私自身の原則と私の家族に対して、忠実であることにしました。基本的に、変化は外側からではなく、内側から来なければならないことを私はわかっているのです。

私はこの新しい恋愛を諦めましたが、伝統的な家庭生活を送ることはしだいになくなっていきました。

四十二歳と四十九歳の間に、私は新しい価値観と新しい立脚点を育てました。大規模な農場と、数人の自営業の農家、そして多くの農場労働者たち、全員オランダからのカトリック移民たちですが、彼らはある協同組織を作ることにし、街を作ろうとしました。私はそれに協力しました。それはまるで、そのことで外に向かって格闘することが、内的な格闘を解き放したかのようでした。四十九歳で、銀婚式を目の前にしていました。しかし、私はそれを迎えまいと内心確信していました。私は、恋人ともう会ってはいませんでした。自分を克服したのです。本当に諦めたのです。しかし、妻との関係はそれでも改善しなかったのです。

多くの講演や様々なワークショップに参加して、私は人智学に向かい始めていました。そしてもっと勉強するために、さらにバイオグラフィーを深めるコースに参加しました。

子どもの教育は、私と妻の永遠の闘争点でした。何がこの結婚に私をつないでいるのでしょうか？　養子の子どもたちは一度両親を失っていました。二度も失わないといけないのでしょう

オランダに生まれる	0		63	
11人兄弟の3番目	1	百日ぜき		
	2	はしか, ふうしん		
幼稚園	3			
引越し	4	兄たちに通園路でおいていかれ 取り残されたと感じる		
	5		58	
入学, 家庭教師	6		57	アルテミージアでの仕事
	7		56	
農作業 母手術のため3週間不在	8			
	9	おいてきぼりにされた感情	54	新しい職を求める
	10	父や兄妹から拒否されていると感じる	53	
	11	学友を失う　暑さに苦しむ	52	会社をやめる
15キロ離れた電気工学の学校へ	12		51	会社の重役から退く
毎日自転車で通う	13		50	二番目の娘の結婚
ブラジルへ家族で移住	14		49	二番目の恋人と再会、 学業の再開
最初の妻との出会い	15	肝炎	48	最初の妻との離婚
たくさんの小旅行をする	16		47	
	17	農薬中毒によるじん臓障害	46	
父、会社設立 長兄の結婚 生産部門の支払不正	18	正当に扱われていないと感じる 父の「大好きな息子」が結婚	45	

引越し, 後に残される	19		44	街の建設に関わる
	20		43	最初の妻との生活を選ぶ
	21		42	2回目のバイオグラフィーセミナー 2度目の恋愛
	22	父との対立	41	最初のバイオグラフィーセミナーに参加
	23		40	父の引退
結婚	24	落ちついた状況	39	会社の経営責任者に
大規模な花栽培会社の設立という父の野心, 義兄弟の一人が会社に加わる	25		38	人智学の講座に通う
	26		37	人智学的コンサルタントと出会う 会社の拡大
	27		36	会社での問題
1人目の養子をもらう ある女性にひと目ぼれ	28		35	
	29		34	
2人目の養子	30	メラノーマの手術	33	3人目の養子

31　結婚生活の危機

31 1/2　最初の婚外恋愛関係

か？　けれども、永遠に続く争いも子どもにとっては良くありません。私の側から決断はなされなくてはなりませんでした。

私の「愛する人」と連絡が途絶えて七、八年経っていました。それで、それを求めました。それは、新しい、そして強く、深い関係に育ちました。一年後、私たちは結婚しました。その兄たちとの関係はより難しくなっていました。それは会社の中でも現れました。その会社には別れた妻も関係していました。

それで私は、会社を辞める決心をしました。花栽培の経営陣のポストをあきらめ、企業の経営パートナーからも別れたのです。

その後すぐに、私は職業訓練を始めました。それは、私が十四歳の時に断念したことでした。何年かして、私はバイオグラフィーコンサルタントと企業コンサルタントになりました。いつも私は、他者が私に要求することをしてきました。今やっと私は、自分がしたいことをしたいのです。

子どもたちは、既に独立しています。ふたりはオランダで暮らしています。娘は家庭を持っています。グードルンとダニエルが南に引越した後、三年間、私はアルテミージアの管理を担いました。そして、今、様々な社会プロジェクトで働き、アルテミージアのいくつかのコースに関与しています。

前頁の図は、バイオグラフィー5のまとめと、三十一歳半を軸にした鏡映関係図《ミラーリング》です。全体的な概観を得る助けとなります。外的な事実と出来事は両外側に、感情と病気は内側にかかれています。

3-9　四十二歳の危機

四十二歳は人のバイオグラフィーにおけるひとつの転換期です。四十二歳から六十三歳までの次の三つの〈七年期〉における成長発展は、二十八歳から四十二歳までに内側で変容したものによってほとんど決まってきます。四十二歳を「存在の危機」の時と呼ぶこともできます。しかし、もちろんそれはこの年一年だけとは限りません。危機的な段階は、既に三十代の終わりから始まる人々もいますし、次の〈七年期〉まで続く人々もあります。

私自身は、暗いトンネルに辿りついたような感じがありました。光はトンネルの出口にあるということはわかっていました。それでもやはり、この状態から抜け出すのに何年か、四十五歳までかかりました。この時期に私たちが感じることを、次の二つの体験のイメージで表わすことができます。

泉の中に深く沈んで、二度と出てこられないような感情を持ちます。底を蹴ってまた上に跳び上がるために、いちばん底まで落ちなければならなかったりします。私たちが自分のバイオグラフィーを振返ってみますと、いつも、ある困難な状況から救い出してくれるような人が必ずいるということがわかります。しかし、これからは自分独りでそのような状況から抜け出さねばならないのです。ある意味、自分で自分を引き受けていかねばなりません。誰も泉から救い出してはくれません。ただ自分自身だけなのです。それは私たちにとって、気の遠くなるような体験です。

別の例をあげましょう。ある熱帯の原生林を歩いています。道は生い茂る雑草の中を通り、とげのある藪の中を通り、つる植物や、他の様々な障害の中を抜けていきます。突然道は山頂に出ます。そこで初めて、素晴らしい景色があなたの周りにあることを知り、それらを全体の中で理解し始めます。どうして川はあそこであんなに蛇行しているのか？　なぜなら、あそこはとても平らな土地だからだ。そしてあの向こうには大きな滝ができている。そのようなたくさんの発見を、ここですることが可能なのです。

私たちが見渡しているこのような崇高な風景を読みとることを、私たちは学ばねばならないのです。自分の人生の風景を少し高いところから見渡し、理解し始めるのです。

今日よく言われている、いわゆる「中年の危機」は、その前の意識魂の段階で築いた価値観や世界観ととても密接に結びついています。外的な仕事、キャリアや成功することに没頭している男性の場合、その危機は四十代まで入り込みます。男性たちは、さらなる成功やより高い地位へと向かいます。そうすると、次の段階の課題を表わす変容が成し遂げられません。そしてたいてい、不満足感はより高まり、鬱症状にまで至ります。この四十二歳頃の危機を「中年の危機」と同じように置くことも可能です。しかし、既に言いましたように、ある人たちには早く、ある人たちには遅く来るということを見逃してはなりません。

キャリアを作りつつある女性たちについても、実績や成功を追っている男性たちと同じことが言えます。それまで家庭や子どものために一生懸命やってきた女性たちにとっては、四十二歳頃の人生の危機的状況というものが特にあてはまります。しばしば危機によって激しく揺さぶられます。その女性がそれまで抑圧されていた場合、フェミニズム的な反乱にまでいたります。それぞれにとっての大きな課題は、自分の個人的な出来事や人生の状況を内側から変容することなのです。これを私たちは魂の成熟と見る事ができるでしょう。これはこの時期までに達成されているべきなのです。

バイオグラフィー5の著者は、変化が内側から来なければならないことをはっきりと体験しています。しかし、多くの人はそのことを認識しません。大きな虚しさを感じ、仕事かセックス、あるいはアルコールに逃げようとするだけです。

私たちは、やっと四十二歳で人生の成熟に達しました。私たちの自我の完全な意識の段階です。二十一歳で半分大人になり、四十二歳で完全に大人になったのです。人生が私たちを成熟させたのです。人生の出来事が変容され、私たちの個性と統合されれば、それは果実として実るのです。今や私たちは、自分で得た人生の果実を、より多く他者へともたらすことが可能になるのです。

前の〈七年期〉で始まった身体の死にゆく過程は魂の中でなお残響し、C・G・ユングが「偉大なる死」と呼んだものがどういうことなのかを予感させます。私たちは次のように問いかけざるを得ません。私たちの内側の何を死なせるのだろう？　復活すること、あるいはまったく若芽を吹きかえらせることにはどういう意味があるのだろうかと。

意識魂の時代、つまり三十五歳から四十二歳の間に得た価値観はいまや固定されます。私たちは、親が教育においておこなった過ちと折り合いをつけます。両親を許し、新しい関係を彼らと築くことが可能です。いまだに親や教育のせいにしている人は、自分の人生で成長しません。あるいは自分の成長過程の中で今の段階に留まったままとなります。

四十歳頃に境域を越えると、ルドルフ・シュタイナーは言っています。「境域を越える」とはどういうことなのでしょうか？　それは、霊的な種類の体験が人々の中に自ら積極的に現れてくることです。そのことは、それまで身体の諸器官と結びついていた生命諸力が自由になることと関係しています。三十五歳以降、自我は、諸器官を形成しそれに力を与えていた諸力から解き放たれます。これらの諸力は私たちの意識に達し、私たちを凌ぐことが可能になります。今日重要なのは、私たちが境域を越えるということに、より意識的になることです。多くの人々がたくさんの境域体験をしています。この年齢だけでなく、他の年齢でもです。私たちがそれに対して十分に成長していない場合、こうした体験は心理的障害や精神病に至ることがあります。しかし、そうした体験ときちんと向き合うことができれば、それらの体験は私たちの人生にとって啓発となるのです。そしてそれらは霊的世界の存在について確かにしてくれるのです。

以下のバイオグラフィーは、三十五歳から四十二歳までの人生を性格付けるような特性といくつかの観点を示しています。これは五十七歳の女性によって書かれたものです。

3-10 バイオグラフィー6

私はブラジル国内、サンパウロで生まれました。父はブラジル人で、母はスペイン人の血をひいています。父は警察署長で、よく私をオートバイに乗せてくれました。私は四人兄妹の三番目でした。兄がひとりと姉と妹がいます。二人目の子どもの後、母は七回流産し、そして私が生まれました。九カ月で私は歩き始めました。私たちは大きな家を持ち、たくさんの動物、サルやワニなどを飼っていました。三歳半のとき細菌性腸炎にかかりました。

四歳で私はカトリックの幼稚園に通いました。私は、私より弱かった兄を護っていました。父には女性がたくさんいて、私はよく母が泣いているのを見ました。およそ六歳のとき、私は父と釣りにでかけ、水に落ちました。当時沈みながら明暗の体験をしたのを覚えています。

七歳で学校に行きました。学校で私は良い生徒でした。人形と遊ぶことは嫌いで、人形の髪を引きちぎって男にしました。九歳のとき近所の子どもに初恋をしました。同じ年、扁桃腺を切りました。その前にはしかにかかっています。十歳のとき私たちは他の町に引越しました。そこでも大きな家に住みました。私は母の手伝いをたくさんして、クッキーを焼いたり、くだものの瓶詰めなどをしました。引越した先で私は同じ学年をもう一年繰り返さねばなりませんでした。当時の思い出として残っていることは、花を眺めていろいろな疑問を持ったことです。たとえば、どこからこの花の色や香りはくるのだろうか？　どうやって四季はおこるのだろうか？　ということです。この頃はまたよく姉といろいろなことを競っていました。十歳で私は初潮を迎えました。

休暇はいつも農場ですごしました。十三歳のときバスケットボールを始めました。父はこれを禁じていましたので、私はこっそり窓から抜け出していました。しかしある時父はラジオを通して試合で私の名前を耳にしました。それで、両親はバスケットボールをすることを許可してくれたのです。十四歳のとき私は演劇を始め、小さな台本を書きました。これをも、父は禁じました。同じ時期風疹にかかりました。

私はカトリックの青年運動に加わり、プロテスタントのグループにも参加しました。同じ頃新聞を発行したりしました。キリストを多くの人々に伝えたかったのです。何度か教師に恋をしたりしました。この時期、私は原子理論に感動し、星や哲学にとりわけ興味を持っていました。十七歳のとき初めて死を体験しました。まず、私の女友だちが亡くなり、それからすぐその後男友だちが亡くなりました。この二人の喪失は非常に私の心に影響し、私は死への問いかけを持つようになりました。

既に十四、五歳で、とりわけ十八歳で、私は自分の筋肉の動きを意識し、深く感じ、体操やあらゆる種類の動きに関心を持つようになりました。同じ年、おたふくかぜにかかりました。この頃両親はサンパウロに引越し、私は田舎に留まりました。私は「黒い豹」と自ら名のるバスケットボールチームに参加しました。私は一所懸命学業に専念し、一年に七つの科目を取りました。十九歳で私もサンパウロに引越し、この時期ひどいアレルギーになりました。

本当は、私は哲学を勉強したいと思いました。しかし、先生はそれに反対して、体育大学に行くように薦めました。大学の入学試験に水泳がありました。しかし私は泳げませんでした。それにもかかわらず、私はプールの水に飛び込み、泳げたのです！　午前中は体育大学に通い、午後は個人教授をし、夜は自分のスポーツに取組みました。私はチームと共にあちこち旅をしました。この時期私は解剖学がとても好きでした。そして私は二十一歳になりました。

二十一歳から二十七歳までの私の人生はとても変化がありました。私はバスケットボールチームで旅したりツアーに出かけました。また、女性や病気の子どものために体育の授業をしました。経済的に両親から独立しました。休暇の余暇活動をたくさんしました。十七歳で、あるキャンプ村で運動の先生をしていたときに、私はある女の子に恋をしました。しかしこのことはすぐに忘れてしまいました。二十四歳で体育大学での免状を取得しました。その後、工業専門学校でバスケットボールを教えていました。私はそこで公明正大さのために力を尽くしました。後に大学でもバスケットボールの先生として働かないかと言われましたが、その職には就きませんでした。

その後私は友人全てから離れ、バスケットボールもやめました。また、田舎の別の町へ引越しました。そこでは農民の友人がたくさんいました。乗馬を学び、煙草を吸うようになりました。また、あるキャンプ村に呼ばれ、そこである牧師に恋をしました。二十七歳で故郷の町に戻りました。この時期、乗馬の際に肋骨を二本折りました。故郷で私は引き続き体育教師として働き、ある女生徒に恋をしました。皆、私を避け、私をレズビアンだと言いました。町中が私の噂をし、短期間に私は二〇キロも痩せました。私は誰の助けも求めませんでした。

肋骨を折ったとき、ひどい痛みを感じ、ある日私は身体から持ち上げられたように感じました。ある髭をはやした年老いた男と、手術のときのような道具を持った看護婦が現れ、私を治療してくれました。しばらくして私は大きな絶望感に襲われ、私は自分かもしくは誰かを殺そうとしました。このときもまた、あの髭の老人が現れ、落ち着くようにと、そして愛と赦しを喚起しました。この時期バラを持った手のビジョンが現れ（図5）、ある存在が私に話しかけて、私に対する他の人の態度は以前の地上生の結果なのだと言いました。

それからある女の子との関係が始まりました。それは七年続きました。彼女を訪ねて私はよくサンパウロに行きました。

三十一歳のときに、『神秘学概論』という本に出会いました。とても興味深くその本を読みました。私はある障害を持った子どもの世話をしていました。その子とは深い関係を持ちました。障害を持った子どもたちを連れていったキャンプ場を通して私はこの課題に出会いました。一年ほどキャンプヒルのホームで働かないかという申し出があったのです。私はそれを受けました。そこから帰って来て私は主に体操の分野で子どもや大人と関わって仕事をしました。ガールフレンドとの関係は続きました。

三十三歳のとき、私は自分の内に別の存在がいるのを体験しました。そしてそれは私の内側で私に語りかけてきました。「私は、おまえのおかあさんのおなかの中にいた者である。おまえを助けるために来た。」この存在は、私が三十四歳になるまで一年間ずっと傍にいました。そしてこう言いました。「時は来た。さあ、おまえは自分の道をひとりでいくのだ。」三十四歳のとき私は椎間板ヘルニアを患いました。医者は手術しようとしましたが、私は自分で体操を通して治し

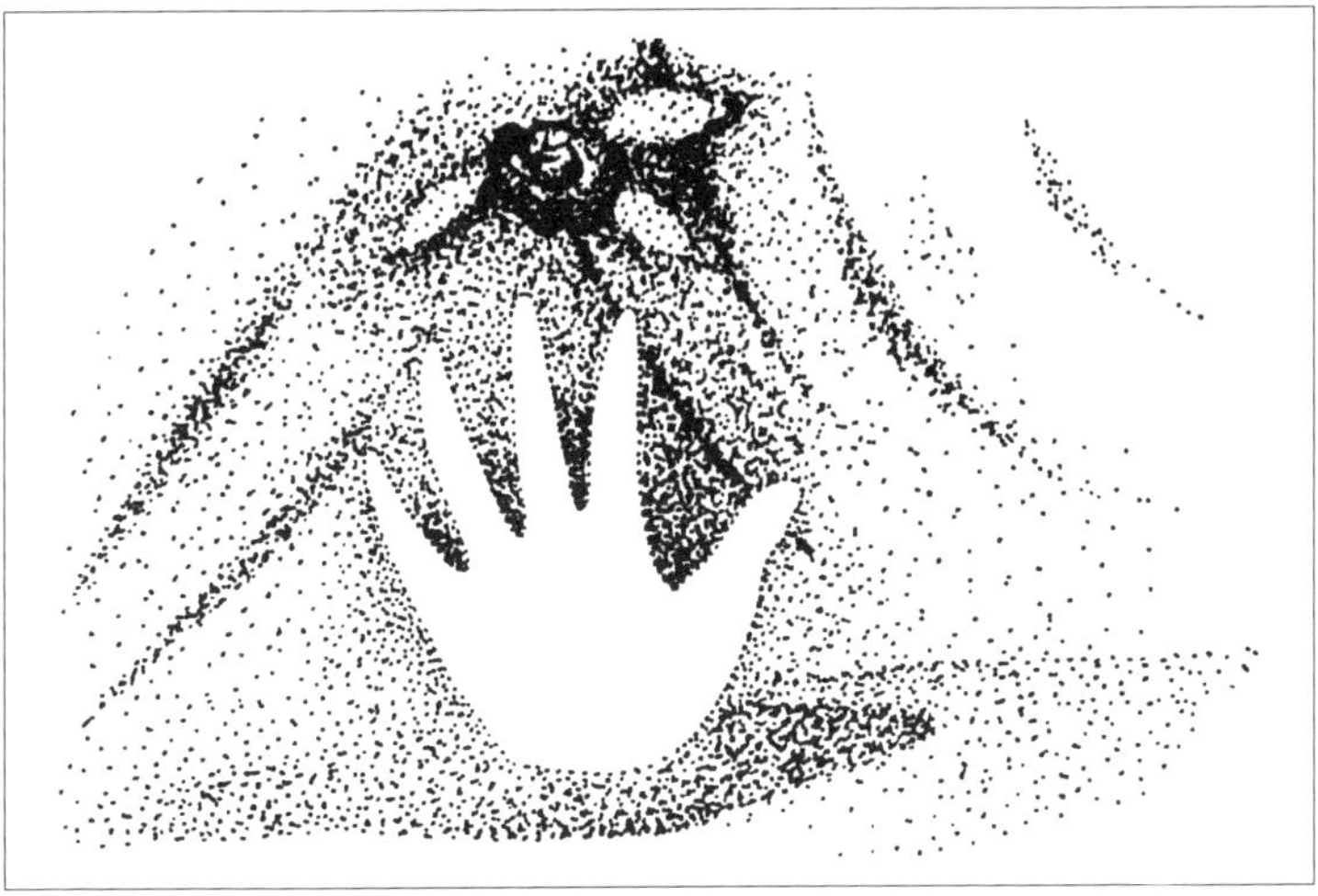

図 5

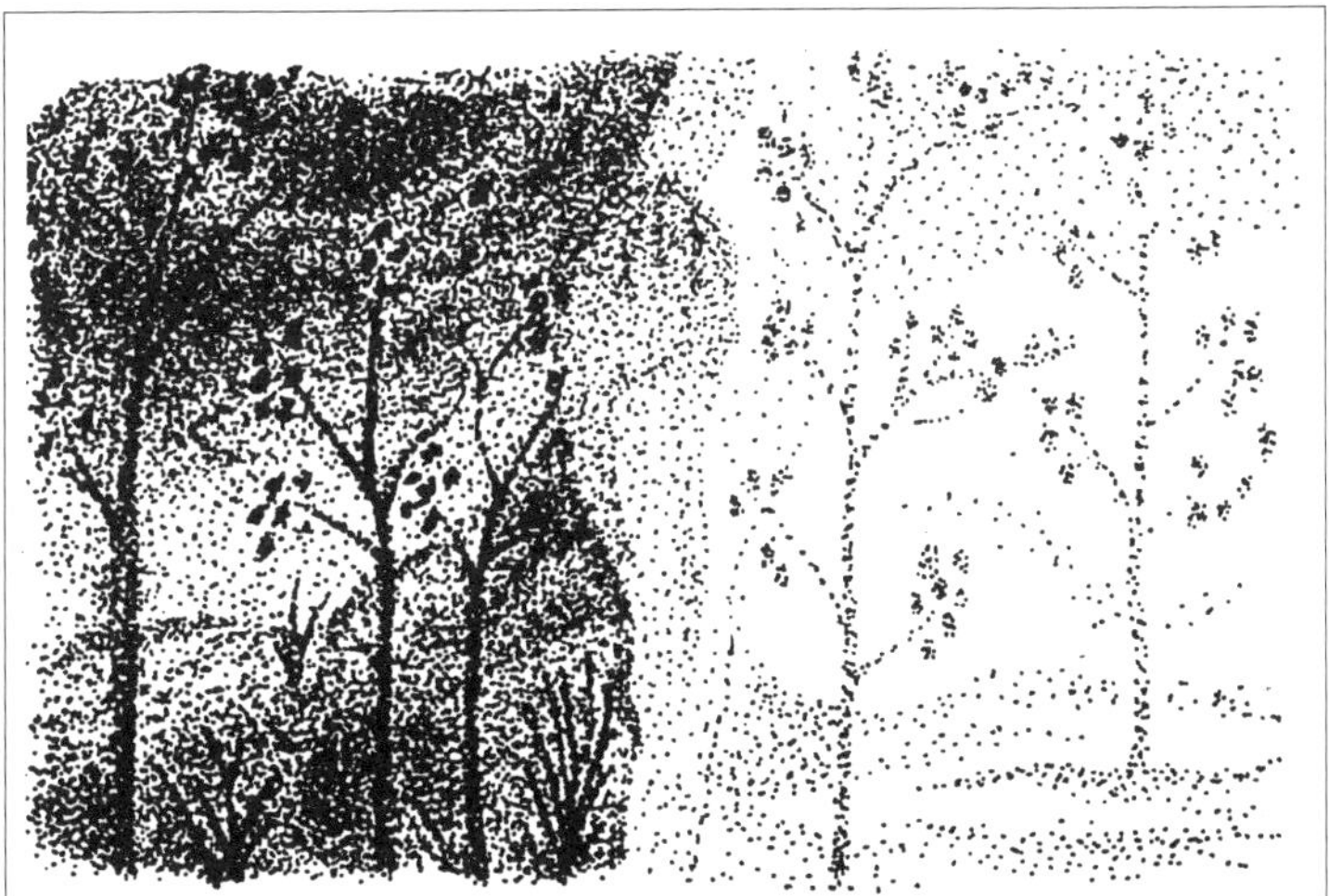

図 6

ました。

三十四歳から三十五歳の間に私はサンパウロのヴァルドルフ学校に来ました。私はそこで三年半教えました。三十五歳のときにトビアス・クリニックでアントロポゾフィー的治療を始めました。そのあとすぐ、痔の手術を受けました。そしてある女の子と仲良くなりました。それは四年続きました。彼女はその後ドイツに行きました。彼女は私の人生にとってとても重要な人物で、とても正直で勇気ある人でした。

三十六歳のときに、私は自分でキャンプ村を設立しました。それはサンパウロ郊外にありました。そこではたくさん手仕事をし、馬や植物、木とたくさん関わりました。そして毎週末そこで過ごしました。週日はサンパウロのヴァルドルフ学校で教えていました。まだ体操教師としても働いていました。それから人智学の勉強グループも作りました。それからヴァルドルフ学校の教師たちとのいさかいがあり、私は学校を去りました。その後、午前も午後も公立学校で教えていました。

三十七歳の頃、またある声がやってきて言いました。「おまえには三つの道がある。感情を混ぜないようにしなさい。正しい扉を開けるように気をつけなさい。そうすれば人生は意味を持つのだ！」この時期私は大変な状況にありました。三十九歳のとき、私は大学で設立された心理運動学のコースを取りました。この時期音楽を使ってたくさん仕事をしました。三十九歳と四十歳の間で、私はガールフレンドを失いました。前にも言いましたように、彼女はドイツに行ったからです。

そして四十半ばで非常に大きな危機がやってきました。私はキャンプ村を去り、家を閉めきり、一年間仕事をすることができませんでした。何度か車で街を走り出て、街を後にしたことを覚えています。人生に何も意味がないように感じ、何の気力もありませんでした。同時に私の中は非常に混乱していました。私の内側では感情と思考の間の大きな矛盾が生じていました。私は医者に行きましたが、入院させないでくれと頼みました。この危機は六週間続き、私は自分でそれをなんとか終わらせました。この年には時々ひとりでキャンプ村に行きました。四十二歳になって私の頭がゆっくりと、またすべてを整理して方向付けができるようになり始めたのに気がつきました。再び仕事を始めました。最初は少し自分を働くことへと強制しなければなりませんでした。教師の仕事を見つけるのも簡単ではありませんでした。というのも、当時大学では政治的な流れがたくさんあったからです。人生のこの時期についての絵「分裂」（図６）を描きました。

私たちは、この女性の更なる〈七年期〉のバイオグラフィーを知っています。彼女はキャンプ村を作り、障害を持った子どもを引き受けました。二年間それは続きます。その二年間はこの女性にとって人間関係の問題で非常に難しい時期でした。サンパウロに治療教育の学校が設立されたとき、彼女はそこで働くようになりました。当時四十六歳でした。今日、彼女は主に麻痺を持った子どもたちと関わっています。子どもたちに動きの訓練をしています。彼女の若かったときの「筋肉体験」が新しい人生の課題へと変容されたのです。

この女性のバイオグラフィーでは、強い意志衝動が感じられます。彼女は胆汁質です。その気質は意志の強さとして表われていますが、しかし多くは争いを引き起こしました。また彼女の同性愛的な素質も、彼女を困難な状況に置きます。彼女は人生において、様々な超感覚的な境域体験をし、それは四十一歳のときの精神病寸前まで導きます。しかし、この危機から彼女は自分で抜け出ます。外面的に見て、彼女は職業上の困難さと闘っています。けれども、その大変さによって彼女は彼女本来の人生衝動、自身の課題へと導かれます。つまり、麻痺を持った子どもたちのために働くという課題です。自分の筋肉を通しての体験が麻痺を持った子どもたちとの仕事に変容したのです。ここではっきりとバイオグラフィーにおける鏡映関係《ミラーリング》を見る事ができます。十四歳から二十一歳までの段階が、どういうふうに四十二歳から四十九歳の年代に反映されていくのか、そのことについてはまた後で述べたいと思います。

4　四十二歳から六十三歳までの段階　「人間として成熟する」──霊的成長期

さて、四十二歳から六十三歳までの、霊的成長の段階を見てみましょう。多くの人は、この時期に大きな霊的太陽を灯さなければならないと思うことでしょう。しかし経験から言いますと、たとえばろうそくのような小さな火を灯し、それが消えないように注意することのほうが良いのです。たった一本のろうそく、あるいはたった一本のマッチの明りが、まっ暗な部屋を照らすことができるのです。たくさんを望めば、全て失敗する危険があります。別の言い方をすれば、この人生段階では、高く登りすぎるほど深く落ちてゆくのです。

四十二歳から六十三歳の時期は「人間として成熟する段階」ということができます。この三つの〈七年期〉には私たちの人生の果実が熟します。私たちはそれを世界や人々に贈ります。もちろん果実を喜んで分け与えたいと思います。なぜなら、自分ではおそらくそのうちの四つか五つの実しか食べられないからです。しかし、どのようにそれをすれば良いのでしょうか？　全くおなかをすかしていない人にそれを与えるべきでしょうか？　それとも腐らせるのでしょうか？　いいえ、私たちは果実に対する関心を持たなければなりません。たぶんそれらは特に良く熟していることでしょう。そしてその果実を他者のためにちゃんとおいしくしていれば、彼らは自分で取って喜んで食べ尽くすことでしょう。

部分的に諸器官から離れていく諸力を、私たちは意識のために使うことができます。その諸力は新しい霊的知覚器官になります。このことがなされれば、私たちは叡智に向かう途上にあることになります。この三つの〈七年期〉の間に、神経感覚系、リズム系（心臓と肺）、代謝四肢系の三つの部分から諸力がそれぞれ離れ、新しい能力へと変容されると考えることができます。この時期たいてい、私たちは個人的目標を達成し、もし内なる問いかけや必要性に耳を傾ければ、人類の目標に対してより多く尽くすことが可能です。

「ホレおばさん」のメルヒェンは、人生のこの段階について示唆を与えてくれています。まま娘は自分の人生を働いて手にします。糸まきで刺して手が血だらけになり、糸まきを追って娘は井戸に飛びこみます。草原を歩き、娘は自分に向かってくる問いかけに耳をかたむけます。パンが焼かれ、オーブンから取り出されたがっています。熟したリンゴは集められたがっています。ホレおばさんの羽布団は振るわれなければなりません。地上へ戻りたいという憧れが強くなり、娘は家に帰ろうとします。そこで報酬を受け取り、ゴールドマリー［金の乙女］になります。彼女の存在は光と叡智の中に輝きます。それに対し、なまけものの娘は苦労も仕事もしないで井戸に飛びこみます。問いかけを聞きますが、全く仕事をしないか、あるいはいいかげんにやるだけです。彼女は早く自分の報酬を受け取りたいのです。しかし、彼女はタールの雨を受け取ります。

私たちが、諸器官から離れる諸力を使わなければ、私たち自身の身体にしっぺ返しがきます。病気、特に異常増殖（癌腫瘍にいたるまで）が現れます。あるいは、私たちの魂は光の中で広がることはできないで、暗くなっていきます。それは鬱状態にまで至ることがあります。それはここでいう一種の「タールだらけの乙女」作用ということになります。

4-1 四十二歳から四十九歳 新たに創造し、新たに観る

皆さんは、四十歳という年齢を特徴付ける「人生は四十から始まる」という表現をご存知でしょう。しかし、厳密にいって、そもそも四十で何が始まるのでしょうか？ 四十歳で、それまで諸器官に結びついていた私たちの自我が、特に下部器官から解き放たれるのです。それは、生殖器官や四肢、そして代謝系にあてはまります。若いときのように、大きなビーフステーキを消化することはもうできなくなります。それは胃の消化液が少なくなるからです。とりわけ男性は、自分の筋肉がもはやそう強くはないとか、足が細くなったとかよく訴えます。多くの人は、筋肉がおちることを防ぐためにフィットネススポーツをしたがります。そしてまた、集中的に性の問題とも関係している時期でもあります。なぜなら、性的諸器官から諸力が引いていくとき、それはとりわけ意識によくのぼってくるからです。女性の場合下腹部の病気がおこります。子宮などの筋腫や癌などです。これらの器官や筋肉の諸力は、今や新しい創造行為のために使われるように変容されなければなりません。「人生は四十

から始まる」ということは、新しく創造の力を広げるということです。それは、ひとりひとりが自分のやり方で見出さねばならないものなのです。多くの人々にとってそれは、自分の職業で新しい創造性を発展させるということです。

この時代に私たちが自分に問いかけなければならないのは、次のようなことです。「自分の素質や才能などで、どんなものを私は葬り去ってしまったのだろうか？」と。それは私たちが今再び取り上げて、新しい創造の力へと広げたいと思っているものです。あるいはこう問いかけることができます。「どのような新しい力の衝動が私の中から起こるのだろうか？」と。私たちは、まだ非常に活動的で、まだ多くのことで主導権を取れる、そういう段階に生きているのです。おそらく私たちは自分の人生の経験を他者へ伝えるために変容していくのです。

男性はしばしば会社や社会の中で、自分の位置や地位を失うことを恐れています。そのため仕事時間が長くなり、余暇時間が少なくなるというふうに悪化していきます。男性は、利他主義的な態度を取ることもなく、知識や情報を若い人々に伝えていくことをしたがらない傾向にあります。そうして、権力と地位を握っているのです。そして感情の側をあまり育てなかった男性の女性的部分（アニマ）は少しだらしない傾向を持ちます。そのような男性は妻を魔女のように感じます。妻は彼の感情を表現することをただただ妨害するからです。彼は、自分が内的に実現できなかったことを外側で埋め合わせるために絶えず新しい浮気相手を探すことになるのです。

四十を過ぎたこの時期には非常に多くの離婚が起こります。あるところは先ほど述べたような理由からであり、またあるところは、男性は、性的器官から生じる強い性への幻想に没頭するからです。そうでないと次のようなジョークは語られません。「男は自分の四十歳の妻とふたりの二十歳の女の子とを取りかえるが、それでもついてはゆけない。」

女性の場合はどうでしょうか？　女性は子どもや孫の世話をすることで、忙しい活動に身を投じます。そのことで家の中に存在する空白を埋めようとします。子どもたちは、この時期はもう家から出てしまっている人もいます。しかし多くの女性はまさにこの時期、そして子どもが成人したことなどで暇になったこの時間を、やっと自分自身のためにかするということのために使います。そのことをバイオグラフィー7の女性はとても素晴らしい形で見つけることができました。

女性が職業に就いていると、男性と同じような問題にぶつかります。その場合、賢い上司か秘書に成長するか、でなければ欲求不満を抱え、嫌がられる人間になって、人から「早く更年期を過ぎてくれたらいいのに」といわれるのです。長い間夫から圧迫され、家庭や子どものことで重荷に感じていた女性は、この第七〈七年期〉に予期しなかった行動力を発揮し、押さえられていた男性性（アニムス）を再び呼び覚ますことがあります。もちろん、それがどういう形で起こるかということになります。女性は自分の男性的な側を強調することもあり得ます。そうするとフェミニストになって男性に対して闘います。しかし、あるいは、自由になったその能力を意味のある仕事に注ぐことも可能です。

多くの女性が身体的な美しさや魅力に対して不安を持つということも起こります。これはたいていの女性にとって大問題です。中にはもう機能しない卵管を手術してまだ子どもを授かるようにする女性もいます。しかし、これは明らかに間違った道です。というのも、女性は、今や「霊的な子ども」を産むことができるということに気づくべきだからです。そして、どの分野で新しい創造性を発揮することができるのか自問しなくてはなりません。

前の章で四十二歳という年を山登りに喩えました。山の頂上を究めれば、下に広がる風景をパノラマのように見ます。私たちは自らを新しく方向付け、風景の秩序や構造を認識しなければなりません。そのように、四十二歳以後は私たちの「人生の風景」と共にあるのです。ですから、人生のこの段階を「新たに観る」時期ということができるのです。新しい学びの段階が来るのです。私たちは自分の人生をより高い見地から眺めわたし、同時に外的生活の現象や、状況、そしてその要求を瞬時につかむことを学ばねばならないのです。

しかしそのために、私たちは別の困難さの前に立つことになります。一方で自分の見地から観たことを他の人に伝えようとします。そして他方で、おそらく二十一歳から二十八歳までの、そもそも自分の体験からものごとを学びたいと思う世代と関わることになります。この二十一歳から二十八歳までの間に人は特に、自分の人生体験をたくさんしようとしていますから、間違いもたくさんします。年配の人は状況がよく見えますが、しかし、「君がやっていることの結果が見えないか？」と若い人々に言っても意味がありません。

私たちは次のような問いにぶつかります。「私が見ていることを、どのようにしたら若い人たちに伝えることができるのだろう？」と。私たちは与えようとする一方で、若い人々が私たちに聞きに来るまで自制して待っていなくてはなりません。四十二歳以降、叡智が発達する段階が始まります。叡智とは、聞かれるまでは黙っているということでもあります。若い人に対してまるで守護天使のように存在し、誤りが事故になるとわかるその瞬間に初めて介入するのです。若い人々の手助けになるように側に立とうとする時、指導するための新しいスタイルを発展させなければなりません。例えば、若い人々の仕事を分析しつつ評価を絶えず行うことは彼らをとても助けます。若い人々にとって自分の仕事の結果をしばしば見ることは大切です。そのことにより彼らの自我が強まります。また彼らにとって、自分の仕事が受け取られ、健全な形で判断されること、そしてそのことでより大きな客観性を得ることはとても重要です。例えば、このように良き上司は若い世代にとって恵みとなり得るのです。

指導管理の新しいスタイルということは、課題をしだいに若い人々に譲るということでもあります。つまり、三十五歳から四十二歳の、ある程度職業上の経験を積んだ人々にということです。そしてその人々に自分の課題の領域を教えこみ、熟練させなければなりません。ある企業を設立しても、後進のために何もしなければ、やがて落ちぶれていくのは確実です。

私たちのバイオグラフィーワークショップに参加したある四十八歳の男性は、今まで自分が会社の後継者のために何もしていなかったことに気がつきました。彼は四百人以上の社員のいる会社の社長でした。彼自身がまだ中心にいてすべて指揮していました。バイオグラフィーワークで彼が自分の人生のこの部分を描写したとき、会社における自分の関係性に気づきました。その後彼はそれを急いで解決しようとしました。ちょうど建築の勉強を始めた彼の二十歳の娘を、彼は急いで会社に取り込もうとしました。また、会社で秘書として働いていた自分の妹に責任のある仕事を任せました。その直後この妹は自分で私たちのバイオグラフィーワークショップに参加しました。とても大きな責任を負かされることへの不安からです。これはもちろん、このような状況の解決にはなりません。成熟した年代、おそらく三十代の半ばか終わりの頃の社員に、正しい時期にきちんと後継者として準備させ教育するということに気をつけなければなりません。家族社員だけでは不十分です。とりわけ専門知識のある人でなければなりません。

そのような状況では、黄金の均衡を保つことも必要です。もし自分の仕事を人に譲るのが早すぎると、その後突然空虚になり、これからの人生に何をしたらよいかまったくわからなくなります。また次の年代まで仕事をし、趣味の時間を持たないとしたら、あとで余暇に何をしたらよいかわからなくなります。ちょうどいい頃合を見計らわなければなりません。しかし、ひとりひとりがまったく違う尺度をもっているのです。

五十代の初頭の別の参加者は、自分の仕事をちょうどよい時によい具合に譲り、実際的にはもう何もしなくてよくなり、ただ一週間に一度だけ会社に行くだけでした。彼はその時、自分の人生の中で広がっていく空虚さに対して闘わねばなりませんでした。そして、娘の夫たちのひとりが農場を開く手伝いをすることになりました。彼自身、自分の農場も開きました。そしてここで自分の趣味と長年の人生の夢を実現することができたのです。

しかし、既に六十代初頭で、三千人以上も社員のいる会社の社長が、頃合のいいときに後進のために教育していなかったなら、実際にそれで起きてくる問題に直面します。そうなると、後進のための教育プログラムを提供するコンサルタント会社の助けを求めるしか解決はなくなります。今日では自分の子どもはたいてい別の道を行きたがります。個的本性に向かおうとするうねりは、より強まっています。特に才能のない若い人々にとっては、両親の会社を引き継ぐことや、それを相応しい形で変革して、さらに導いていくことはとても難しいのです。

4-2　四十九歳から五十六歳　新たに傾聴する

四十九歳から五十六歳は、まんなかのリズム系、つまり肺や心臓から諸力が引いていく時期です。ここでは新しい自分のリズムを見つけることが特に重要になってきます。これが成されず、それまでのテンポのまま忙しく働いていくと、これら肺や心臓の器官はダメージを受けます。心筋梗塞や呼吸器官の障害が起こります。人生を振り返るための休息を取らないでいると、本来まったく望まなかったような停止状態に追いこまれます。

ベルナード・リーヴァフッドはこの時代を「道徳的段階」と呼んでいます。「道徳的・倫理的段階」ということもできるでしょう。心臓＝心が私たちの良心や道徳性の器官であることを明らかにするために、小さな例を挙げましょう。後進の国々にはたくさんの物乞いの少年たちがいます。彼らはあなたのところにたかって来て、苦しめます。あなたは原則を持っています。施しは与えない。なぜなら、彼らはそれで麻薬とかそれに似たようなものを買うからだ、と。それで、はっきりノーと言って先へ行きます。さて、彼らは訴えるような眼差しであなたのことを見ます。あなたは再び振り返ります。あなたの眼が彼らの眼と出会います。突然、あなたは「そのまま」行ってしまう〔原文では「心を超えて行く」という意味の表現が使われている〕気になれないで、やはり施しを与えます。あなたの心が発言して、頭を否決したのです。

世界をより良く理解するために、どのような可能性がこの時期、私たちに開かれるのでしょうか？　私たちは新しい知覚器官を成長させることができるのでしょうか？　私たちは、この人生の段階になると、単に自分の個人的な運命のみと関わるのではなく、しだいに人類の運命とも関わってきます。まごころの器官、心臓が目覚め、全人類と共に悩み苦しんだり、共に感じたりするように私たちを導きます。

そして、もうひとつ具体的で、実際にあった例を挙げましょう。二十代の初めに結婚したある若い男性が、化学肥料と農薬を製造販売する会社で働いていました。彼は家族を持ち、家を建て、車を所有することに努めました。三十代半ばで彼は全部署を統括し、何人かの販売員が下にいました。そして部下の福利厚生にも関わるようになりました。部下たちが家や車その他の権利をも得るかどうかなどです。この男性が五十代半ばになったとき、環境に対する知識を得て、ブラジルでどれだけむやみに除草剤や人工肥料が使われているか知ってショックを受けました。そしてそれに対しての危惧はより強くなっていきました。彼はこれらの製品の製造販売をすることを快く思わなくなりました。最近彼は農場を買いました。そして、それを有機的農法で営むことに努めています。さてそれで彼はどう転向したでしょうか？　自分の職業を窓から放り出して別のことを始めることは困難でした。それでどうしたでしょうか？　彼は、バイオダイナミック農法(40)の産物や自然肥料を求め、そしてそれらをあわせて売ることを始めたのです。しだいにこちらの方が主流を占めてきました。最終的な彼の狙いは、化学肥料による生産物は完全に避けることにありました。彼の良心が気づいたのです。彼の内なる心の声を聞き、権力への欲がそれを打ち負かすようにはさせなかったことが重要なのです。この例において、ある行為から別の行為へ段階的に移行していくことをみることができます。

この人生の段階においては、祝福する態度を持つことが大切です。そうすることで、「普遍的父」や「普遍的母」になるのです。子どもたちはほとんどこの時期には大きくなっていて、家からもう出ています。しばしばみられるのですが、自分の子どもたちはあまり助言を聞こうとはしませんが、むしろその友人たちの方がそうします。若い人々の世代全体に対して父や母となるということを感じます。そして自分たちの家が、若い人々が楽しく気持ちよく出たり入ったりする「家庭」になることが可能なのです。

また、政治に向かい、政治の領域で民族や国、人類のために何かを成すことが可能であるとか、そういうことにまさに相応しい年代でもあります。

しばしば、五十代の初めから半ばまでは、それまでの困難だった移行期を終えて、ある調和的な段階でもあるからです。というのも、その後は、新しい〈七年期〉が始まるだけでなく、三回目のムーンノードの時期がやってくるからです。このとき何が起こるのでしょうか？　ここでも具体的な例を挙げましょう。ある五十代半ばの男性は長年、多国籍企業に勤めたくさんの支社をブラジル全土に作りました。彼は仕事熱心で、妻や五人の子どものためにほとんど何もしませんでした。五十代初めになったとき、彼はだんだん孤独になっていくのに気がつきました。妻も子どもも彼のことを理解しなくなり、彼もまた妻や子どもたちのことがわからなくなりました。彼は自分が家族のことを顧みていなかったことに気がつきました。彼が今までしなかったことを取り戻そうと思いました。それはもちろんほとんど不可能でした。彼は海岸に五星形の大きな家を建て、子どもたちひとりひとりに住居をあてがいました。家の真中は大きな宴会場と全員のための居場所にしようとしました。しかし、彼は苦い体験をすることになります。子どもたちは一度もこの家に来なかったのです。この家はクリスマスのお祝いや慈善事業のために使われるだけのものにしかなりませんでした。彼自身会社から離れましたが、このための健全な移行を自分で成し遂げることができませんでした。彼はさらに高血圧と心臓病に苦しみました。この男性はアマゾン川流域に行き、そこでカカオ栽培やその他の農場式栽培を新しくやることに決めました。彼はまた新しいパイオニアの仕事に自らを捧げることにしたのです。残念ながらその後彼のことは何も聞いていません。しかし、彼の心臓及び循環系の病気は悪くなりました。また、家族との関係は少しも好転しなかったのです。

さて次に、六十二歳の女性についての人生の記述をみてみましょう。

4-3 バイオグラフィー7

ワークショップに参加したある六十二歳の女性は、いつも両親からみにくいアヒルの子として見られていたと語っています。彼女の姉妹たちはひいきされていました。既に十四歳で彼女は働き始め、まだ両親と暮らしていたにも拘わらず、自分で生活費を稼がなくてはなりませんでした。二十一歳である医者と結婚しました。夫は、何か勉強をするようにとても薦めましたが、彼女はあまりそうしたがりませんでした。第四〈七年期〉の間に二人の子どもを授かりました。子育てのかたわら、家計を少し助けるためにレコードやカセットテープを売る店を営みました。彼女が四十歳頃、夫が躁鬱病にかかりました。そのすぐ後で彼女自身が甲状腺癌にかかりました。彼女にとって死は目前でした。しかし、放射線治療の後、彼女はゆっくり回復していきました。四十二歳のとき、造形美術を大学で学び始めました。彼女はいくつか展覧会を開きました。そして非常に好評で賞も取りました。しかし、夫はその彼女の業績を受けとめることができず、少しの間この活動をやめます。その後、彼女は織機を作り、田舎の無教養の女性たちに機織をもたらしました。彼女が織り模様を考え、それに従って女性たちは織り、そしてミナス・ジェライス州の三カ所で小さなテキスタイル産業を興しました。彼女は女性たちに絨毯を注文し、そしてできた絨毯を売りに出しました。

しかし彼女の運命は厳しいものでした。息子は十三歳から麻薬中毒になり、二十歳のときに重症の自動車事故に遭いました。そのため彼はしばらく動けなくなり、再び動けるようになるまで二年以上彼女の助けを必要としました。その後、息子は麻薬中毒の女性と一緒に暮らし、子どもができ最後に結婚しました。彼は三回躁鬱病の発作を起こし、三回自殺しようとしました。いつも母親だけが彼の側についていて、危機から彼を救ったのです。彼女の娘も早くから麻薬中毒の男と結ばれ、二人の子どもを得ました。娘は仕事を続けるためにいつも子どもたちを母親のところに連れてきました。

そうしてこの女性は絶えず運命的なごたごたに悩まされ、自分の仕事に従事することが困難でした。六十二歳の初めに、彼女は膀胱癌にかかりました。やがてそれから回復し、そしてやっと、六十七歳になった夫と共に自分の運命を形作ろうという人生の段階に立っているのです。最近になって絨毯工場での彼女の創造性がさらに発揮されていくようになったのです。夫はその間、また躁鬱症状に苦しみました。躁状態のとき、彼は自分の診療所全部を若い女性の同僚に譲ってしまいました。夫は彼女の人生を簡単にはしませんでした。

この女性はとても大きな生きる勇気を持っています。彼女は、もうあまり攻撃的になることもなく、残りの人生を静かに過ごせると思っています。彼女はプロテスタントの中で育ち、いつも聖書の言葉に従っています。その上、今彼女は、包括的な霊的次元を理解する道の途上にあるのです。

このバイオグラフィーから次のようなことがはっきりわかります。ある部分では、どの人でもその人生のそれぞれの段階で出会うような一般的な発展や危機があり、他方では、その人の個人的な特徴というものがあって、ひとりの人間の全く個的な運命がもたらすものがあるのだということです。〈七年期〉がこの女性の場合はっきり現れています。十四歳で仕事を始め、二十一歳で結婚し、二十一歳から二十八歳の間に二人の子どもが生まれます。そして外側からの運命的な出来事が起こります。夫の病気です。この出来事は彼女にとって非常に衝撃的に作用し、彼女自身が甲状腺癌という病気にかかります。そして死の瀬戸際までいきます。四十二歳で、つまり新しい〈七年期〉の始まりに、さらに再生の要素がやってきます。新しい価値観が起こり、勉強する決心をします。それは非常に成果をもたらしますが、しかし彼女はそれをまた押えます。そして彼女の創造力を産業に結びつけ、四十二歳から四十九歳まで全く新しい活動をします。その後、個人的な運命の打撃はくり返し起こりますが、彼女はこの新しく見つけた課題を四十九歳から五十六歳、そして六十三年目の人生までずっと続けます。四十二歳以降の人生で彼女の内側にできたつぼみは、困難な外的状況にもかかわらず、さらに成長し開いていくことができるのです。

私のバイオグラフィーでいうと、四十二歳以降、人間の心理的側面に私はより興味を持つようになりました。今や、子ども時代から持っていた、精神病の患者と接触を持つことへの不安も克服しました。四十代半ばに、アントロポゾフィー医療に向かいたいと願う多くの若い医者や医学生が私の同僚や私のところへとやってくるようになりました。私はそれまでの人生で教鞭を執るということを一度も考えたことなかったのですが、この問いかけが外側からやってきて、何人かの外国からの講師の助けを得て、医学セミナーを始めました。それ以外にもクリニックで助手として一年働きたいという若い医者の志願は年々増えました。それで、私の患者への、純粋に医学的な働きかけは教授活動へと変化しました。この時代にはさらに新しい要素が付け加えられました。つまり、社会教育的能力の習得とグループワークの指導、そしてバイオグラフィーワークを通して、個々の人間が成長していく可能性があることへの深い関心でした。そして、この新しい活動は新しい枠組みを得ました。五十三歳のときに「アルテミージア」が創設されたのです。そこは私たちのバイオグラフィーセミナーが開かれる場所です。それ以来、私の仕事はこの領域で発展していきました。

ゲーテは植物のメタモルフォーゼ(41)の法則について深く探究しました。彼の発見は私たちに植物を注意深く観察し、より良くそれを理解することを助けてくれます。植物の成長発展は支離滅裂ではなく、一貫性があります。植物が花や果実をつけるのに、自らを完全に滅するのだと思うことは間違いです。ここではより自然と結びついた、有機的な過程と関連しています。それは、私たちのバイオグラフィーとも同じように関係しています。バイオグラフィーをよく眺めてみますと、ここでもメタモルフォーゼの、つまり変容の過程を発見します。そしてこのゆっくりとした変容の過程に大きな意味があるのです。それゆえ、最も重要なのは、私たちが自分の可能性の変容に対してはたらきかけることであって、何か新しいことを始めるのに、既に習得したり行為したことを投げ捨てるのではないということです。私たちは自分で築き上げたものの上にさらに一段一段を積み上げていくのです。そしてこの階段を上っていかなければならないのです。

四十九歳から五十六歳の時期に叡智は開花と繁栄にいたることが可能です。この時期を、「インスピレーション(42)的な魂の成長の時代」とも呼ぶことができます。特にここで重要なのは、周りに耳を傾けることを学ぶことです。外側の世界はどんな問いかけを私にしているのだろうか？　と。この段階にいる多くの人々は何をすることが可能なのかわかっていません。そして女性の多くは子どもたちが家から出ていって、新しい活動を探します。しかし、自分たちの活動や衝動を世界に対して押しつけてもあまり意味がありません。もし私たちが、より傾聴することを習得するなら、それは意味を持ってきます。インスピレーションは吸気と関連しています。世界が語ることを、あるいは私たちの内的な声が明かそうとするものを、私たちは吸いこむのです。傾聴は二重の観点を持っています。外側へ向かうことと、内側へ向かうことです。この時期、身体から、特に呼吸系から離れていく諸力は、この傾聴と関連する新しい認識器官を使うことをより可能にしてくれます。そうすれば、より大きな宇宙との調和に達します。特に、心臓や肺に反映されている宇宙のリズムとの調和です。ベートーヴェンについて考えてみましょう。彼は晩年ほとんど耳が聞こえませんでした。しかし、より強く内側の音楽、あるいは宇宙の音楽を聞いていたのです。

次の練習はこの時期、そしてこの後に続く二つの〈七年期〉の時期にとってもとても助けになるでしょう。特に、課題や仕事で過負荷がかかっている場合には。

まず自分の今の課題や人間関係を、一本の木にはえたたくさんの枝のように思い描いてみます。そしてどの枝を切ったら良いか、みてみます。そうすることで新しい芽が出てくることが可能になります。この練習を絵に描いてやってみますと、とても興味深い絵が出てきます。たとえば、図7に示されているもののようにです。

これはバイオグラフィーワークに参加したある五十二歳の男性のものです。彼は自分の絵の腐った木全体を切ってしまいますが、小さな新しい芽を残しておきました。（a）この練習の次の問いはこのように導かれます。この木が新しくそして満ち足りて成長するために、何が必要ですか？　と。絵

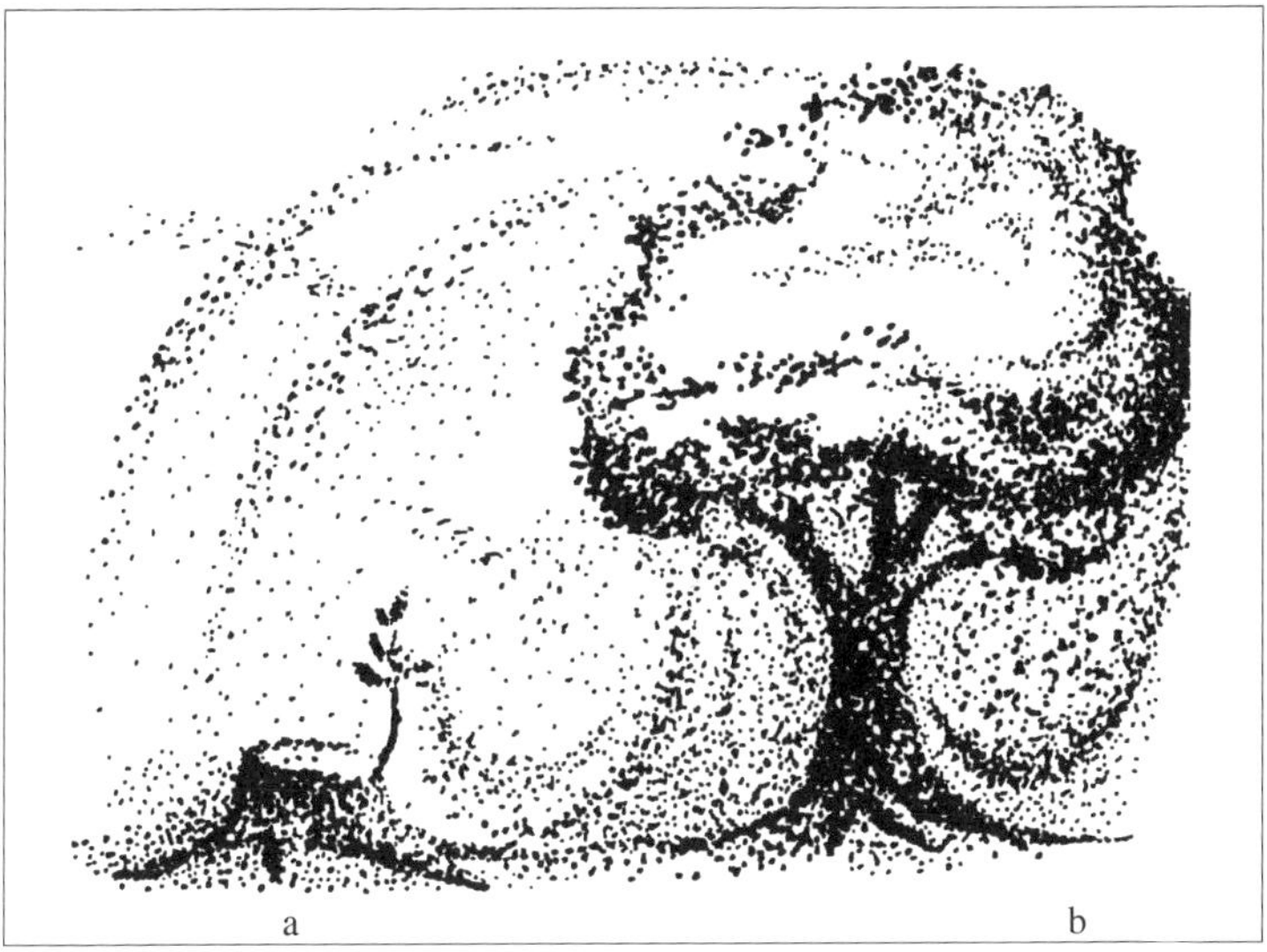

図7

で描く際の次のステップは、木が未来において成長したところを描くことです。（b）

この絵を描いた男性は、大変な子ども時代と青年時代を過ごしました。彼は、父も母もなく育ち、早くから自分で働き始めました。二十代は放蕩生活を送りました。三十歳から三十六歳まで最初の結婚をし、職業上大きな成果を挙げました。四十二歳でもう一度結婚し、やっと自分の家族を築きました。五十二歳で、彼の二人の子どもはまだ比較的小さかったのですが、物質的な成果や仕事において満足しなくなりました。しかし、彼は新しい観点を持っています。それを、小さな若芽から育ったこの素晴らしい木の絵から認めることができます。

次に挙げる詩もまたこの方向にあるものです。

おまえはいまやゆっくりと、おまえの自我が強まったのを感じる
小さな細い若芽から、王のような木に成長し
多くの他の木々の間に立つ一本の木になり
ああ、どんなに私は満足しているだろう
それを誇りに思い、そして大きな成果を
認められ、良く評価されて
私は自分の自我を見つけたのだ
誇り高く確かに、人生を歩いて行くことができる
ある日、長い道のりに少しだけ疲れるまで
私は自分の木の下にすわる
ああ、しかし、ああなんと、たくさんの枝とはっぱで

空を見ることができない！
太陽も雲も、空の青さも
月も星も、夜の闇も
ぎょっとして飛びあがる、おまえはどこだ？
ぞっとして地面の上の長い影を見る
月は遠く離れて、青白い光を私に投げかける
それが私？
次の朝目覚めて
私の最初の衝動は
つるはしと斧とのこぎりで
枝を落とすこと
ふたたび呼吸できること
ふたたび光を、青い空を見、
静かに星が輝くの見ること！
いや、それは人生じゃない
私のパートナー、私の子どもはどこ？
しかし木は、とても傷ついて、言った
「待つことができないか？
実りつつある果実が見えないか？
まもなく秋が来る、愚か者よ」

葉は落ち、果実が実る
そしてみながおまえをほめたたえるだろう
大きな〈O〔オー〕〉の中で
おまえの果実は甘い
たくさんのものたちを満たすことができるだろう
人間、動物、小さなものも大きなものも
みながおまえに感謝するだろう
その果実を破棄するな、彼らに贈れ
太陽も月も枝を通してまた輝く
くよくよ考え、物思いにふけり、おまえはそこに立つ
自ら銀色の髪に覆われて
太陽のように輝く目で
おまえが見ていようが、いまいが、同じなのだ
枝を通して見ている星々の中の
そのひとつがおまえに手を振る、とてもくつろいで、とてもやさしく
以前、そこから私はやってきて
そこへと私は戻る
深遠な〈U〔ウー〕〉と共に私はおまえに頭をさげる
そして意識して私はいまや見る
それが私だと

4-4　五十六歳から六十三歳　「合一的認識の側面」

さて五十六歳から六十三歳の段階に目を向けてみましょう。この時期は内向的で困難な時期です。ベルナード・リーヴァフッドはこれを「神秘的段階」と呼んでいます。この時期は多くの人々が、ある霊的な指導者になる機会を持ちます。しかし、霊的な指導者となる個性は、自分の叡智を告げるために人々を追いかけたりはしません。むしろ、人々が自分のところにやってくるのを待ちます。

どうして第九〈七年期〉が神秘的段階というのか理解するために、私はとても時間がかかりました。またこの時期は「合一的に認識する魂の時代」ということもできます。そしてこれは第一〈七年期〉と対応する時期にあります。第一〈七年期〉では、世界は感覚を通して私たちに開かれていました。私たちは感覚世界を通して受肉し、感覚を通して外側の世界との関係を持っていました。さて今、私たちの感覚、外の世界への窓がゆっくり閉まっていく、そういう時期に私たちは来たのです。耳はよく聞こえなくなりますし、眼鏡も必要です。触感覚も鈍くなってきます。あるいは、スープの味がしなくなったと訴えたりします。スープはいつもと同じなのですが、私たちの味覚がもはやきかなくなったのです。また、しばしば花の香りも繊細には嗅ぎ分けられなくなったり、あるいは、周りの人々の内側で何が起こっているか、何を彼らが言いたいのかということを繊細に知覚する能力も失っていきます。そして、その感覚が失われないように、そしてまだ使うことができるようにこれらの感覚も私たちはしっかり護らなくてはなりません。この関連でノーベルト・グラスの二冊の本を挙げましょう。『感覚の危機と治癒』と『光に満ちた老齢期』です。私たちは、非常に意識的に感覚のために何かをしなくてはなりません。それにより感覚器官がさらに外界との関係を持たせてくれるためにです。しかし他方で、私たちの身体はどんどん洞窟のようになっていき、私たちはそこにヤドカリのように住んでいるだけだというのも事実です。この意味で私たちは霊的な光に向うのです。私たち自身の中にある霊性と、あるいは、ある人たちが表現しているような、私たち自身の中の神とより強くかかわってきます。それゆえ、ここでイントゥイション[43]、つまり霊的本質を内側から認識する、合一的認識について語るのです。

　小さな子どもはその存在と共に世界に光を放ち輝いています。子どもの個性は実際の身体よりずっと大きいという印象があります。人生の真中で、私たちの霊的存在は私たちの身体に沈みます。そして暗くなり、私たちは深く大地に囚われます。しかしまさにそのことにより、私たちはこの人生に持ってきた霊的なものを、深く大地の中に流れ込ませることができるのです。歳をとると、私たちの身体は透明になっていきます。骨はふたたび軽くなっていきます。骨粗鬆症に悩まされます。それは、骨の中のカルシウムがなくなることです。そして私たちの存在は内側から外側へとより照り輝き始めるのです。どうして、小さな子どもたちはおじいさんおばあさんが好きなのでしょうか？　なぜなら、子どもたちはこの輝く光を体験できるからです。そして、肉体が重みのなかに深く沈みこまないで、さらにこの軽さに担われていきますと、この光は目に見えるようになります。光が見えないままですと、それは雲に覆われた空の太陽のようです。つまり、私たちの肉体が固くなり、硬化してしまって、もはや突き抜けることができなくなります。そうなると、雲のように光や太陽を透かさなくなります。この時期の人々は、しばしば時期尚早の硬化症になる傾向があります。それはたいてい、脳の血管が早期の石灰化によって不透明になるからです。それは、思考が滞ったり、物忘れがひどい、そして強情ということにはっきり現れます。第一〈七年期〉で生命諸力が十分に培われなかったり、顧みられなかったりした場合、例えば、早期教育や知性を早くから強いられる場合ですが、その場合、生命力は脳から早く退いてしまいます。そして時期尚早の硬化症にかかりやすくなります。この五十六歳から六十三歳の時期に、幼少期の結果がわかります。もちろん、そのような場合にはいつも、人生において治療的に予防する可能性はいくらでもあります。どんな芸術治療でも、どんな思考のエクササイズでも、どんな創造行為でも、そのような治療として助けになります。

第九〈七年期〉はまた、しばしば病気と向かい合わなければならない時期です。病気と共に残りの人生を生きなければなりません。それは糖尿だったり、背中の痛みだったり、高血圧だったりします。これらの症状は、生活態度や食生活の変更を余儀なくします。今や私たちは諦念を習得しなくてはなりません。これらの病気はそのための助けとなるのです。

この時期はまた、職業生活から引退し始める時期です。そして自分の趣味を築き上げることを習得していなければなりません。おそらく既に長いことそれを楽しみに待っていて、それに今とりかかることができるように、手はずは整えていることでしょう。しかし、その準備をしていない人は、空虚さを味わいます。退職することがそれほど決定的な役割を果さない職業もあります。医者、芸術家、あるいは法律家は、おそらく今が最盛期かもしれません。それに対して、その近代化にほとんどついていけないくらい極度に機械化された職業に従事していた人々の多くは、この時期に内的な空虚さの中へ投げ出されることになります。それゆえ、その空っぽの状態を新しい内容で満たすことが大切です。そうでないと鬱状態や、アルコール中毒へと陥ります。

この時期は、好んで自分の人生を振り返るようなときでもあります。多くの人が自伝を書きます。私たちのバイオグラフィーのワークショップでも、六十三歳を過ぎて来る人たちは、たいてい自分のバイオグラフィーに対する興味を失っていました。自分の人生をきちんと、明確に見るということに対して力も勇気も持てないのです。それゆえ、第九〈七年期〉には、もちろんその前の時代もですが、人生を振り返り、何を達成し、どのような能力を自分は育て、どのような未来をまだ導こうとしているのかはっきりさせることが、特に重要です。これらすべてが、明確にされなければならず、この先の人生を意味深く形成する助けとなる問いかけであるのです。

私自身の人生でいえば、五十六歳のとき、次のように感じていました。もし私が、人生のこの段階で新しい衝動を発展させることができなければ、魂も霊も枯れ果てて朽ちるだろう。そして肉体は魂と霊と共に凋落を辿るであろうと。そして、この〈七年期〉において何が私の新しい課題であるのかしだいにはっきりとしてくるまでに、二年くらいかかりました。糸口を見出した瞬間に、さらに前へとしっかり成長発展していくのです。

バイオグラフィー1の著者は、この時期のことを次のように表しました。「私の人生が私の人生哲学になる」と。どの人も非常に豊かな人生を送ります。そしてこれらの体験を人生の哲学に変容させるために意識的に取り組めば、この〈七年期〉の課題をとらえたことになるのです。

この時期はまた、私たちにとって物質的な価値がそれほど重要でなくなる時期でもあります。しばしば遺言が作られ、時には財産が分けられたりします。しかし、気をつけなくてはならないのは、自分自身のために老後の保障を持っておくことです。そうでないと今後非常に困難になりかねません。特に、ブラジルではそういうことが多いのですが、自分の生計のためにさらに格闘しなくてはならなかったりします。多くの人々はこの〈七年期〉には、自分で想像するよりはるかにたくさんの助けを必要とします。歳をとると当然子どもたちも助けてくれるでしょう。しかし、子どもたちはちょうど自分自身の人生を構築するのに一生懸命で、年老いた世代に対してあまり多くを割くことはできません。それゆえ、この時期にある人々に特別な注意を払わなければならないのです。

女性の場合、四十九歳以後閉経し、男性の場合五十六歳以降に更年期障害がやってくると、男女の魂的な差は再び幾分か均一化されます。四十九歳は女性にとって閉経のときです。それは身体まで深く変化することを意味し、中には危機的な状況になる女性もいます。子どもを産む可能性は決定的になくなります。女性ホルモンがしだいに減るので、どちらかというと男性ホルモンが増えてきます。生物学的に声が低くなり、毛髪の成長が強まります。しかし同時に魂も変化します。感情的に不安定な時期が少し続いた後、女性は開放感を味わいます。男性的な特性を強く持つようになり、行動的になり、今まで男性のみに与えられていたような課題を引きうけたりします。ついに自分の感情のままに動けるというような感じを持ち、外へ向かいたいという衝動で女性たちは世界へ出ていきます。これは年配の女性にはよく見られることです。

男性の場合、いわゆる更年期は少し遅く来ます。五十代半ばくらいで大きな変化を感じます。女性の場合のようにそれほど深く身体に表われません。男性は七十歳でも、あるいはもっと歳をとっていても、子どもを作ることは可能です。男性の更年期の場合、どちらかというと魂の領域でその変化は起こります。男性は自分の男性性を失いたくありませんし、「まだこうできる」と示したくてしかたありません。性的器官の諸力が自由になっていくため、しばしば性的な夢があらわれます。それが生殖器官の領域から来るのだとわかっていれば、そのことと向かい合っていくことができ、恋人を探さなくてはならないという幻想を抱かなくてすみます。男性の場合、家庭的になることで、魂の領域で女性ホルモンが多くなっていることがわかります。

夫婦が互いによく理解しあっていれば、男性は女性が更年期を乗り越えるのを助け、逆に女性が後に男性の更年期を越える助けをすることができます。その上、夫婦の間の親密さがあり、互いに問題について語り合えることが必要です。二人の関係は新しく作られなければなりません。子どもたちは、まあいるとしたらですが、家から出ていますし、夫婦は再び自分たちだけで向き合うのです。そのことは二人の関係が新たに深まるきっかけになりませんか？　あるいは、関係がより困難になり、互いに不平不満を撒き散らすことが増えるのでしょうか？　それぞれの特性が強く現れてきます。時には、寝室を別にしてお互いの特性を尊重し合うことが、不必要な痛みや病気を避けることもあり得るのです。

4-5　バイオグラフィー8　メルヒェンとして語られる人生

私たちのバイオグラフィーコースでは、よく参加者に次のような課題を出します。「あなたのバイオグラフィーをメルヒェンにして書いてみましょう」というものです。

時々自分の人生の道を振り返っていると、魂の混乱に陥ることがあります。自分の人生の物語をメルヒェンにして語ると、距離を置いてそれと向き合い、イメージとして描かれる姿の中に、自分のバイオグラフィーを全体として見渡すことができるのです。

次にある女性のバイオグラフィーを読んでみましょう。彼女はこれを五十四歳の時に書きました。彼女は一九三〇年十月二十八日にブラジルのミナス・ジェライス州に生まれました。彼女は子どもの多い家庭で育ちました。何年か教師として働いた後、結婚し、働くのをやめました。彼女の夫は家では全て決定する君主でした。後に、だいたい五十歳頃から、彼女はある交友関係を持っていましたが、死の直前まで家族には秘密にしていました。この女性は一九九一年十二月十七日に胃癌で亡くなりました。

ある藪バラの物語

あるところにきれいな庭がありました。そこにはたくさんの花たちがなかよく一緒に暮らしていました。マーガレット、ベゴニア、忘れな草、ペチュニア、三色スミレ、それからいろいろな形や色の潅木や、草たちでした。

冬も終わろうとしているある日のこと、植物たちみんなが眠りから目覚めて、花を咲かせる用意をしていると、あたらしい植物が生まれました。それは小さな藪バラで、自分のバラの花がどう見えているのかもわからないくらい幼かったのです。小さな花たちはこの新しいお友だちを尊敬の眼差しで見つめましたが、少し不安そうでもありました。というのも、藪バラは力強い幹と、とげもあったのですから！　しかし藪バラはとてもやさしく語りかけてきたので、植物たちはすぐに信頼をおきました。とてもかわいらしい、色とりどりの庭を目の前に見て、藪バラは自分のいちばんすてきなところを見せたいと思いました。藪バラは一生懸命につぼみを開こうとがんばり、そしてとても美しいバラが一輪、暁の色の中で咲きました。

ある日、藪バラの上で、朝露の最後のしずくが太陽の光に消えるとき、青い蝶が現れました。「おお、なんて美しく香るバラだろう！」と蝶は叫びました。「僕もあんなふうにすばらしく香るといいのに。でも、僕は花じゃない。蝶だ。そして飛べるんだ。ここから遠くの別の庭にだって行ける。君のようなバラはそれを決して見ることはできないさ。」

そう言って蝶はそこから飛んで行き、青い羽をふわりと空にはばたかせました。藪バラはそれを見送りながら思いました。「ああ、自分にも羽があって飛べたなら、どんなにすてきだろう。そうしたらあの蝶のように自由になれるのに。けれども、私には長い根っこがあって、大地にしっかりつながれている。風も雷雨も私をここから自由にしてくれることはできない。」この日バラの木はとても悲しくなりました。羽ではなくて根っこしかなかったからです。

藪バラがまだ考えこんでいますと、一匹の蜂がやってきて周りを飛び始めました。「なんて変な生き物なんだろう」と藪バラは思いました。「いったい何をしているの?」とバラは尋ねました。「私のバラの花を愛でているの? それとも、香りを吸っているの?」「どちらでもないわ」と蜂は答えました。「私は忙しくて、そんな暇なんてないの。花のその中にある蜜だけが欲しいの。私たち蜂はその花の蜜から蜂蜜を作るのよ。そのおかげで巣全体が生きているのだから。」そう言って、蜂はバラの花の中に入りこみ、蜜を集めて飛び去っていきました。

数日後に、ツグミが空を飛んできて、藪バラの近くにとまりました。「おまえはすばらしく美しい」とツグミは言いました。「ずっとそのように美しくありなさい。そしておまえの枝、花、香りを大事にするんだよ。一言でいうと、藪バラでありなさいということだ。」「でも、とげがある。私はあまりそれを好きじゃないわ。それから蝶のように羽もない。大地に私をつなぎとめる根っこしかないわ。」

「とげはね、」とツグミは言いました。「それはおまえのバラを盗むやつらから身を守る武器さ。よく大事にしなさい。大変なときには役に立つよ。蝶のことをうらやましく思う必要はないさ。蝶は花々の使いだから羽がなくちゃならないんだ。根っこには感謝しなくちゃいけないよ。太陽が強く照って弱い花を枯らすときには、大地の底から新鮮な水を運んでくれるんだから。根っこは寒さに対抗する力もくれる。おまえをしっかり、まっすぐにささえてくれるのだ。おまえの使命は、見張り番のように、灯台のように、しっかり自分の場所にいるようにこころがけることだよ。」

「でも、私はここから離れて、世の中を知り、賢くなりたい。」

「おまえの叡智はここにある。大地の秘密を鳥は知っているだろうか？　だが、おまえは知っている。おまえの根っこは大地の深みに達し、液を集める。そしておまえの茎はその液を命へと変容する。それは枝や、葉や、とげやバラの花になるのだ。藪バラ以外の何者にもなろうとしなくていいんだよ。おまえは巨匠なのだから！」

そう言って鳥は飛び去り、藪バラは考えこんでしまいました。そのとき、驚くほど大きなキーキー声が聞こえました。それはハイタカの呼び声でした。

「おまえは他の藪バラたちと同じように夢見ているのさ！　あの鳥が言ったことを、そんなに深刻に受け取るな。あいつはゆかいな兄弟で、歌うことしか考えない。誰が一体バラの花や香りで生き長らえている？　野生の桑の木の方がよっぽどたくさんわしらに与えてくれるさ。わしら、鳥たちの飢えを鎮めてくれるのだ。それから葉っぱに覆われた潅木も役に立つ。暑い日には蔭を恵んでくれるからな。美も香りも、みんなうぬぼれさ！　必要なのは役に立つということだよ、おまえさん！　必要だったらいつも戦い、苦しむんだよ、涙が出るまで。そしていつか平和を勝ち取るのさ。おまえが感じているような人生はだめだな。おまえのバラがどう見えるかなんてことにくよくよしなさんな。人の役に立つことを学ぶんだな。」

その夜、藪バラはちっとも眠れませんでした。聞いたことを、あれこれと思い巡らしました。朝になったとき、自分は本当にうぬぼれやで役に立たない藪バラだと思っていました。周りを見て、自分が本当にエゴイスティックであったと気がつきました。今まで一度も、小さくてか弱い植物を見ていませんでした。それらは周りの土から芽を出し、ぎこちない枝や、葉っぱ、花で生きていくために戦わなくてはなりませんでした。藪バラは先生になろうと決めました。マーガレットや、すみれや、忘れな草たちに、くり返しくり返し、葉を広げること、つぼみをつけること、そして花びらを開くことを教え始めました。香りについてや、それをどうやってほんわり撒き散らすかなどを話しました。小さな植物を押さえつけ、呼吸をさせなくする雑草についても語りました。藪バラは教える仕事に対してとても確信があり、心の中では、自分はこの庭の主だと思っていました。庭の全てが秩序を保ち、正しい場所と正しい時間の中にあり、調和を乱されることなくあるようにしました。自分が賢く正しいと信じて、幸せでした。

しかし、周りを飛び回るハイタカは笑って言いました。

「なんて居心地の良い仕事を見つけたもんだ！　植物相談室だなんて！　おまえはうぬぼれの高みから降りてきて、王様であろうというのか。人の役に立つということは、おまえさん、自分の中から出て行くということ、他の人にまったく捧げるということだよ。わしがおまえを眺めて、何を見ると思う？　以前と同じ、思いあがった藪バラさ。自分のバラにうぬぼれているのさ。自己否定の良い例をあそこに見てごらん。あの鳥は自分の子どもを大きくして、今は、置き去りにされた卵から孵ったカッコウの面倒を見ている。」

するとと本当にスズメのおかあさんがやってきました。子どももあとからついてきます。おかあさんより大きな強そうな鳥でした。

「ごきげんいかがですか？」と藪バラは聞きました。

「そんなこと考える暇なんてないわ。たくさん仕事があるのだから。人生というのは、私のように責任を担うものにとっては大変だわ。私はとても疲れているの。足は大地をがりがりかきすぎて痛むし、たくさん飛ばなくてはならないので羽は重いし、眼はよく見えないの。だって、高いところから、きれいな泉や、甘い果実や、蔭のある木を探さなくてはならないからね。私はたくさんの子どもを育てたわ。みんなすぐに飛んで、えさをがりがり探すことを覚えたわ。そして今幸せに森で暮らしている。だけど、この息子には手がかかるのよ！　この子は自分で餌を探すこともできないし、私のまわりにまとわりついて、腹が減ったとなくし、助けを求めるのよ。これは私の運命だわ。歳とって、疲れ、まだ働くなんて！」

こう言って母と息子は去っていきました。

時が経って、藪バラはだんだん幸せではなくなっていきました。毎年、春にはハイタカが現れ、藪バラに忠告するのでした。「どうだい、いまだにおまえはうぬぼれで、役に立たないのかい？」しかし、何もかもよくありませんでした。見たところ、自然の全ての力は藪バラのために力を尽くそうとしていました。藪バラの根っこはもっと深く大地に入りこみ、そこから栄養をとっていました。そして液は管を通って幹まで導かれました。動きのないように見える幹は受け取ったものを全部吸収して枝を養い、強めました。太陽と風が周りから気前の良い贈り物をくれました。いつも新しい芽が吹き、つぼみがついて、そしてバラの花が咲きました。しかし、それは破滅への始まりでした。藪バラはいっしょうけんめい努力しましたが、開花をやめることはできませんでした。そのとき、となりに新しい植物がいるのに気がつきました。その植物はとてもか弱げで、葉っぱはおもちゃのようでした。その植物はひそかに近くにある幹に巻きつけるよう真っ直ぐ伸びて、そして藪バラの幹まで達したのでした。そこでそのつる植物は藪バラという確かな支えを得て、すぐに育ち、できる限り枝にまきつき、新しい分枝を伸ばし、もっともっと高く伸びようとしました。初めのうちそれは藪バラにとって気持ちよいことではありませんでした。この植物に自分の間を埋めつくされ、さらに悩まされ、完全に覆われてしまうのは奇妙な感じでした。

「あなたは愛と保護を必要としている」とつる植物は言いました。「あなたはとても無垢で無防備な状態です。周りには悪いことがたくさんあります。これから私がここにいて、あなたを護ります。あなたに苦しみが与えられることを、私は許しません。」

「つる植物がいうことはもっともだ」と薮バラは考えました。「庭には危険がたくさんある。」

ある春のことです。それを今でもとてもよく覚えています。薮バラはいつものように花をさかせようとしました。薮バラが新しい枝を伸ばす準備をするときは、いつもスズメがやってきて、苦労して育てたつぼみを食べました。その後虫がやってきて、まだとじているつぼみを食い荒らしました。しかし、今はもう恐れることはありません。つる植物がいて、枝の面倒を見てくれます。つるは枝を覆い、大地の厳しさから護ってくれました。薮バラはもう花をつけませんでした。しかし、それは重要ではありませんでした。この年の春に、つる植物はやむことなく花を咲かせました。星のような小さな花をつけ、美しい花冠をたくさん作りました。それは蔭にもなりました。薮バラは満足していました。ついに自分は役に立ったのです。自分のお蔭でこのつる植物は花を咲かせ、それはとてもすばらしいものでした。それを見た人全てはつるを愛で、そこには薮バラがあったことなど忘れていました。

ある晴れた日、奇妙な鳥が一羽、赤いハイビスカスの上にとまりました。薮バラはその鳥がほとんど見えませんでした。それくらい、つる植物の茂みに覆われていたのです。しかし、鳥は好奇心旺盛で枝から枝へ跳んで近づいてきて、とうとう薮バラを見つけました。鳥は黙って考え深そうに薮バラを調べました。そして尋ねました。

「あなたの花はいつ咲くのですか？　今は春ですよ。すべての薮バラが色と香りを見せる時ですよ。あなたはつぼみさえつけてないじゃないですか。」

「それはたいしたことではありません」と藪バラは言いました。「大切なのは、自分から出ていって、他の人に自分を捧げることです。それが、私が平安を得るために教わった道です。だからそうしているのです。私は自分の枝をこのつる植物に譲ったのです。御覧なさい。自分を飾ることを枝はわかっているのです！　つるの輝きは私の命です。」

しかし、鳥はそれに対して言いました。「大切なのは、あなたがまったくあなた自身であることです。まわりを見て御覧なさい。どれだけたくさんのみすぼらしい花や、植物や、潅木があることでしょう。しかしあなただけが藪バラなのです。あなたは、自然があなたに与えた課題を断念した藪バラなのです。それゆえ、この庭は不完全なのです。また調和をここにもたらせねばなりません。」

「どうしたらいい？」と藪バラはささやくような声で聞きました。

「戦うのです。あなたの生きる空間を取り戻すのです。自分を意識しなさい！」

そして鳥は飛んで行ってしまいました。そして藪バラは瞑想を始めました。「もし、また花を咲かせることができたらどんなにすばらしいだろう。それだけで幸せだろう。」しかし、つる植物に、力をもう奪わないで、私を生かして欲しいと頼む勇気がありませんでした。「ああ、つる植物がこのことを自分でわかってくれて、ここから去って行くことを決めてくれたら！」時間は経ち、勢いよく繁り、己を確固として感じているつる植物はより強くなり、あたらしい分枝をバラの枝に巻きつけました。藪バラはとても疲れ、押しつぶされました。「戦うにはもう遅すぎる」と藪バラは思いました。そしてだんだん生きる勇気を失ってきました。誰にも、痛みに満ちたため息は聞こえませんでした。それくらいため息は弱くなっていたのです。

ある夏の午後、嵐がつばめの一団を襲いました。そこには嵐を避ける木がなかったので、花盛りのつるの茂みに逃げ込みました。つばめたちは濡れた羽を乾かそうとしました。そこで彼らは弱々しい哀しみの歌を聞きました。

「誰か私を助けてくださるでしょうか！」

つばめたちは驚きました。「どうしてこんな健康な潅木が助けを求めるの？」それで隠れたとげを見つけて初めてつばめたちは、それが藪バラの声だとわかりました。

「いったいどうしたのですか？　どうしてそんなに悲しいのですか？」と聞きました。

「私は花を咲かせたいのです。しかし、もうその力がありません。」

「あなたを助けましょう。」つばめたちはすぐに言いました。

「つる植物はどうなるでしょうか？」

「彼は自分の力を使うことを学ばねばなりません。」

そして、つばめたちは根気の要る仕事を始めました。つるの分枝ひとつひとつを、用心しながらはずし、藪バラの枝を自由にし始めたのです。藪バラは深いため息をついて眠りました。とても疲れていたのです。

藪バラから離れると、つる植物は自分の運命を嘆き、分枝のもつれをほどこうとしました。

「あなたも助けが必要ですか？」とつばめたちは聞きました。

「いいえ！」との答え。というのも、つる植物は自分の権力を誇っていたからです。そしてつばめたちは飛んでいってしまいました。

藪バラは眠りながら秋を越しました。そして新しい春の夢を見ました。いっぱいの太陽と、花、蝶々、小鳥たち。そして夢の中で、つる植物が高級木材の棒に高く巻きついていくさまを見ました。彼は星のような花に覆われた枝をあらゆる方向に伸ばしていました。休養をとって、藪バラは人生に向かって目を開いてみました。もう冬の終わりが大気の中に感じられました。自分の花を咲かせる準備の時期になったのでした。

すべてが整い成就する
ただそのことを待つことができねばならない
幸福が育っていくためには
そのための年月と畑を費やさねばならない

そうすればいつか
穀物の成熟した香りを感じ
その収穫した賜物を
己の蔵の奥へと運び始めるのだ

――クリスチャン・モルゲンシュテルン

5　人生の晩年

六十三歳以降は、運命の織物からしだいに自由になっていきます。この時期には、しばしば新しく生まれるような体験をします。身体のあちこちの小さな痛みや、一般的な健康状態もまた良好になります。このさらなる人生がどのように進むかは、もちろんそのまえの時代、主に四十二歳以降の人生にかかっています。私たちがその時代にどう生きたか、四十二歳から四十九歳には勇気をもって創造的に生きたかどうか、四十九歳から五十六歳には新しいリズムと叡智を見つけたかどうか、そして五十六歳から六十三歳までに内向性と忍耐を育てたかどうかということが問われます。〈七年期〉の周期は溶け合い、この時期以降は、その切れ目はそれほどはっきりしなくなります。むしろそれぞれの人の、個々の運命と大きく関ってきます。

今日の社会では老齢期の問題はより深刻になっています。家庭生活というものは不確かになり、大家族の団結というものはなくなってきています。確かに老人ホームがあります。しかし、そこは霊的な成長の可能性があるような場所であるということが非常に重要です。そこは、老人がただ単に互いに批判し合ったり、互いの障害のあら探しをしたりという場所ではないのです。

私たちの身体的な諸力はさらに低下していきます。そして私たちの魂的霊的な部分は、さらに身体から自由になります。それゆえ身体的な苦悩を克服できる人もいます。自分自身をより自由に感じ、さらにもっと宇宙的な存在へと向かうことができるようになります。それを通して私たちの意識は無限に広がることができ、新しい洞察を得るのです。また、より大きな謙虚さや無私の態度を育てることが可能な人もいます。そのうえ、さらに社会的慈善的課題に向うこともできます。もちろんそれぞれが自分にあったことを自分で見つけなければなりません。多くの慈善事業の場合、そのためにとても忙しくなりすぎて、霊的、創造的にはたらくために自分の時間が持てないということもあります。

この時期に芸術的なことに取り組み始める人もたくさんいます。たとえば絵を描くなどです。アメリカ合衆国にはグランドキャニオンに美術学校があります。そこは七十歳以上の人が通えます。そして世界中にこのような形の組織があって、老齢期の人々の芸術的要素を奨励しています。

私たちは六十三歳以降のこの時期も、さらに〈七年期〉で分けていくことができます。次の三つの〈七年期〉はある共通する特徴を示します。この時期、人は人生最初の三つの〈七年期〉それぞれに基礎づけられている質を新しく鍛錬していくことが可能です。

六十三歳から七十歳

六十三歳から七十歳まではふたたび「驚嘆」の要素がきます。自然界や環境に対する新しい驚き、より力強い個性に成長しつつある孫に対する驚きなどです。今、もう一度私たちの幼年期を見てみると、新たに感謝の念を育てることができます。自分の中にもう一度子ども時代の自分を生じさせることができるのです。忍耐と自己教育がこの老齢期の多くの困難な障害を取り除く助けとなります。真実なる善が私たちの中から輝き出ます。私たちはよく、確かに若々しいと感じさせる老人によく出会います。彼らは容姿が若いというより、むしろそのあり方が若いのです。

七十歳から七十七歳

もう一度第二〈七年期〉を見てみましょう！　私たちがその時期に教育を通して得た特質が今や有効になってきます。一般的に次のように言われます。「子ども時代に、祈るためにひざまずいた者の足は強い。」子ども時代のこうした影響はこの年代にとても顕著になります。ベレディーン・ジョスリン[44]はその著書『宇宙市民』で次のように言っています。「子どもの頃、尊敬の念をもって誰かを見上げ、手を合わせた者は、老人になって祝福を与えることができる。」世界の美をも、この時期新しい仕方で体験するのです。

人の平均寿命はおおよそ七十二歳です。それは太陽のリズムと関係しています。太陽の戻ってくる点（春分点）は七十二年に一度ずつずれていきます。それゆえ、私たちの誕生時の星はもはや完全に太陽によって覆窓の外をカバーされなくなります。ルドルフ・シュタイナーはカルマについての連続講演の中で次のように言っています。「誕生時の星が人間に向かって手を振っている」と。それゆえ、私たちが七十二歳の後も生きているとしたら、それは本当に恩寵なのです。私たちの心臓の鼓動もまた太陽のリズム、つまり一分間にほぼ七十二回刻んでいるのです。

この時期老人は、静けさを輝き渡らせ、人々を祝福し、そして同情の心を人々にもたらすことが、本当にできるようになるのです。この年齢のある患者さんが次のように語ったことがあります。「私は鷲のように上空を飛び、そして必要とされるところへ舞い降りるのです。」（彼女には五人の子どもとたくさんの孫がいます。）このような姿勢をとることは、自分は見放されているとか、十分に気をつけて扱われなかったりすると気分を害しているよりずっと実りをもたらします。

七十七歳から八十四歳

さて、今度は私たちの中に青少年を蘇えらせましょう。私たちは真実に向う新たな努力をします。死が向ってきています。私たちは悪い習慣を死なせる努力をしなければなりません。真実と正当性をもって立ち向かわねばなりません。明確な意識を持ち、人々と和解するのです。

この三つの段階、三つの〈七年期〉はちょうど山岳風景と似ています。目の前に頂上を見て、それを目指して歩きます。そこに登りついたら、その後ろにもっと高い頂上を発見します。そしてこの後ろにはさらに別の頂上が見えます。そのように力と勇気をもってさらなる次元を歩いていくのです。

当然、人の寿命は異なります。それは個々の人間の個的な運命と関係しています。短命だけれども世の中にとって非常に意味深く、創造的にはたらくように生きることもあります。たとえば、モーツァルトや他の多くの天才たちのようにです。あるいは長生きして、世の中に何も残さず、晩年はただ植物状態のように生きることもあります。自分の人生を実りあるものにするには、常に、生きている限り、何か新しいことを学ぶことができるということがとりわけ重要です。たとえ、長年車椅子で生きていかなければならないとしても、そのことには確かに意味があるのです。それはたとえば、忍耐強くあることを学ぶことが決してなかった人の運命なのかもしれません。あるいは、他の人々の助けをほとんど受け入れなかった人なのかもしれません。そのような人にとってこうした運命は大切な修行を意味し、そのことにより新しい能力を得ることができるのです。もし、そのような人の外側だけしか見ないと、死んだ方がましだと思うかもしれません。しかし、人間の魂的、霊的要素も考慮していくと、その人のバイオグラフィーにおける様々な要素の違いに新しい意味がもたらされるのです。

臨死体験をし、自分の人生を映画のように目の前に見た人々もまた、自分の人生の全く新しい可能性をみます。彼らが再び生還したとき、それはその人のバイオグラフィーにおける全く新しい転換点になるのです。

私たちは人生の道を振り返り、自分のバイオグラフィーにおける肯定的な時点、つまり、その際生きる勇気を得て元気になったようなときを認識しようとします。それから問いかけます。どのような要素がもっとより良く形成されねばならなかったのか？　人間関係の領域で困難が生じた、いわゆる摩擦の時期はいつか？　生きているうちにこれを元の秩序に戻せるような機会はまだあるだろうか？私たちが自分のバイオグラフィーに取り組むことによって、人生全体にもっと光を投げかけるのであれば、私たちはより自由になって、より軽くなって、死の門をくぐりぬけ、より意識的に新しい人生の運命を形成できるのです。

六十三歳以降の人生については、拙書『〈第三の年齢期〉の自由』に詳しく書いてあります。

注記

三年前、老齢期の人々とのワークショップを定期的に始めました。毎週、絵を描いたり、歌ったりして、一緒にバイオグラフィーワークをしています。毎週ひとつの〈七年期〉をテーマに講演します。そしてその〈七年期〉を家でそれぞれが絵を描きます。そして次の週に小グループに分かれてそれについて分ち合います。参加者たちはそれをきっかけとして、互いにそうして分ち合うことに助けられて、思い出の中から本質的な人生の瞬間を拾い出すのです。皆、それによって活気づけられ、元気になります。

段階

ヘルマン・ヘッセ(45)

花はすべて枯れ
どのような青春もすべて老いに席をゆずるように
生の段階にも叡智にもまた徳にも
それぞれに開花の時があって永遠には咲きつづけぬ
われらはその折々の生の呼ぶ声にこたえて
つねに別離と新しい出立への気がまえを持ち
勇敢にしかも悲しむことなく
古きを去って新しい務めに身をゆだねねばならぬ
初心にはすべてわれらを守り
われらの生をささえるふしぎな力がこもっている

われらは心もかるく一所より一所へと歩みつづけ
故郷にも如何なる地にもとどまってはならぬ
拘束と束縛とは「世界霊」の意志ではなく
一段また一段とわれらを高め

われらをひろげることこそその意志だからだ
ひとつの生活圏に住みなじみそこを安住の地とするや
弛緩はたちまちわれらを襲う
人の心を萎えしめるこの慣れをまぬがれるものは
ひとえに　旅と出立への心がまえあるものだけであろう
おそらくは死の瞬間すら
われらをあらたに新しい国へと送りだすだろう
われらを呼ぶ生の声は　決してやむこと[46]はないだろう……
さればよし　心よ　別離してよみがえるのだ！

6 バイオグラフィーにおけるリズムと鏡映関係《ミラーリング》

海を観察してみますと、波がどのようにゆっくり寄せてくるかわかります。波はしだいにふくらみ、そしてだんだん大きくなり、最後には砕けます。渦巻きとなって、それからまた先へと流れていきます。私たちの人生もそれと似ています。しだいに成長発展し、上昇していく段階があり、最高潮と激変のときを体験し、そしてまた長い成長の段階が来るのです。この章では、バイオグラフィーにおける様々な成長段階やリズムについて少しみてみたいと思います。その際、これまでの章でおこなってきた考察に戻りつつ、重要な成長段階をまとめてみましょう。

私たちはよく、十歳、二十歳、三十歳、五十歳……という誕生日を特別盛大に祝ったりします。多くの夫婦は二十五年経つと銀婚式を、五十年経つと金婚式を祝います。これらは一見特別に感じる時間的な区切りです。これらの十のついた、きっちりした数に対するある種のイメージを私たちは持っているのでしょう。あるいは、おそらく、ある人生の一区切りがついた、完成したという感じを持つのかもしれません。

最初の章でみたように、人生の三つの大きな成長段階、つまり身体的成長段階、魂の成長段階、そして霊的な成長段階は、それぞれ三つの小さな成長段階に分けられます。そうすると、それぞれに〈七年期〉のリズムが生じます。このリズムは私たちに、時には危機的な状況に導くほどの大きな変化をもたらします。私たちは人生において、七年ごとに一段高い段階へ達するということができます。あるいは、「七年ごとに皮膚を取り換える」という言い伝えもあります。それは、私たちの内部が外側に合わなくなってしまうため、この外側はある程度押し出されたり、作り変えられたりしなくてはならないということです。

七年ごとのリズムはもともと宇宙的な法則からきています。一週間のリズム（七日間のリズム）のように、それは独特な動きのリズムと質を持っています。誰しも、土曜日は月曜日とは違うということは知っています。週の始めは週の終わりとは違う性格を持っています。いくつかの言語では、この七日と惑星とが関連付けられています。土曜日は土星に、日曜日は太陽に、月曜日は月に。フランス語でも同じです。火曜日は火星、水曜日は水星、木曜日は木星、金曜日は金星です。これらの惑星の諸力は人間存在の中へはたらきかけているのです。特にこの惑星の諸力は人生のそれぞれの〈七年期〉にも作用しています。夜眠っているとき、人間の霊的魂的なものが肉体的生物的な部分からある程度自由になり、惑星たちの高次の領域に入っていくと、惑星たちは人間にはたらきかけ、人間にまた新しい力を与えています。同じようなことが、死と新しい誕生の間にも起こります。死後、私たちは霊的存在として、運命に応じて全く特別な力を受け取るために様々な「神の部屋」に寄るのです。

そのように、私たちは受胎から七歳までの間、特に月の力の中にあります。月の力は本質的に私たちの形態と体質を決定します。七歳から十四歳まで、つまり学齢期には、健康にし、調和させる影響を持つ水星の力がはたらきかけてきます。思春期から主に金星の力が作用し始めます。金星の力はエロティックな領域や、第三〈七年期〉のイメージや理想に影響します。二十一歳から四十二歳までは太陽領界の影響のもとにあります。それは特に私たちの魂の成長に関わります。この太陽領界で人間の霊的萌芽（霊的個的本性、あるいはゲーテのいう永遠のエンテレキー）[47]は死後のほとんどの時間を過ごします。それ故、人間のバイオグラフィーにおいても長い期間となるのです。この太陽領界から、個的本性は過去のこと（二十一歳までの出来事）にはたらきかけそれを新しく形成する力を得るのです。この時期から私たちは、過去から未来へより自由に歩いていき、人生の目標をより良く実現する可能性を持ちます。四十二歳から四十九歳まで、人生の目標を実現する力を与える火星の影響を強く受けます。四十九歳から五十六歳までは特に木星の力がはたらきます。木星の力は私たちに人生をより叡智に満ちて造形することを可能にしてくれます。五十六歳から六十三歳は、人生を振り返らせてくれる土星の力がはたらきます。そのため「自分の目標、自分の人生の主題を実現しただろうか？」という問いかけの姿勢を得ることができます。

人間の七年周期のリズムのなかに、内側のダイナミズムを置くことも可能です。つまり、まず二年くらい、本来の〈七年期〉の法則が現れるまでの助走期があります。それから、真ん中の三年間があり、それはその〈七年期〉の法則の直中となります。最後の二年間はそれまでに体験したことを消化し、そして未来からすでに照らし始めている次の〈七年期〉の準備をします。過去と現在と未来は常に手をつないでいるのです。

また、〈七年期〉の一年一年を惑星のはたらきと関連させて捉えることができます。同じように、月、水星、金星、太陽、火星、木星、土星という順番でみていきます。太陽の年はそれぞれその〈七年期〉に新しい出来事をもたらします。ベレディーン・ジョスリンは六十三歳以降の人生を天王星、海王星、冥王星にあてはめています。これらの惑星も、いくらかはゆるやかで少なくなりますが、人間に影響しているのです。

大きな三つの人生の成長段階を、それぞれまた三つに分けてみたときに、それぞれの変化とは何でしょうか？　七歳で学齢期に達し、十四歳で思春期、二十一歳で成人となります。私たちの身体は地上的なものを元にしています。そのなかにすべての遺伝的な要素が含まれます。そして身体の成熟は三つの大きな段階にわかれます。第一〈七年期〉には神経系（脳と脊髄）と感覚器官が成熟します。第二〈七年期〉には呼吸・循環系が成熟してきます。そして第三〈七年期〉には四肢（骨、筋肉、筋の成長と強化）と代謝系（消化器官のすべての腺が完全な活動に達する）、それから生殖器官が成熟します。各〈七年期〉のこれら個々のことについては既に前の章で述べました。ここで、「成熟の過程」というとき、それぞれの器官が器官としての完全な成長を遂げ、このときから霊的魂的成長のための道具として使われるということです。これらの器官が成熟して初めて、魂はある程度、身体という楽器を演奏することができ、思考し、感じ、意志する本質として成長するのです。

個的本性は霊的な源泉からきていて、地上に誕生するとより深く身体性の中へ入り込んでいきます。これに関連して三つの小さな「自我の誕生」について語ることができます。最初の〈七年期〉の真ん中、神経・感覚系が完全に形作られ、そして子どもが初めて自分を「私」というとき、そのときを私たちは「自我意識の目覚め」とよぶことができます。子どもは初めて世界と自分がもはやひとつではないと感じます。その後、自分を強く主張する反抗期になります。第二〈七年期〉の九歳、十歳の頃、リズムを担う諸器官（心臓と肺）の成熟により、感情がより目覚めてきます。子どもは強く自分の中に向かい、少しばかり夢見るような状態になりますが、しかし、両親や先生に対して攻撃的にもなる、そういう時期になります。これを「自我感情」とよぶことができます。第三〈七年期〉の真ん中、だいたい十八歳半で、自我は四肢・代謝系に深く入りこんできます。青少年は世界における自分の行為を体験します。この段階以降で初めてちゃんと地に足をつけます。しばしばこの時期、自分の職業的才能についての認識を持つこともあります。この過程を「社会的な世界に存在する自我の目覚め」とよぶことができます。最初の三つの〈七年期〉に、健康な身体であるように気を配り、きちんと地に足をつけて立てるように若い人々を助けることが、教育者の課題なのです。「健全な肉体に、健全な魂」なのです。教育者がこれを達成できていれば、ひとりの若者についてこう言えます。「彼はちゃんと受肉している」あるいは「自分の身体にしっかりおさまっている」と。二十一歳からは人はまるごと存在するのです。身体のどの部分も今や自由に使えるようになるのです。自我はもはや身体をつくることにそれほど忙しくはなくなり、いわば自由になります。そして若者は成人するのです。

それぞれの組織系のダイナミズムは魂の要素に深く反映しています。人は、第一〈七年期〉には、世界を知覚する中で生きています。つまり、すべての影響は外側から来ます。第二〈七年期〉には心臓と肺の力強い動きを感じます。絶えず、吸うことと吐くこと、引くことと出すこと、収縮と広がりの中にあり、内から外へ、外から内へという、交互の動きの中にあります。第三〈七年期〉には、内から外へという意志の力の方向が勝ります。自分の内側から出ていって、私たちの人間的環境を共に作り上げていくのです。この三つの動きのはたらきは人生の真ん中の段階においても繰り返します。この真ん中の段階の三つの〈七年期〉もそれぞれ、受け取ること、はたらきかけとやりとり、そして、与えることと作り変えること、という三つの要素で成り立っているのです。

まず、真ん中の段階を飛び越えて、四十二歳から六十三歳までの霊的成長の三つの〈七年期〉を見てみましょう。何故なら最初の三つの〈七年期〉を鏡に映したような、ある対応関係を同時にここで見ることができるからです。ここでは、個的本性がしだいに肉体から離れていく成長段階にあります。この過程を「離肉過程」と呼ぶことができます。図8ではこれが上昇していく線で描かれています。離肉過程は受肉過程のように頭から足へ向かうのではなく、足から頭へと起こります。四十二歳から四十九歳までは、四肢・代謝系の諸力が自由になります。そこでは何が起こるでしょう？　筋肉が弱くなっていきます。女性はこの〈七年期〉の終わりに月経が止まります。この過程があまりに早く進んだり、あるいは青年期に下半身部における受肉が充分でなかったりした場合、このような身体の変化は自動的に早まります。しかし、この器官から解放された諸力は、他方で新たな創造性の発展を可能にします。身体の器官でいえば、十四歳から二十一歳までの段階の鏡に映し出されたような対応関係、つまり「鏡映関係《ミラーリング》」[48]がこの時期にあるといえるのです。

　四十九歳から五十六歳の間には、リズム系、つまり心臓と肺の諸力が離れて自由になります。この時代には、肉体的な衰えに応じて新しいゆっくりしたリズムが見つけられなければなりません。この時期には例えば、子ども時代の喘息がまた現れやすかったり、心臓病が出たりします。七歳から十四歳までの鏡映関係《ミラーリング》にあるのがこの時期です。これらの力が解き放たれることにより、霊的魂的領域において、どのような新しい能力が可能となるでしょうか？　道徳的な要素や倫理に対する新しい感覚器官が成長できるのです。人類の要求に対して共に感じることができるようになります。私たちの魂をこの意味において成長させることができると、心臓・循環系に対しての心地良い健康的なはたらきかけとなります。もちろん、それ以前の人生でこの力を成長させることはできないということではありません。

　五十六歳から六十三歳には神経・感覚系の諸力が離れていきます。すでに述べたように、私たちの

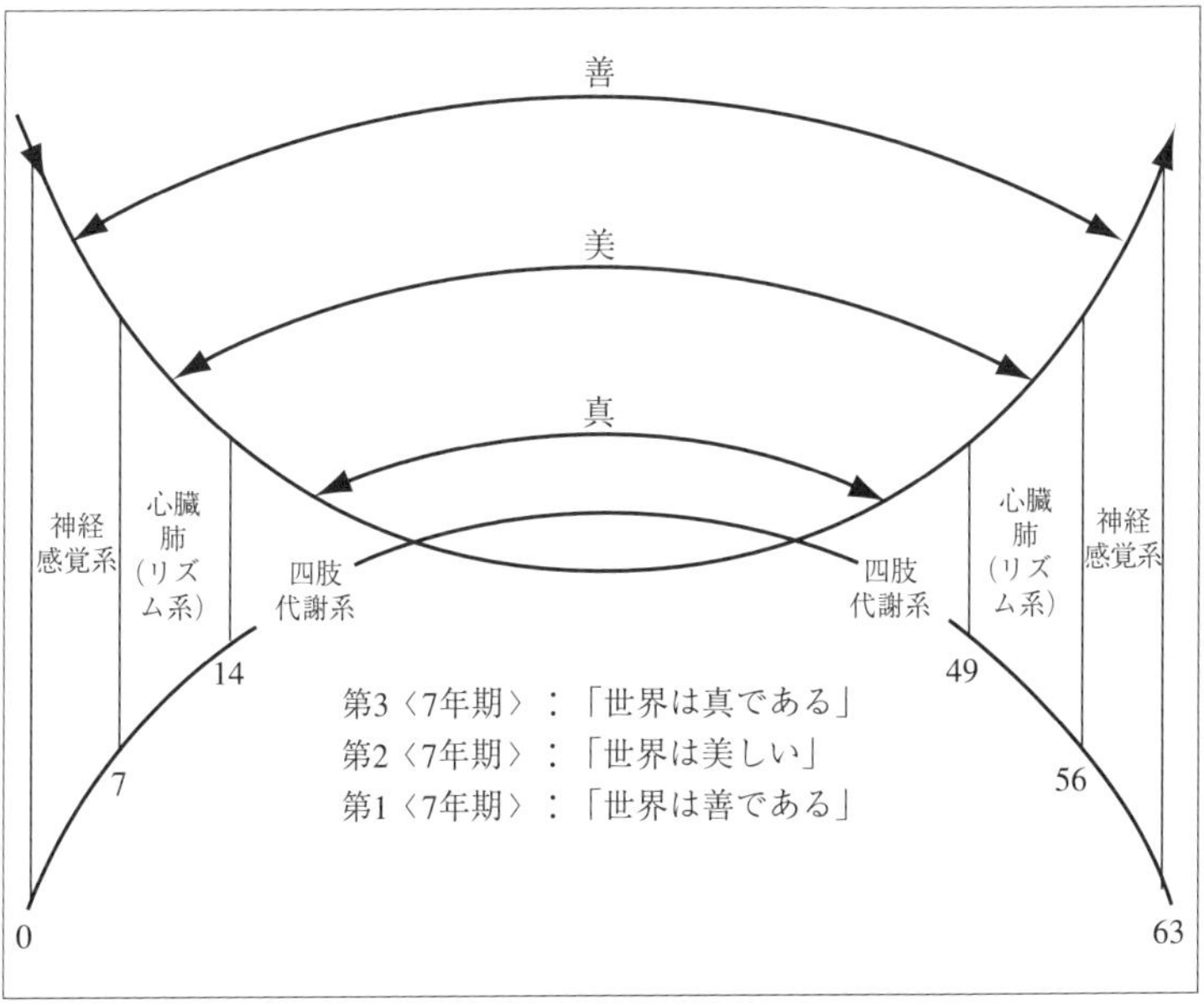

図 8　霊的・身体的鏡映関係

感覚器官はこの時期に衰えてきます。そしてこの時期は、これらの器官が発達した第一〈七年期〉の鏡映関係《ミラーリング》にあることになります。もし、第一〈七年期〉の間に、あまりに多くの生命力が意識のために使われた場合、例えば、早期教育が行われた場合、そして今のこの〈七年期〉以前に何か予防措置がなされなかったとしたら、早期硬化症の危険性があります。この時期どのような新しい知覚器官を私たちの魂は受け取ることができるでしょうか？　私たちの自我を霊的な現実としてより強く知覚したり、宇宙の霊性の映しとして体験することが可能になります。そしてこの時期、内側で大きな内省が起こります。

もし、最初の三つの〈七年期〉に受肉しようとする諸力が調和的に諸器官を形成することができなかったら、――その原因は遺伝であったり、教育あるいは運命的な素質であったりということがあり得ますが、離肉しようとする諸力を完全に解き放つことが難しくなります。それは、例えば、私たちが有刺鉄線を越えようとして、服が引っ掛かりぶら下がっているようなものです。しばしば医者はこの年齢段階の人が、これらの諸力を調和的に解き放つ手伝いをしなくてはなりません。時には薬を用いることも必要となってきます。

第一〈七年期〉の「世界は善である」、第二〈七年期〉の「世界は美しい」、第三〈七年期〉の「世界は真実である」という体験は、真・善・美の深い体験として再び戻ってきます。

さて、魂の成長の時代である真ん中の三つの〈七年期〉に戻りましょう。この時期自我は自由になり、最初の二十一年間に受け取り学んだことを変化させ始めます。自我は最初の三つの〈七年期〉をもう一度取り上げ、そしてそれを変容させます。二十一歳というのはそれゆえ、バイオグラフィーにおける別の鏡映関係《ミラーリング》の基点になります。十四歳で始った情動的衝動は、今や手馴づけられ、洗練され、抑制されています。感覚的魂の時代、つまり二十一歳から二十八歳までの時期は、その前の〈七年

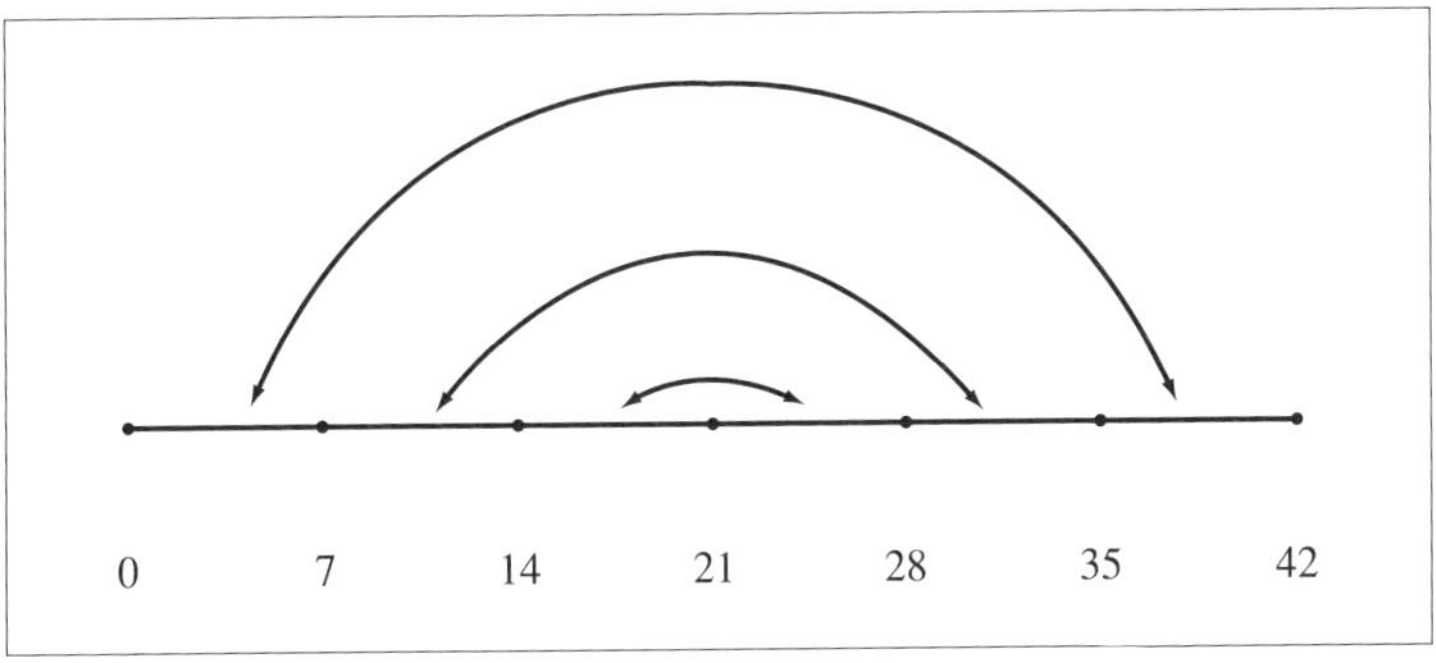

図 9　魂の成長における鏡映関係

期〉に強く規定されています。多くの場合、早くて十六歳、あるいは十八歳で職業訓練を始め、二十四歳や二十六歳でそれを終えます。そしてその後職業生活に入ります。二十八歳から三十五歳はいわば人生の真ん中に当ります。この時期の真ん中、つまりちょうど三十一歳半で、私たちは受肉過程で最も深く肉体の中に入りこんでいます。その後、再び解放へとゆっくり向かいます。第五〈七年期〉はまた、私たちが非常にエゴイスティックになる時期です。そして思考と感情とが――ルドルフ・シュタイナーはこの段階を「心情・悟性的魂の時代」と呼んでいますが、ひとつに統合されなければなりません。私たちはここで第二〈七年期〉と似たような動きの要素と質を体験します。第二〈七年期〉に形成された「規範」や習慣から、私たちは最終的には解き放たれなければなりません。それによって私たちの自我はより自由に成長できるのです。私たちは習慣を変えることを学ばねばならないのです。

たいての人はこの真ん中の段階の時期に結婚をします。二十一歳から二十八歳まで私たちは、ある点を補い合うようなパートナーを一生懸命探します。半分ずつであるそれぞれが溶け合い、お互い補い合うのです。それはこの時期に自然のことです。しかし二十八歳以後、しだいにひとりひとりが個人としてひとつの全体となり、その完全な存在としてお互いを尊敬し、愛することを学ばねばならないのです。そのように、おそらく最初は期待と要求ばかりであったパートナー関係は、相手に対する自由な献身に変化し、そしてしだいに本当の同胞のような関係に成長して行くことができるのです。

三十五歳から四十二歳まで、意識的な魂の時代には、私たちは、身体から自由になった諸力をより高い意識へと可能にする時期に直面しています。この完全な成長は、私たちが第一〈七年期〉において健全な身体を構築した時にのみ可能となります。

パルツィファル伝説(49)を知っている人は、その物語の個々の人物のバイオグラフィーを辿ることができます。そして、自分の魂の成長過程をその物語のイメージの中に再び見つけて驚くことでしょう。パルツィファルはある特定の時期から、同じ人間に何度も出会います。彼は多くのことがらを、違った形の中で繰り返し、多くのことを過去から解き放って再び良きものにしなければなりません。二十一歳から四十二歳までの私たちの人生も同じようなことがいえます。そして最終的には完全な成熟に達するのです。しかし、私たちの人生の道程では、パルツィファルのように絶えず繰り返される出来事と関わるというよりも、むしろ、そのような出来事はある変容した形で現れてきます。あるいは全く違った段階、つまり魂の段階で起こってくるような、そうした状況に私たちは直面することになるでしょう。

バイオグラフィーにおけるさらに別の鏡映関係《ミラーリング》の基点は、おおよそ四十二歳くらいにあります。それは後で言及します。

私たちがバイオグラフィーの中で鏡映関係《ミラーリング》を見つけようとすると、未来での反映された出来事を先に見ようとする危険に陥ります。人生は絶えず変容（メタモルフォーゼ）し続け、変容の過程の中でまさに形作られていきます。鏡映関係《ミラーリング》でのある要素というものは、予期できない、全く違った形で戻ってくるものなのです。

鏡映関係《ミラーリング》と七年周期以外にも、まだ別のリズムがバイオグラフィーで大きな役割を果しています。すでに前の章で、様々なバイオグラフィーを見ながら言及したように、ひとつの重要なリズムは、いわゆるムーンノードのリズムです。それは十八年と七カ月ごとに繰り返されます。太陽と月の軌道は交差し、そしてその交点は十八年と七カ月で黄道十二宮のすべてを巡ります。そしてこの交点は、その人の誕生の時にあったちょうどその地点に戻ってきます。

私たちの人生も自然界も、月の影響を多大に受けています。月は過去からこの人生へ諸力をもたらします。そして特別に第一〈七年期〉に強くはたらき、そしてさらに、十九年目の頃のほとんど完成されようとしている身体の形成まで影響し続けます。ムーンノードは、どのように人間の魂に影響するのでしょうか？　人はムーンノードが回帰してくる度に、自我の持つ太陽の力を通して新しい再生を体験するために、過去を捨て去るともいうことができます。バイオグラフィーにおけるムーンノードの巡ってくるのはどの日か、ということはできません。占星術では計算して特定することができます。しかし、ムーンノードの時期はおおよその期間として捉えられます。この時期に私たちは、太陽のような本質を持つ、自分の霊的な個的本性を、その地上の課題の中でより強く感じるようになります。これは夢を通して、あるいは内的、外的変化を通して現れます。この時期というのは、まったく新しい目標を持つ時期でもあるのです。

十八歳半の、最初のムーンノードの時期、私たちは自分の個性の方向へとより強まります。自立して考え始め、どの職業を選ぶべきか、どのような役割を感じているかなど、わかることも多いのです。それは十代の若者から大人になる移行期です。今日では大人になりたがらない若者もいます。彼らは古いものにぶらさがっていたいのです。人生に責任を取りたくないのです。そのような状況の場合、運命の打撃は外側からやってきます。自動車事故や喪失あるいはそれに似たようなことなど、この移行期を、危機を通して体験せねばならないのです。

二度目のムーンノードの時期、つまりだいたい三十七歳頃ですが、この時期には自分の職業との新しい葛藤が起こります。そして、「この先どのようにしたらよいのだろう？」という疑問が生じます。ここでも過去の一部が置き去られます。こうもいえます。ムーンノードのときに天の門が開いて、生まれる前に私たちがもっていた意図をもう一度感じさせてくれるのです。それまでの人生がまだある程度準備であったなら、この時期に本来の使命をより強く感じ、そしてまたそれをこの世界で実現するのに私たちは人間的にも成熟しているのです。それゆえ、この時期仕事を変えるとか、あるいはこの時期初めて本来のこの地上での課題にぶつかるとか、そういうことがよくあるのです。自分の人生の課題を見つけていないと、この時危機的な状況が起こります。それは今日多くの人々の場合に当てはまります。ここでは、人生の意味が問われているのです。

おおよそ五十五歳半くらいの三度目のムーンノードの時期では、次のような問いにぶつかります。人間として、世界における個的な「私」として、いま現にある自分をどのように見るのか？　どのような新しい人類の課題に向かおうとしているのか？　自分の体力はもうそれほどないけれども、何かまだ可能なこと、できることがあるだろうか？　ここでは、行動的で外に向かっていた段階から、より瞑想的な段階への移行が重要になります。六十歳以降は、今までと違ったように自分を向けていく術を学ばねばならないということを、多くの人は受容したがりません。この時期の危機は、よく病気という形で現れます。

多くの人々にとっては、十八歳半だった頃のことを思い出すことは困難です。しばしば、この時期には外的な変化が起こります。大学などの専門の勉強の開始とか、旅とか、いろいろです。それらの外的な出来事は、それぞれの人生にとって注目すべき影響を与えています。三十七歳の二回目のムーンノードの時期は、どの人にとってもはっきりとしていて、著しい変化として体験されます。主に内的価値の変化と関係しています。三回目のムーンノードの五十六歳頃は、ほとんど次の〈七年期〉への移行とも重なっています。このとき、次のような問いかけを持ちます。「何を私は実現したか？　そして、まだ私の前にどのような新しい課題、あるいは新しい可能性があるのだろうか？」

これ以外に人によっては、ムーンノードのリズムの半分である、九年が、あるリズムを形成することもあります。
七十四歳の四回目のムーンノードの時期は、文字通りシニア（シニアは語源的に元老院を意味し、それは叡智と関係します）への移行期となります。自分の身体的、魂的、霊的限界とつきあうことを学ばねばなりません。そして次の人生とより関わる目標を持たねばなりません。もちろん今の人生にけりもつけ、補完せねばなりません。まだなされなければならない物事や、必要なことがいたるところにあると感じます。それらを、泰然自若に他者に委ねることができるのでしょうか？

バイオグラフィーにおける別の重要なリズムは、土星の周期です。土星は二十九年半で一周します。そして再び誕生時の位置にやってきます。土星は月の対極にあり、私たちの自我の霊的な刻印とより深く関係しています。私たちの人生において、霊的な方向の示唆を与えます。私自身の人生で言えば、五十六歳のときよりも、五十九歳から六十歳のときの方がより大きな変化を感じました。これは人によって違うことでしょう。土星の周期についても三つの段階ということがいえます。三十歳くらいまでを準備段階とし、三十歳から六十歳までの二番目の段階は私たちの人生の主題、あるいは意図の現実化の時期であり、そして六十歳以降は回顧と未来のための準備がなされるのです。

多くの人々の人生では、また別のリズムが見られます。たとえば木星の周期です。木星は十二年ごとに誕生時の位置に戻ります。つまり、十二、二十四、三十六……というのは、多くの人にとって繰り返されるリズムを意味します。あるいはある人にとっては、木星の周期の半分である六年というのが重要であったりします。木星は人生に叡智、調和、秩序をもたらします。イエスは十二歳でエルサレムの寺院に現れ、その時から彼の両親が感じたような大きな変化が生じます。新しい自我の介入[50]が明らかになります。

多くの子どもは十二歳ですでに自分の職業への傾向を示します。中にはすでに働き始めなくてはならない子どももあります。二十四歳で通常、職業訓練は終わり、三十六歳で私たちは自分の運命を実現し、地上の使命を満たす状況に達します。六十歳で、土星と木星の周期は一緒になり、私たちは、この時期は何か特別な年齢だと感じます。

全く別のリズムに、三十三年の周期もあります。これは、死と復活の力、つまりキリストの出来事と関係しています。それについてはすでに述べました。ゴルゴタの秘蹟[51]以来、地球を貫いているキリストの力は、私たちの自我にも強くはたらいています。私たちの自我はキリスト存在と同じ霊的な本性を持っています。三歳、九歳、十九歳、そして三十歳から三十三歳の時期は、このキリストの力と特別な関係を持っています。そして、三十三歳以降、この復活の力が私たちの中ではたらきかけてくるということができます。それは、私たちが自分のバイオグラフィーを新しく内側から捉えることができるということです。歴史上の出来事に私たちはしばしば三十三年のリズムを見出します。それは特に、人類の発展のために決定的です。また、同じように太陽のリズムである十一年のリズム（33＝3×11）もあります。これは太陽の黒点が現れたり消えたりするのと関係し、このリズムが重要なリズムを持つ人もあります。

その他に、私たちは自分のバイオグラフィーの中で、意識の段階に応じて、人類全体のバイオグラフィーを繰り返します。個の成長と人類の発展を比べてみて、人類の発展における画期的な出来事を考察してみますと、人類は今日三十五歳から四十二歳までの段階にあるといえます。つまり意識的魂を人間が発展させる時期です。しかし、この目的を達成するために、私たちは自分自身に取り組み、はたらきかけていかねばなりません。私たちは自動的に感覚的魂の段階までは成長します。つまり二十八歳までです。多くの人々は魂の成長が二十一歳から二十八歳までで止まってしまっています。そういう人々は、周囲の状況や他の人の意見に完全に左右されるところにとどまり、感情的な昇降のなかにあります。人生の後の段階においては、つまり四十二歳以降は、私たちは独りで行く者です。人類はまだこの段階には来ていません。そしてこの時期に私たちが発展させることのできる特質は、人類の発展に比べてずっと先行しているのです。それゆえ、この時期の孤独体験は多いのです。しかし、ひとりひとりの個の成長の中に、全人類にとっての未来の種がまかれているということは、重要なのです。

第二部　自分のバイオグラフィーに取りくむ

7 方法について

人生全体の概観を得たので、自分自身のバイオグラフィーに取りくむことができます。これには、各々の性向によって様々な方法があります。自分で思い出すことのできる人生の出来事を、順を追って物語る様に書くことができます。また、図式的に見ていくことも可能です。その場合たとえば、それぞれの〈七年期〉に一枚の紙をあてがい、そこに重要な出来事を書いていきます。可能なら日付をいれて書きます。この紙を縦に二つに分けることも可能です。そして一方に外的な人生の出来事を書き、もう一方にそのときの感情を書きます。外的出来事というのは何でしょうか？　たとえば、弟や妹の誕生であるとか、祖母の死、あるいは別の家や他の土地への引越しがあります。いつ学校へ上がったか、最初の記憶は何でいつだったかなどなどです。紙の右側には感情を書くことができます。たとえば、両親への関係はどうだったか？　あるいは、妹が生まれたときどう感じたか？　そのように〈七年期〉ごとに書いていきます。

また、大きな紙を、縦横三つずつに分けて、できた九つの区分の中に出来事を書いていくこともできます。そうすると次のようになります。

最初の三つの〈七年期〉、二十一歳までの出来事を、いちばん左側の区分のところに上から下へと書いていきます。そして二十一歳まで来たら、真ん中の区分のところを下から上へと上がっていきます。そうすると同時に鏡映関係《ミラーリング》の図を得ます。これを魂の鏡映関係《ミラーリング》と名づけます。第一〈七年期〉が第六に、第二〈七年期〉が第五に、そして第三〈七年期〉が第四の〈七年期〉にそれぞれ対応します。ここでは何を発見するでしょうか？　たとえば、三十三歳のときに襲われた説明し難い大きな抑鬱状態が、九歳のときの、祖母あるいは母の喪失と関係しているということがあります。あるいは、非常に絵を描く才能があったのに、十四歳のときにそれをやめてしまい、そして二十八歳になって突然また絵を書きたいという衝動を得たということもあります。もし四十二歳以上の人であれば、いちばん右側の区分のところを四十二歳から六十三歳までにあてて、やはり下から上へと書いていきます。

(図11参照)

個人的な出来事を書いていく行為そのものに、すでに治癒的なはたらきがあります。それは自分のバイオグラフィーに対する考えを形成し、整理する助けになります。日記を何年も後になって読み返すと、しばしば当時の自分自身に驚くことになります。多くの事柄を、まず距離を置いてから認識できるのです。それゆえ私は全ての人々に、自分のバイオグラフィーを、日記のような形、あるいは時間を追って整理して紙に書くなどして、書き記すことを薦めるのです。

上述したような図にすると、自分の人生の本質的な出来事を簡単に書き込んでいくことができます。自分の「バイオグラフィーの用紙」に人生の外的出来事と、そのときの感情を羅列して書いていきますと、四十二歳から六十三歳までの時期に、二十一歳までの人生の鏡映関係《ミラーリング》を発見します。ここで

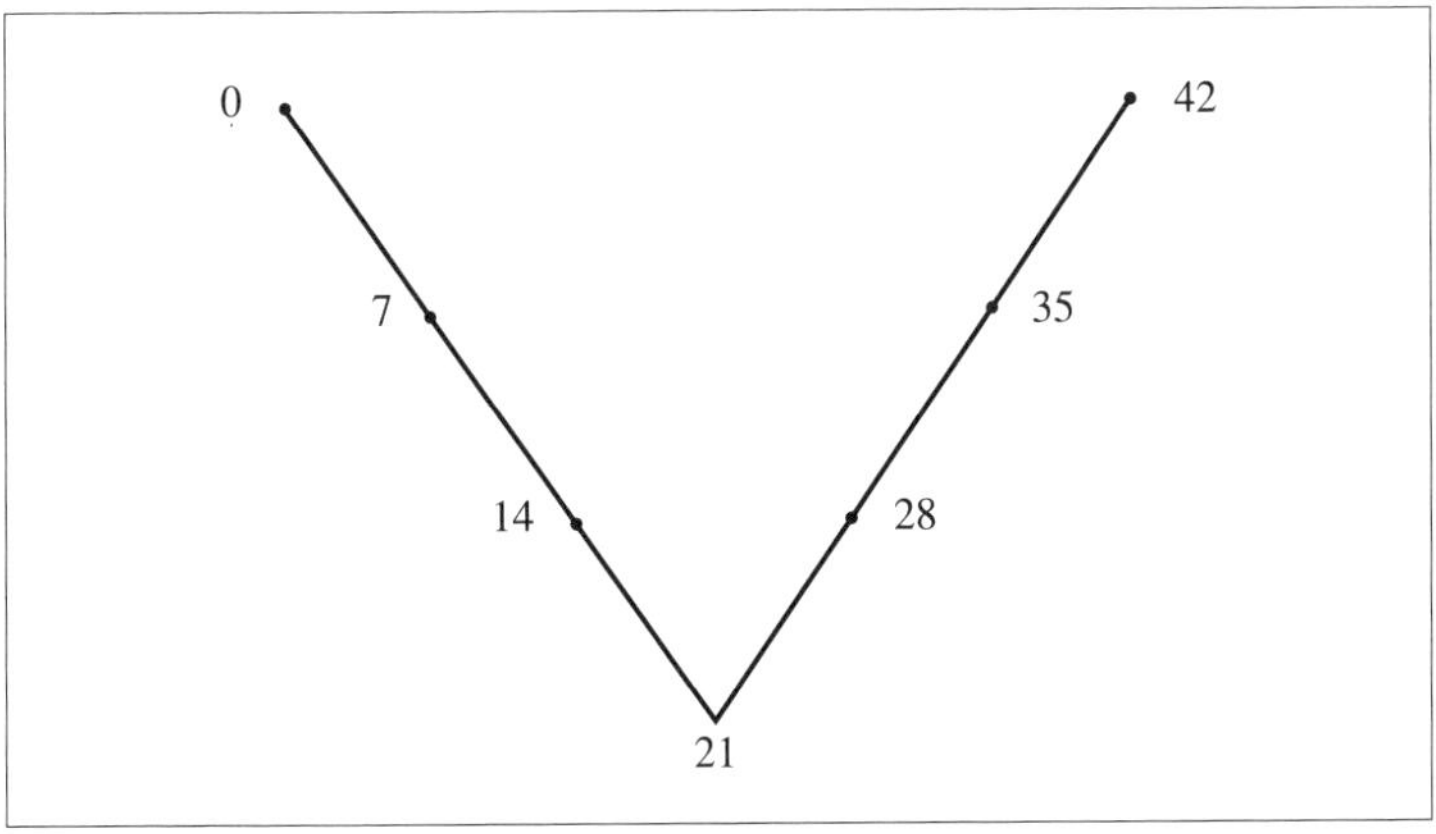

図 10　魂の鏡映関係

も時々非常に注目すべき出来事を見つけます。たとえば、私は四十七歳のときプールを作りたいという大きな欲求を持ちました。どこからそれは来たのでしょう？　これはとても説明しがたいことです。しかし、私の十六歳の頃を振り返れば、この時代私は水泳選手として活動し、激しいトレーニングを積んでいたのです。別の例をあげますと、九歳以来なかったぜんそくに五十四歳でまた悩まされていることに突然気がつくこととあります。

また、感情を見ていくこともできます。たとえば、それぞれの〈七年期〉を色で表すことができます。黄色を大きな喜びのときの色、暗い青は大きな抑鬱状態のときなどとすることも可能です。そして、どの色が鏡映関係《ミラーリング》の中にまた現れてくるか認めることができます。各人が、こういう作業で創造的になれますし、どのようにするかは自分で決めることができるのです。このようにバイオグラフィーを紙に書き記していく方法をとると、どの出来事が変容した形で何度も繰り返しているかみることもできます。たとえば、ある男性は九年ごとに仕事を変えていることに気づきました。そして、ちょうどそのとき三度目の九年のリズムの中にあり、彼にとって職場におけるすべてが大変になっていた時期でした。しかしすでに二度も職場を変えていたので、彼は「私は九年ごとに職場を変える傾向がある。けれども今回は前の状況を繰り返さない様にしたい」と言いました。それで彼は、自分の仕事場で起きている困難な関係を解決しようと努力しました。そしてしばらくの後、彼はこの努力が実ったのを感じたのです。

また私自身も、今の結婚生活の中で、以前の結婚生活でも体験した同じ要素が繰り返されていることに気がつきます。そして私がこのことを意識的に捉えていることにより、この要素に対して焦点を合わせて向かうことができます。おそらく今回は離婚にはいたらず、私は私の内側から問題に向かい、解決するようにできるでしょう。

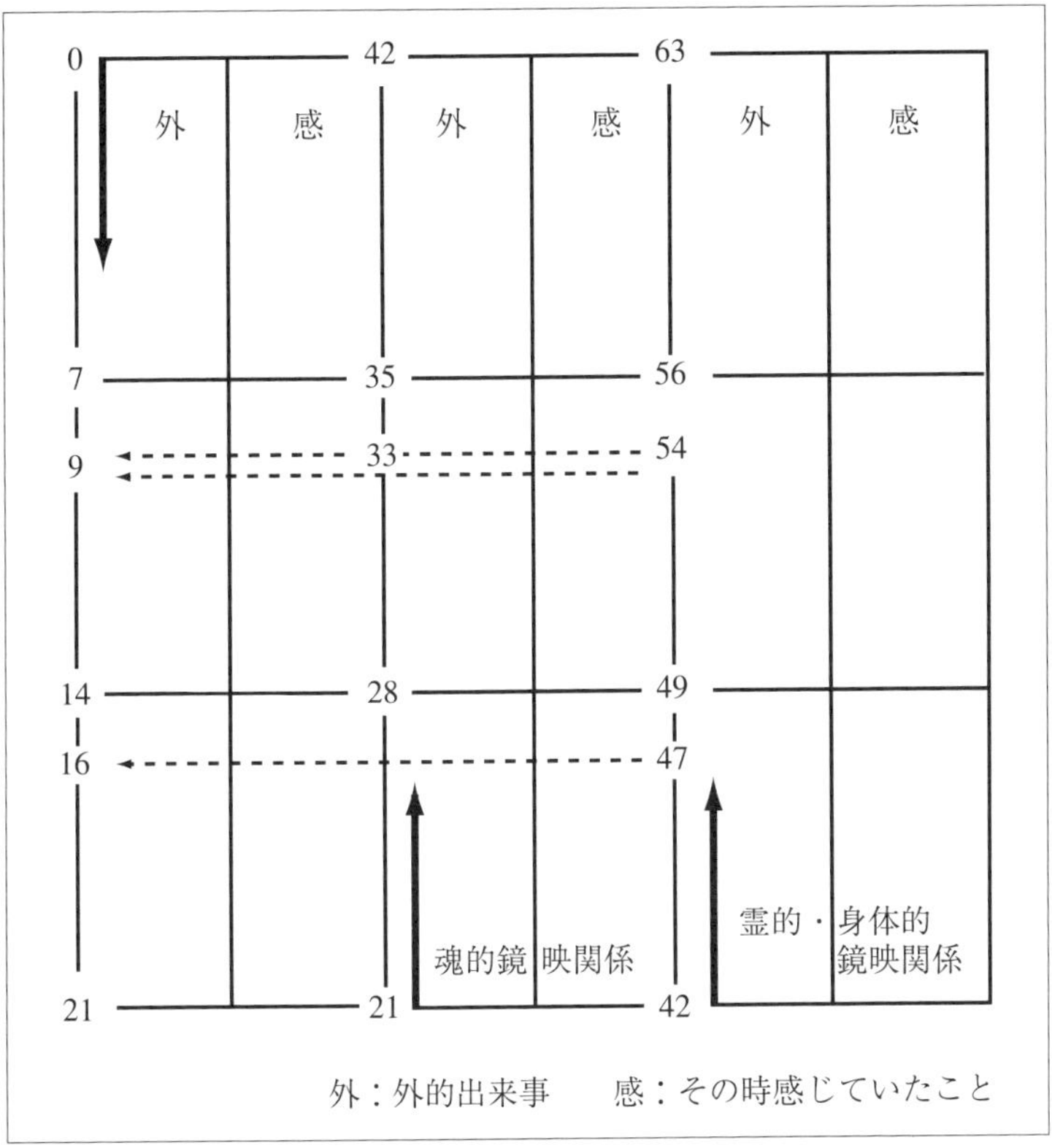

図11　バイオグラフィーの表

ある若い女性は、自分がいつも恋をしやすく、男性たちが寄って来やすいということに気づきました。それは彼女に原因があるのでしょうか、男性たちに原因があるのでしょうか？　彼女は自問しなくてはなりません。「私はこの状況を変えたいのか、それとも絶えずこれを繰り返すのか？」

あるいは突然次のようなことに気づいたとします。父が自分や姉妹たちにしたのと同じことを、自分もまた自分の子どもにしているのです。そして、この父のやり方がどれだけ自分にとって辛かったかという体験を何度もし、またどれだけの傷を彼に与えられたか知っているのです。自分はこの父親のモデルをさらに続けるのでしょうか、それとも、自分固有の人間関係と共生の形を育てることを試みるのでしょうか？

自分のバイオグラフィーを振り返ったある男性は、自分には青年期がなかったと思いました。なぜなら、彼はかなり若いときに働き始め、早くから責任を負わざるを得なかったからです。またとても若くして結婚もしています。今彼は四十歳を超え、彼の子ども、特に長男は青年期にあります。息子はたくさんの女友だちがいて、オートバイを持っています。そして陽気に楽しく日々を過ごしています。父親には自分の失われた青年期の思い出が蘇えり、ある意味息子に嫉妬します。父親自身もできたらもう一度息子の様に自由になって、様々な女友だちと一緒にオートバイで出かけたいと感じます。彼は、家から離れ、自由になり、この青年期をもう一度味わいたいという大きな要求さえ持ちます。さて、実践の場でこのような感情とどのように向かい合ったらよいでしょう？　勝手気ままに感情の赴くままにさせますか？　それともこの妬みを変容させ、息子とその世代に対する良き理解を持つようにしますか？　自分ではできなかったことを、息子がそのすばらしい青年期において体験しているという、そのことを喜ぶべきではないでしょうか？　多くの人々は人生において逃してしまったものについて語りますが、しかし本来何も逃したものなどないのです。その時期勉強したり、働いた

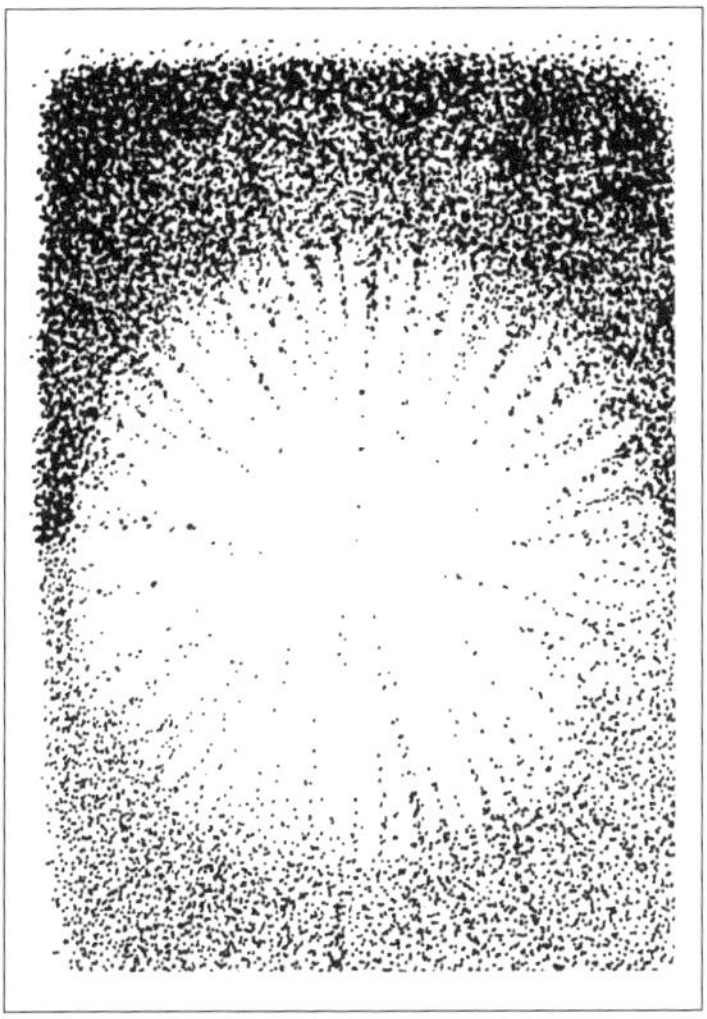

図 12－a　第 1〈7 年期〉の象徴的表現

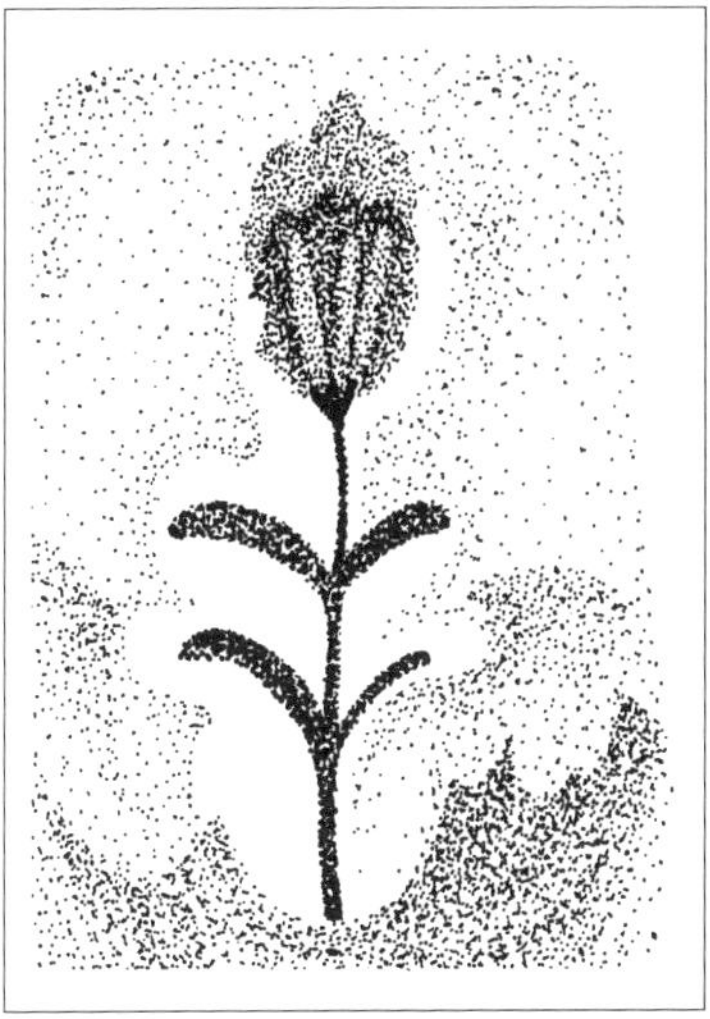

図 12－b　第 2〈7 年期〉の象徴的表現

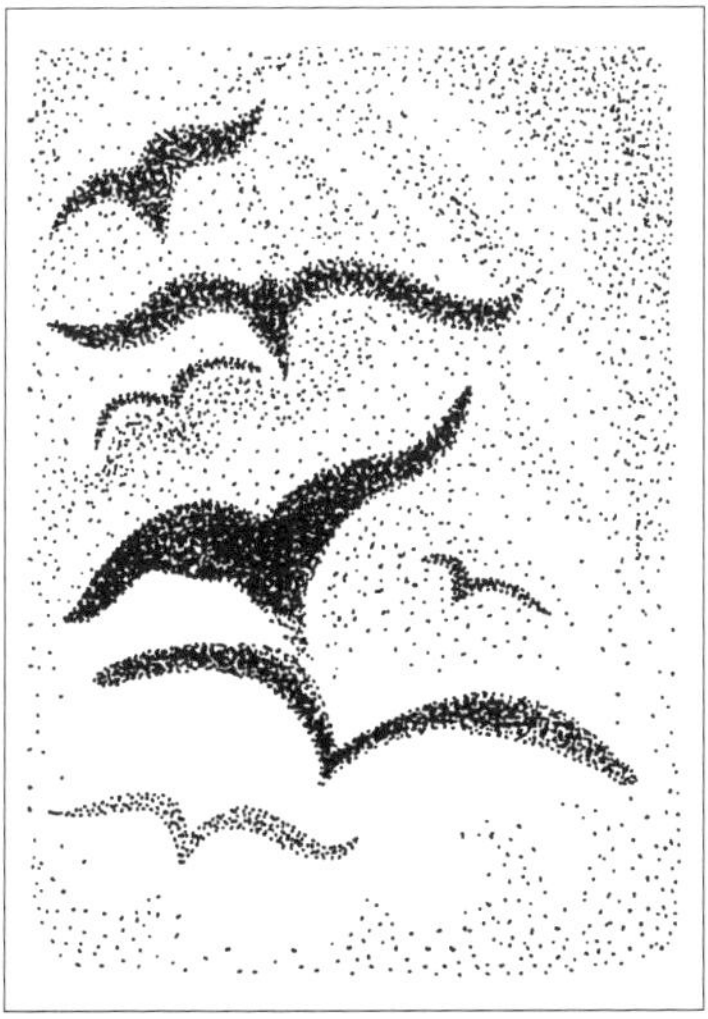

図 12－c　第 3〈7 年期〉の象徴的表現

りしていたなら、自分でそう思っている「逃したもの」の場所に別のものを置いただけなのです。誰も同時に二つの場所にいることはできません。たとえば、アメリカにいて同時にヨーロッパにいることはできません。ヨーロッパに生きた人は、アメリカを「逃した」という感情を持つ必要はありません。なぜなら、その人はアメリカでは体験できなかったことをヨーロッパで非常に多く学んだからです。

何のために私たちは人生においてその機会を持ったのか、そして私たちはそれを有効に使いきったのか、そしてそれで満足しているのかということに対して、気づいていくことを学ばねばなりません。多くの人々は常に満足していません。なぜなら、現在の状況をあるべきところと感じていないからです。あるいは、もしああだったら、こうであったらどうなったのだろうかと、空想しているのです。それが満足していないという感情を呼び起こします。そのような人々は何か後から取り戻さなければならないと考えます。実際、多くのことが取り戻されなければならないのは事実です。しかし問題は、どのような形でこれを行うかということです。四十五歳の男性が彼の十八歳の息子の様に振舞うのがいいのでしょうか、それとも「逃したもの」を彼の年齢に応じて取り戻す形があるのでしょうか？　彼はそれを変容した形で取り戻すことはできないでしょうか？

さて、自分の人生を見渡し、人生の出来事を並べてみた今、次の段階へ進むことができます。たとえば、あるバイオグラフィーのワークショップでは、記憶をたどって出来事を書いてみた後、自分のバイオグラフィーを芸術的な形で表現することを試みます。もし、そうする能力と時間があれば、これを絵や粘土で試みることが可能です。その際の課題を以下に紹介します。

それぞれの〈七年期〉を絵に描きます。すでにそれぞれの〈七年期〉についてまとまった概観を得ていれば、それを何か象徴として、あるいは色を使って紙に描いてみます。あるいは、それぞれの〈七年期〉の中からある場面や印象的な体験を選び、形や色を使って表すことも可能です。図12のaからcの絵はそのひとつの例です。この絵を描いた女性は最初の三つの〈七年期〉を、それぞれある象徴的な形にして絵で表しました。オリジナルの絵は水彩画で描かれていますが、この本のためにペン画に描きかえられています。

その次の図13のaからdと図14のaからdには具体的な体験が描かれています。バイオグラフィーワークの参加者には、どれだけ上手にきれいに描くかということにあまり意識を向けることをさせず、むしろ描くときにどんな内的な体験をしているかをよく観察させるようにします。図13を見ますと、この絵の描き手が事業主になったということがはっきりわかります。小さい頃から彼は機械装置が好きで、13aの絵では馬車が幼い頃の強い印象としてあります。次のbの絵では、彼は八歳のとき自分で水を送るポンプ装置を作り、お母さんは台所に水を得ます。cの絵では、彼は小さな農場を持っています。そして絵の下の部分に描いているように、工場を持ちたいという考えを持っていました。そしてdの絵では、工場を建てることが叶い、自分の計画が完全に実現したという感情を持っています。図14の絵を描いた若い女性の場合、彼女が大きな都市（サンパウロ）で生まれ、結婚し幸せな家庭を得たことがわかります。

バイオグラフィーワークショップにおける次の段階では、参加者はグループを作ります。それは自由に作られ、その中で自分のバイオグラフィーを分かち合います。その際、絵やメモを手にしながら、記憶を辿りつつ語るということを試みます。私たちのところでは、三人から四、五人、多くても七人ぐらいのグループに分かれます。大事なことは、それぞれの参加者が自分の人生の重要な要素を新しく蘇えらせ語るということです。その際、自分が大切だと思うことを語るということは個人の自由意

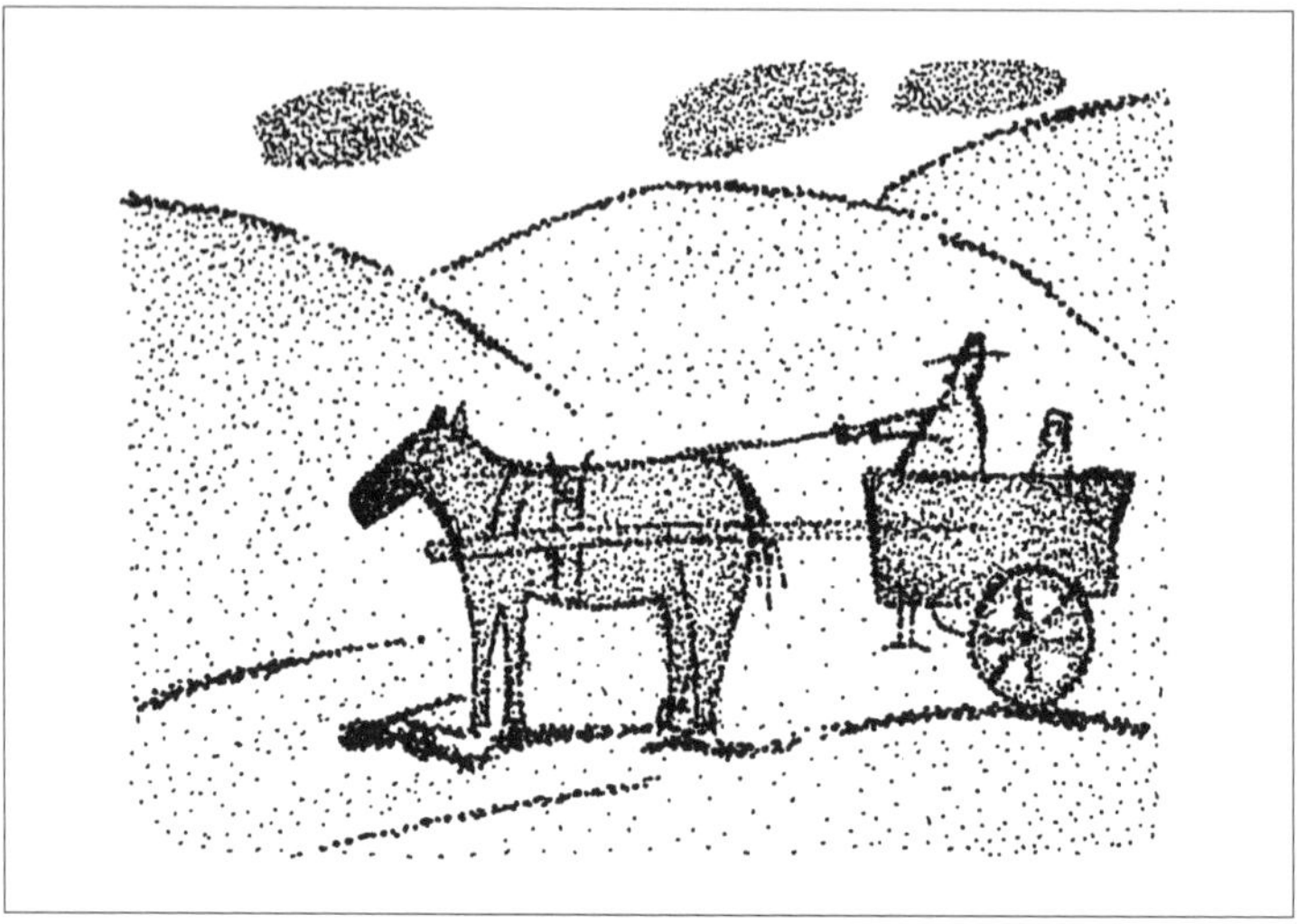

図 13－a

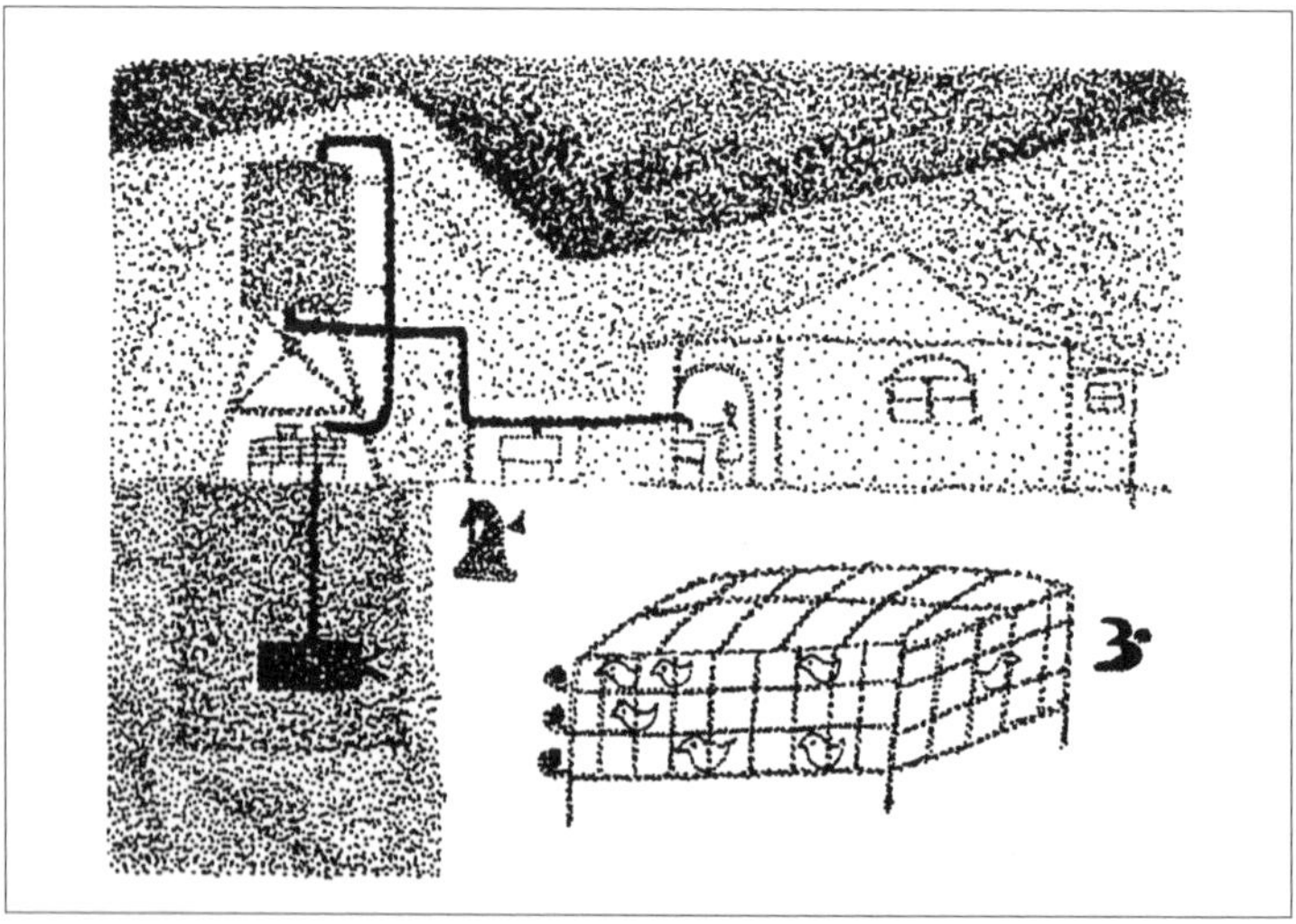

図 13－b

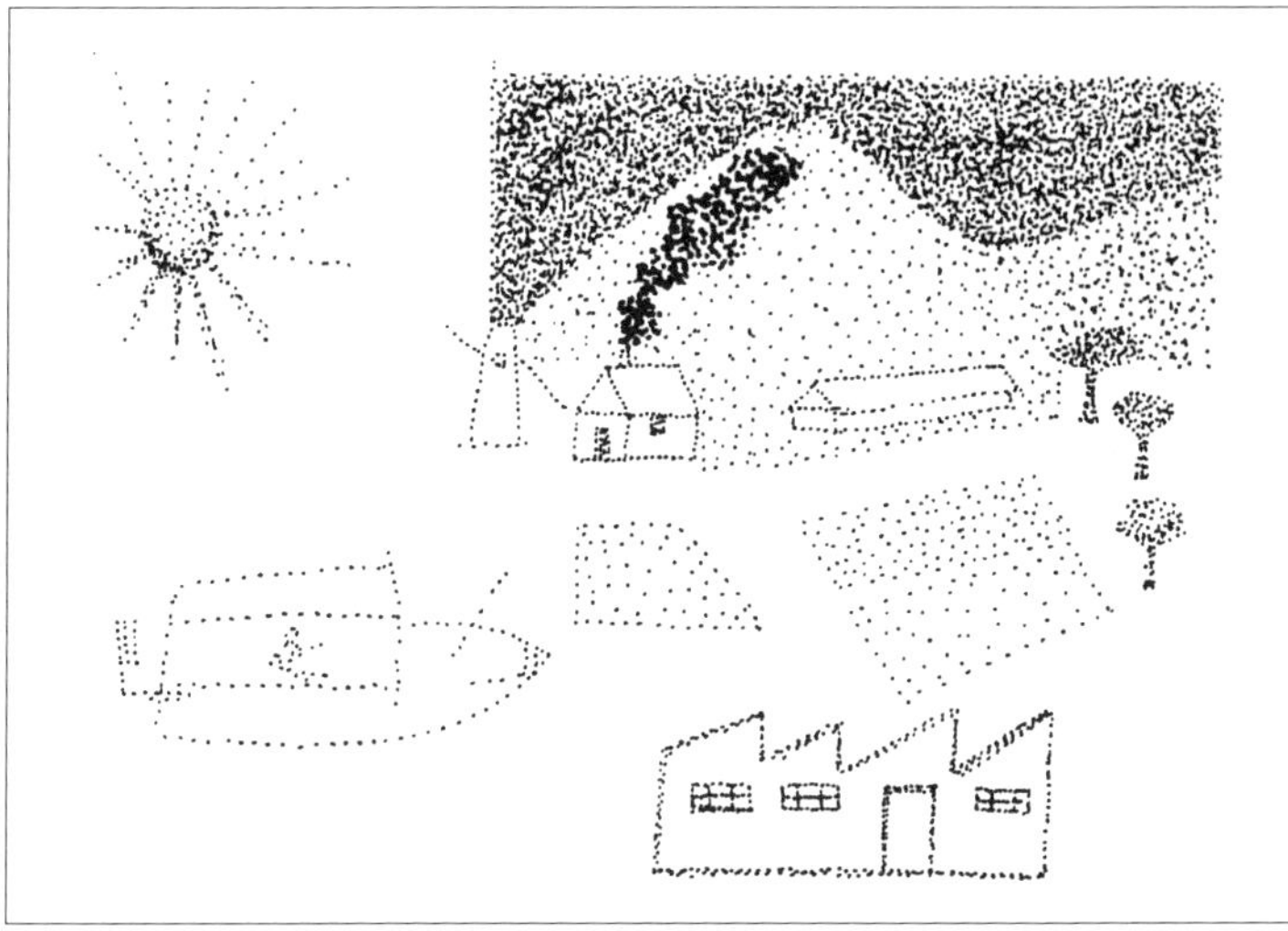

図 13 − c

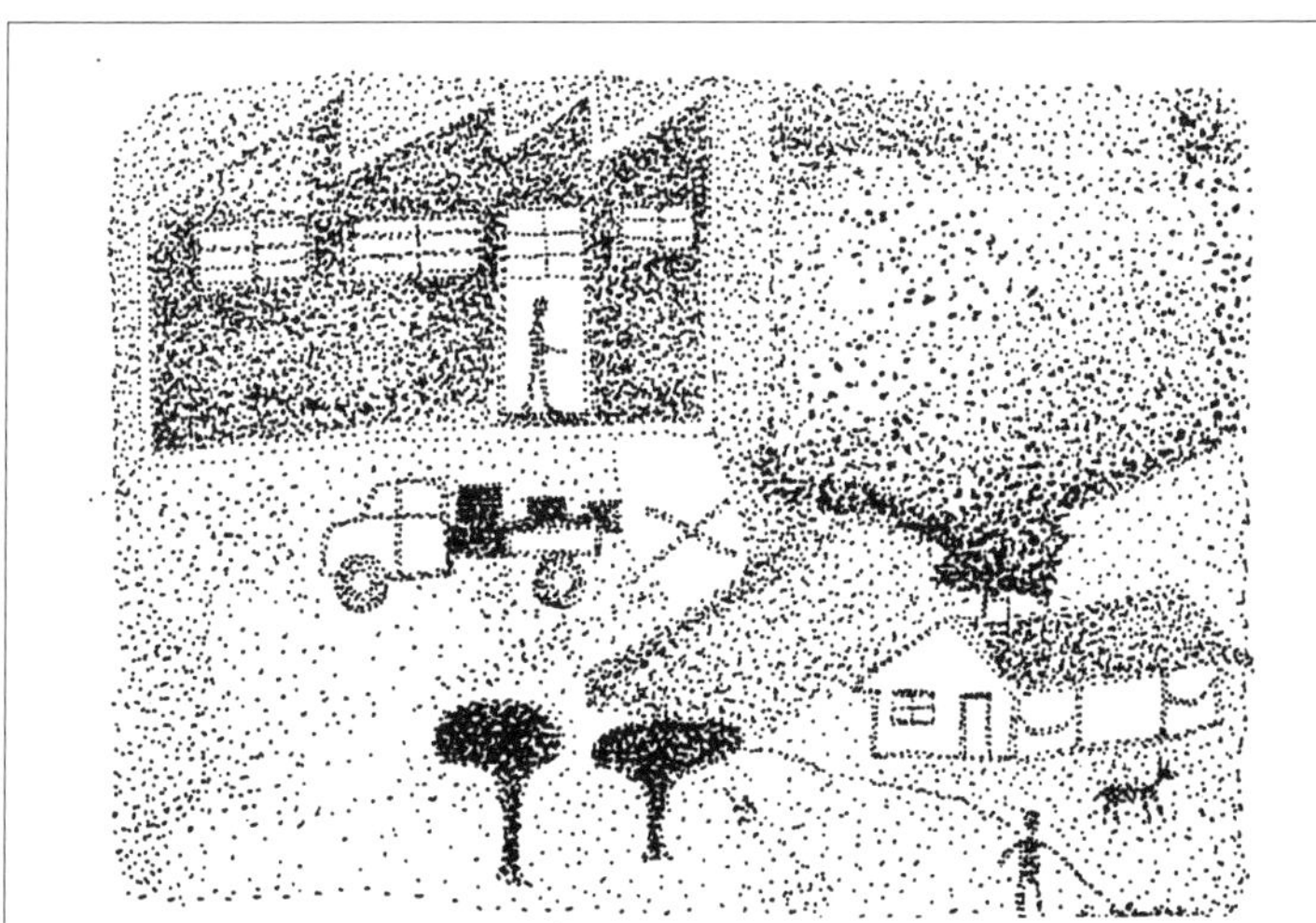

図 13 − d

図 14－a

図 14－b

図 14－c

図 14－d

志にまかされます。とりわけ、その人が自由意志で分かち合いたいことのみを語ればよいのです。

そのようなグループワークの際に、ある人の語ることが、それを聞く人々の記憶や感情を呼び起こすということを体験します。いわば、それぞれが自分の内部で目覚め、自分自身のバイオグラフィーをよりよく見通すことができるのです。特に重要なことは、参加者の互いに向き合う姿勢です。驚嘆とあたたかい関心への態度と姿勢をグループの中で育てるように試みます。それぞれの人が自分のバイオグラフィーの主人である様子、また、それぞれが自分の問題を解いていく様を私たちは体験します。そして設問を通して他の人は、より明瞭な意識を持つことができます。私たちは、他者に耳を傾け、その人の言葉に表され、開示されようとすることに耳を澄まし、それらを認め、理解しようとすることを学ばねばなりません。これがひとつの観点です。もうひとつの観点は、可能な限り明確に表現すること、聞き手に届く言葉を理解し易い表現にするよう努力することです。その際、あまりに細部にとらわれたり、自分自身についてより父親や兄弟について語ったり、本題から逸れないということも大事です。むしろ語る時には、より自分自身に集中することです。グループワークの際にはある温かい雰囲気、巣の中のような温かさを作り出すようにします。そうした温かい雰囲気の中で、参加者が非常に大切にされているという感情を持つのです。参加者は自分の限界を感じることもあります。しかし、グループの中で分かち合いがなされるときの開かれた雰囲気を通して、他の人に信頼をおいてもよいのだということに気がつくのです。グループの中でより自分を開いてうちとけて語れば、信頼を通してバイオグラフィーへの考察をより深く持つことができるのです。

それぞれの参加者には時間の制約があります。できるだけそれを守るようにします。グループは、他者を知覚し、その人に耳を傾けるという課題を持っています。そしてグループ全体で鏡を形成し、また、語る人はグループ内で自分の人生を語っている人にとっての受信の器を形成します。

に自分の人生の体験を贈り、そうして同時に受容の役割がグループに与えられています。自分のグループに人生を語る人には、過去の要素を絶えず現在の状況と結びつける必要性が生じます。私たちはまた、グループ内で語られた人生を解釈したり批評したりすることを避けるよう努力しなければなりません。

時々グループのみで作業します。「アルテミージア」で私たちが担当している多くのグループには、一人の進行役がついています。その人は、時間を調整し、設問設定によってグループワークの流れを助けるという目的だけを遂行します。

今、グループワークについて記したことと同じワークは、個々の人とのワークでも可能です。つまり、患者とセラピストの面談としてということです。もちろん、ひとりひとりが自分でやってみることも可能です。

私たちのセミナーは四日から七日間行います。そうすれば時間を分割する可能性が得られます。たとえば、毎日二つの〈七年期〉のワークができますし、あるいは三段階に分けたひとつの段階（つまり三つの〈七年期〉）を通してやることもできます。そして、人生の出来事を書いた大きな紙を作成し、絵を描いたり、グループでの話し合いをしたりという作業をします。最終日前日には現在まで来ていなくてはなりません。絵を描く際に、今までお話したようにもできますが、現在の状況を新しく描くという課題を設定することもできます。絵を描く際には、これまでにやってきたように、現在の状況を性格付けている特別な場面であるとかシンボルを選びます。最終日には参加者は未来を絵で表わすことを試みます。つまり、どこへ私は行きたいか？　あるいは、未来の私の人生の風景はどう見えるか？　というような意味の内容です。

その時に新しい練習を取り入れるとしたら、自分自身をそれに相応しい植物の形態で表わしてみます。そしてその絵はグループの中で次から次へとまわっていきます。その際他の人たちがその絵に対して小さな「贈り物」を与えるようにします。たとえば、その植物の絵に対して、太陽や雨、草むらの色とりどりの花、その植物に水をそそぐ庭師であるとか、そのまわりにいる人間たちなどなど（図15ａからｃ参照）を描きます。当事者本人によって最初に描かれた植物を、他の人々は変えてはいけません。植物のまわりの「風景」が与えられるのです。他者を批評することは簡単です。人はどちらかというとその人を変えたいと思います。しかし、（絵の背景を描くことによって）その人の価値を強調すること、あるいはその人が必要とするものを与えることは、とても難しい社会的な課題です。この練習は社会的な能力を鍛えるものでもあります。どの参加者も、その人に何か喜んで贈り、そのことによりこの植物が未来において成長するようにという考えからそうしなければならないのです。そしてその後、この絵についてグループの中でも話されます。どの人も、その人に何をどうして贈ったかを語ります。その前に、絵を描いた人はどうして自分のバイオグラフィーにこの植物を選んだのか言うことができます。この練習をしますと、非常に興味深いことが起こります。そして社会的要素が強く求められます。

他者に贈ったこの贈り物がその人によって受けとめられ、はたらきかけられることもあるでしょうし、あるいはないかもしれません。次の日、未来についての課題を行うとき、自分の目的を設定するのに、この贈り物はつけ加えられます。そして皆、もう一度自分の植物と将来実現したい自分の風景を描きます。それらの絵を解釈したり、批評したりすることを避けます。自分の絵を描いた多くの人は、突然ある洞察を得ます。受け取った「贈り物」が開いてくれた新しい見地から、気がつくのです。自分の木に根っこを描かなかったとか、自分の植物を絵の端のほうに描いたとかです。別の言葉で言いますと、自分の絵に描いたことすべてを自分は違うように、そしてより良くすることが可能だ

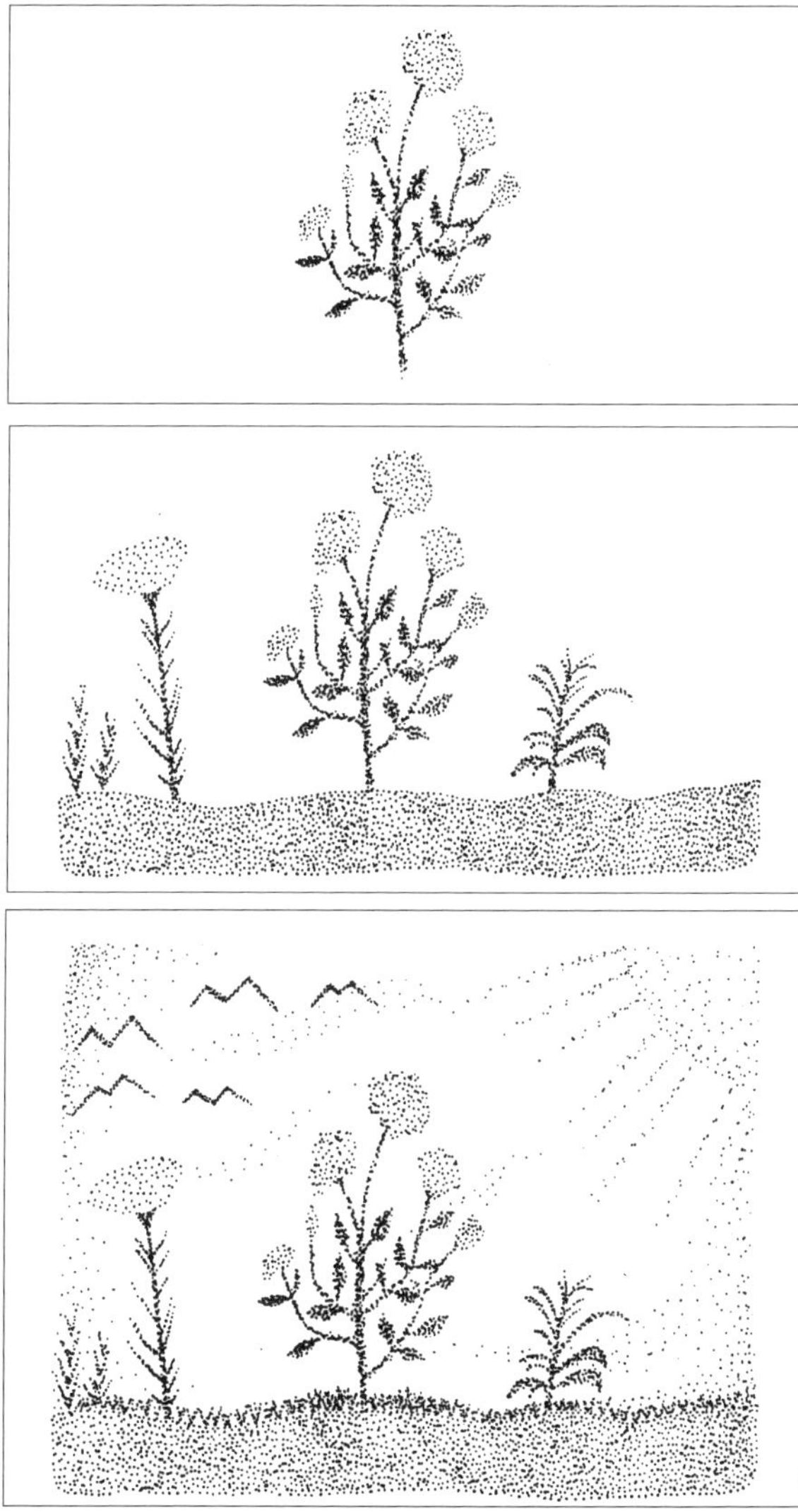

図 15a-c

という認識に至るのです。そのように、グループワークの最終日の前日、つまり「贈り物」の日がコース全体の頂点となります。何故ならこの瞬間、グループにおける共同作業の成果が見えるからです。「私の名のもとに二人か三人かが集まったとき、その真ん中に私はいる」[52]という言葉を、グループワークの幾つかの瞬間に本当に体験できるのです。そしてこの実りある要素が、ありがたいことに非常に治癒的に活性化させるはたらきがあるのです。

また、次のような練習をすることもできます。現在の状況についてのワークにとりかかる前日、どの参加者も眠る前にもう一度グループの人々を集中的に思い浮かべます。そしてそれぞれの人に対して、大きな意識を与えて助けるような問いかけを考えます。四人のグループであったら、どの参加者も三つの問いかけをもらうことになります。翌日、「絵の贈り物」と共にその問いかけについて語られます。バイオグラフィーワーク全体の中で、「バイオグラフィーセラピスト」にとって正しい問いかけを発するということが大切です。

バイオグラフィーについてのざっとした概観を得たいとしたら、一枚の大きな紙の代わりに、次に示す図式を使うことができます。図10の図式はどちらかというと四十二歳以下の人に適しています。ここでは様々な鏡映関係《ミラーリング》についての概観をすぐ得ることができます。図16の図式は四十二歳以上の人に適しています。これはまた三十五歳以降の時期を見るのにも役に立ちます。そしてこの図式の構造には図10とはいくらか異なった要素を見出すでしょう。ここには一方に受肉の過程があり、もう一方には離肉の過程があります。三十一歳半の時期がそれの真ん中にあります。これは私たちが身体的に最も深く地上と結びついている点です。この時期多くの出会いと出来事が起こることに気がつくでしょう。

四十二歳を鏡映関係《ミラーリング》の基点としてとる図式もまた助けとなるでしょう（図17)。ここでは、私たち

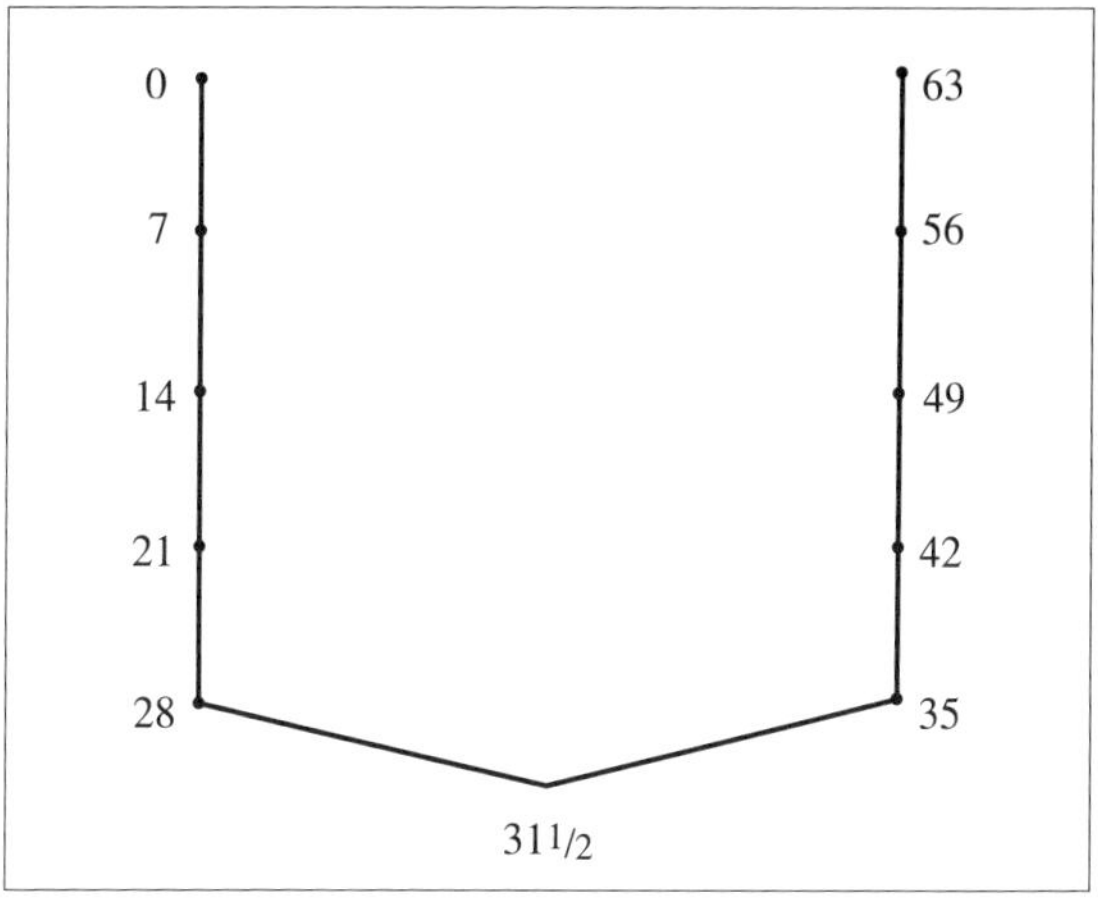

図 16　霊的・身体的鏡映関係

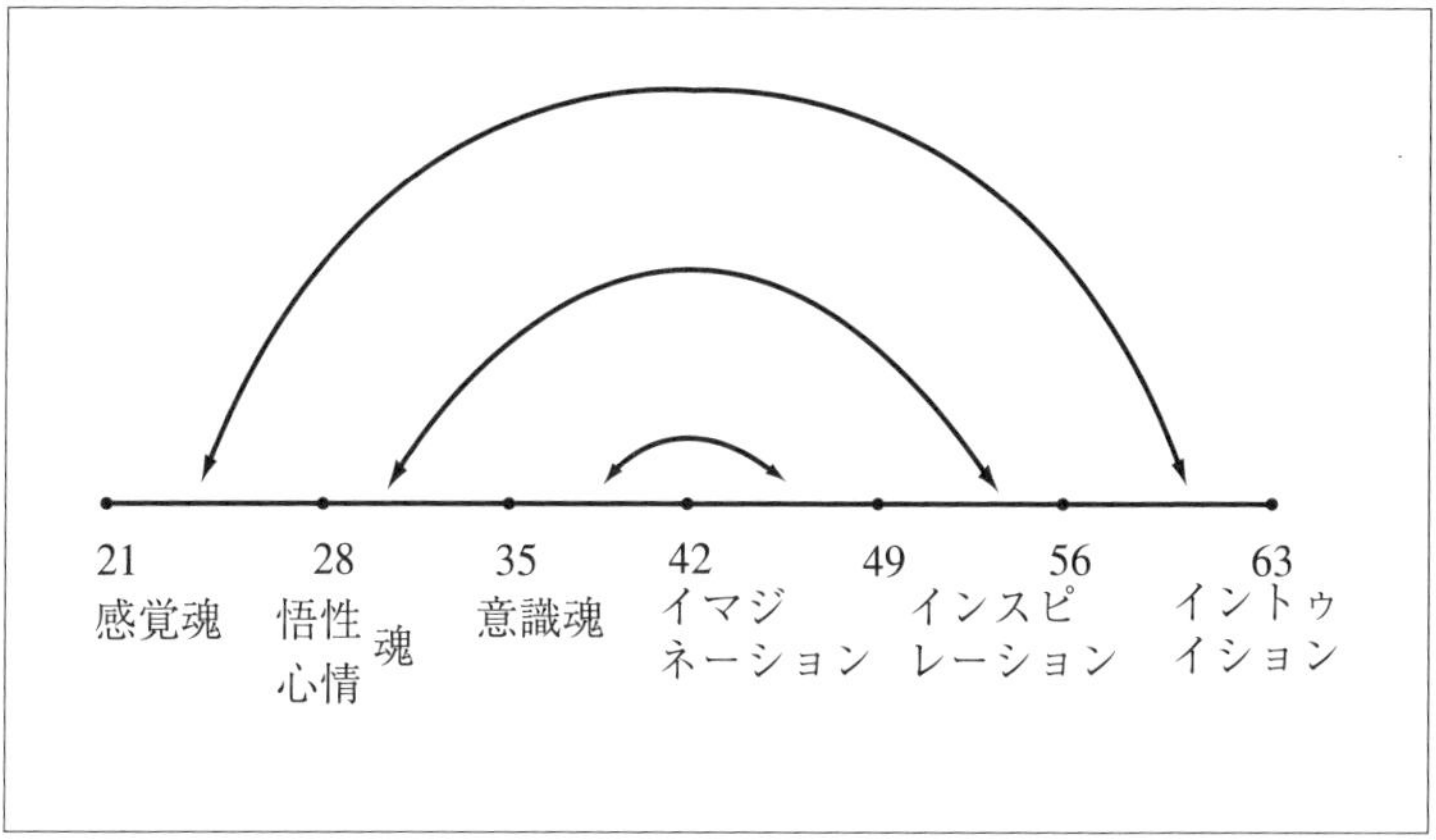

図 17

の魂がしだいに私たちの霊の被いとなっていく様子がはっきりしてきます。つまり、私たちは二十一歳から四十二歳までの間に魂の三つの部分（感覚魂、悟性あるいは心情魂、意識魂）を変容させるようにはたらきかけ、これらが私たちの霊を包む被いになるようにするのです。イメージ豊かに表わせば、私たちの宝石、つまり魂は磨かれ、四十二歳から六十三歳までの間に霊的宇宙的なものを曇りなき様に映し出すことができ、これらの魂の三つの部分からそれぞれイマジネーション、インスピレーション、イントゥイション(53)の力を発展させることができるのです。

「アルテミージア」では、バイオグラフィーワークの別の形を発展させました。それは既に基礎的なバイオグラフィーのコースを終えた参加者によって導かれました。同じ図を用いますが、しかし人生の出来事ではなく、人生での出会いを見ます。こうした形のワークから参加した人々が得た洞察は、自分の人生の運命と個性は、人生で出会った人々によって形成されたということです。そして次のような問いかけが起こります。どのように、この人あるいはあの人は、誕生からこの今の瞬間までの私の運命に影響しているのだろうかと。

私たちはこのワークを、ルドルフ・シュタイナーが一九一八年十二月十二日の講演「人間における社会的、反社会的衝動」の中で示しているような練習から出発しました。私たちは人生において出会った人々を思い出します。そしてまったく客観的に、反感や共感から自由になって、またその人が自分に良いことをしたか、悪いことをしたかに関係なく、みてみます。その人をたとえば植物などに喩えて、自分の人生の絵に描きこみます。続いて、自分が現在の状況の中で関係しているすべての人々を入れて、一つの宇宙を描きます。ここで、どの人たちが近しい関係で、どの人たちが遠い関係であるかわかるように、何かの印で描きます（図18）。そしてその関係が身体的か、霊的あるいは魂的に近い関係であるのか、または仕事の関係であるのか表わします。私たちはこれを行うのに非常に創造的になることができ、これらの人間関係の絵を見渡すことで多くの新しい決心が可能になります。そしてまた、これらの関係の中で、どの関係が単に外的に引きずっているだけの死んでしまった関係かということもわかります。私たちが将来新しい関係を作りたいときに、おそらく自分の人生に新しい星が登場することが可能な空間を作り出さなければなりません。それはまた新しい重要な目標を設定することでもあるのです。

一本の木を描いて、どの枝が枯れていて切られなくてはならないか、未来に新しく成長させることが可能な芽が意味しているものは何かと観察する練習は既に紹介しました。

さらなる目標として、もう一度古い関係を見直し、その古い関係に調和と均衡をもたらすこともあるでしょう。それはとりわけ重い病にある人々にとって実り多いということが示されています。彼らは自分の運命に、均衡をとるような何かがまだもたらされなければいけないと感じているのです。そのことが可能となれば、これらの人々の多くは自分の人生の終末を平安に見る事ができるのです。

バイオグラフィーワークのこうした更に進んだステップでは、絵画を用いた練習は次のようにすると良いでしょう。

自分のバイオグラフィー全体を川の流れとして一枚の大きな紙に描きます。その川は様々に異なった風景の中を流れて行きます。時には、川は大地の下に消え、それからまた現れてきたりします。山や谷を通って流れたり、荒果てた地を流れたりなどします。それから、この人生の道で出会った人々をその絵に描くこともできます。それぞれの出会いのあり方により、この人々を人間の形で描いたり、何かあるシンボルとして置くこともできます。またはある特徴的な植物に描くこともできます。この作業もまた私たちに洞察を与えてくれ、自分のバイオグラフィーを深め、体験した出来事を客観化することの助けとなります。

また、自分のバイオグラフィーをメルヒェンの形式に変容させるという課題も良く行います。これは時々非常に素晴らしい成果を得ます。例えばバイオグラフィー8で見た、あるメルヒェンの形になったバイオグラフィーのようにできるのです。バイオグラフィーを用いるセラピストもまた、この手段を取る事ができます。自分の人生の像を全体として再度見ることで、自分自身や他の人に対する固定観念を取り去る大きな助けとなることがあります。私たちのところでは、これは何年も精神分析を受けてきた患者とよく行います。彼らはしばしばある解釈に全く囚われていて、そこから自由になる事ができないでいるのです。もし、彼らが自分のバイオグラフィーの全体像について自由な眺望を得る事ができたなら、それは助けとなります。バイオグラフィーは大きな人生のパノラマあるいは大きな姿として感じ取られます。どの人も次のように感じる事が重要です。

「私のバイオグラフィーの姿はどのように見えるだろうか？　私の人生の課題は何だろうか？　私のバイオグラフィーの中で赤い糸はどのように続いているのだろうか？　私の中の何を私は変えたいのだろうか？」

私たちが自分の人生の姿や、バイオグラフィーに流れている動きの質を理解すると、私たちは自分の運命をより良く引き受けることができ、自分の人生全体を未完成交響曲として作曲することができるのです。

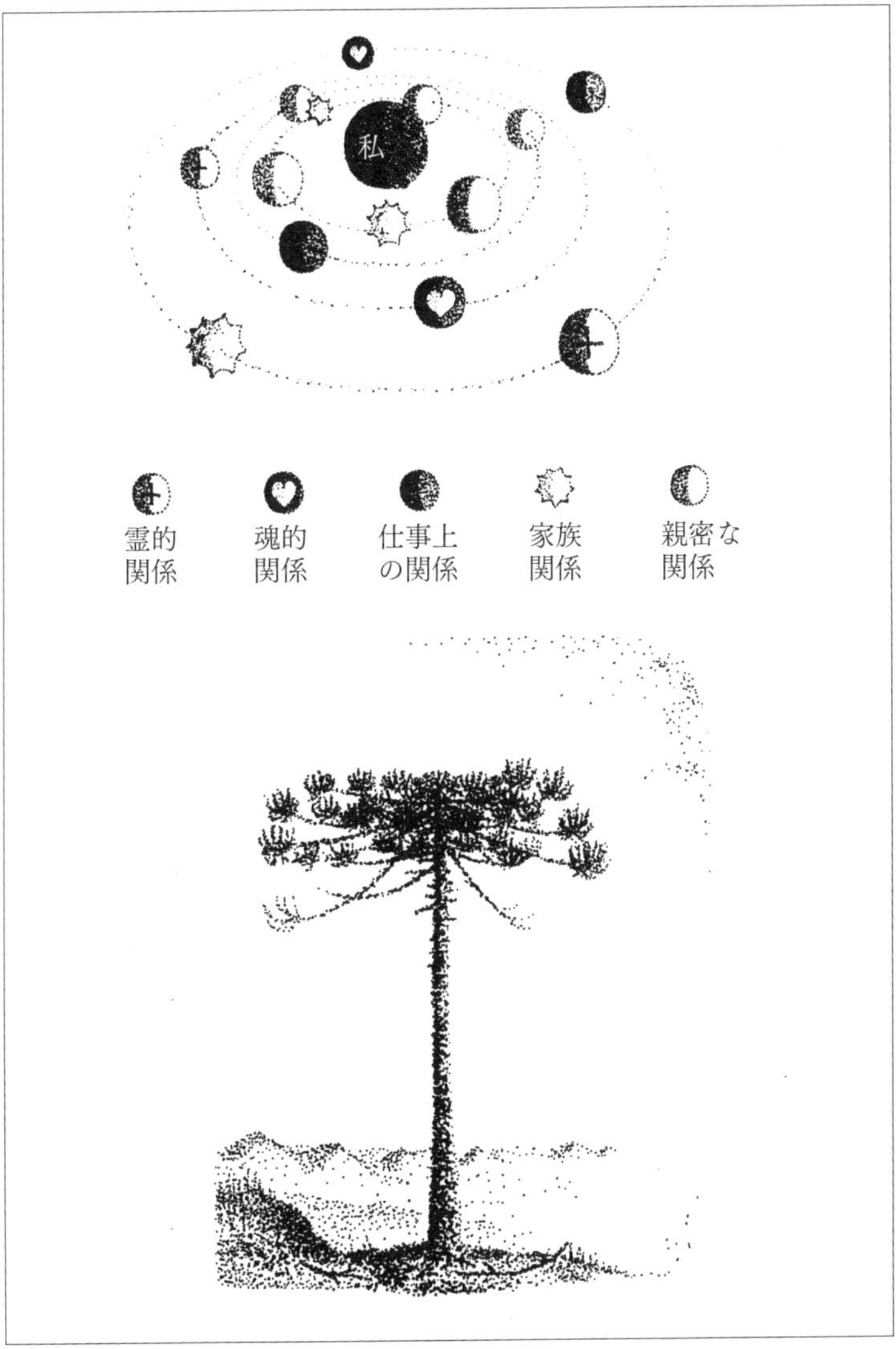
私
霊的関係
魂的関係
仕事上の関係
家族関係
親密な関係

図 18

宇宙巡礼者

ルドルフ・マイヤー(54)

いつか私の亡骸を運び出すときに、「永遠の眠りに――」と言わないで、
墓には巡礼の装束と山靴を入れてくれ!
三日間私は休む。それから道を歩き始める。
ここは氷で、あそこは灼熱、霊界の小道は細い。
高山の空気はすばらしく、やがて私は元気になろう。
私の歩みはしだいに地上から離れ、七つの星を巡っていく。
私はシミで汚れた地上の衣服をまとっていた。
それは月の潮のしずくに洗い清められるだろう。
銀の痕跡に忠実に、贖罪の道を私は行くと
水星が羽のついた靴を借してくれる。
道程の疲れは楽しい霊的な飛翔に変わる。
金星の恩寵は光り輝いて、巡礼者を若返らせる。
薔薇のごとき灼熱に変容され、百合のごとき無垢な子どものように
太陽の門をくぐって、人間の魂が戻ってくる。

太陽の天使が合図する、「槍と楯を受け取れ」と！
広大な火星の領域が宇宙の闘いへと呼ぶ。
人間の霊であるおまえよ、宇宙の霊へと目覚めよと。
木星の輝きがおまえの光をあおりたてる！
死と生がひとつになり、土星が永遠の宝を護る。
沈黙から誕生が成熟する、「初めに言葉ありき」。
宇宙の言葉がすべての星の領域から響き渡る、
永遠なる霊の姿が死から分たれるために。
そのように人間の霊が育ち、神の光に満たされる、
地上への愛の衝動で再び戻ってくるまで。
人間は「永遠なる眠り」を知らない、ふさわしいのは巡礼の衣、
それにそろいの山靴が、運命の道行きに整えられている！

8　人生の動機――目的を持つことの意味

どの人も内的に次のような問いを持っています。

「私の人生の動機は何だろう？　私の課題は何だろう？　私の使命は何だろう？　どのような能力を私は持っているのだろう？　どのような困難と闘うべきなのだろう？　私の人生の中でどうしていつもある状況が繰り返されるのだろう？　私の人生の糸、赤い糸はどのように通っているのだろう？」

私たちは本来、二つの世界、つまりこの地上世界と、天上世界あるいは霊的世界の二つの世界の住人であると明らかにしておかなければ、これらの問いに答えることはできません。私たちは一方で、生物学的に身体を持ち、それは地上的本性を備え、遺伝の系譜に従っています。他方で、私たちの内にはより高次の自我が息づいていて、それは霊的本性を備え持っています。今日依然として多くの人は家系図をはっきりさせたがりますが、私たちの遺伝的素質が祖先から続く長い歴史に拠っているように、私たちの「自我」もまた長い歴史を持っているのです。それはあるときは地上にて起こり（つまり私たちが受肉と呼んでいる地上生活のことですが）、あるときは宇宙で起こります。宇宙における時間を、冬、大地の中に潜みながら、春になって芽を出し成長するのを待っている種に喩えることができます。あるいは、部分的に大地の底を通る、目には見えない川にも喩えられます。輪廻転生の教えは、今日の、現代人の意識のために、ルドルフ・シュタイナーによって新しい形で提示され、それは彼の多くの講演録や本で読むことができます（参考文献35から37参照）。

人間本性の地上的そして霊的流れは、受胎と誕生によってひとつになります。宇宙において個的本性は、まだ霊的な萌芽の状態で、長い時間をかけて、地上的存在になる準備をします。遺伝の流れは身体の体質的な素質をもたらし、私たちは霊的萌芽として、遺伝の系譜を探します。それは、私たちが自分の霊的意図をこの地上で実現するための、身体的道具として用いるのに相応しい体質を持っている遺伝の系譜です。例えば、自分の才能を地上では音楽という形で拓くということが意図としてあれば、良い聴覚を提供する体を探さねばなりません。あるいは、医者としてはたらこうとすれば、それを可能にしてくれるような家庭に生まれなければなりません。

自我は誕生前の意図、この地上で実現しようとする意図を持ってきます。そしてその意図を実行に移すように、自我は特にある特定の素質を宇宙的な存在から持ってきます。ある素質は黄道十二宮の領域からきます。私が射手座に生まれるか、あるいは蟹座に生まれるかは、私の人生の姿勢において決定的な違いを生みます（参考文献29参照）。別の素質は惑星の領域から来ています。いくつかの例を挙げると、おそらく行動的・進取的能力を持っているのはより火星の質が強いからであるとか、あるいは、ひとつの事柄を深く追究し、探究的性質へ導くのは土星の性質だからということになります(55)（参考文献27と28参照）。また別の素質は気質と関連しています。自分の気質は、より火の要素か、あるいは水、風、地の要素かと分けることができます。

私たちの個的本性は、これら四つの領域の影響下にある素質を持ってくるのです。つまり、黄道十二宮、七惑星の領域、四つのエレメント、そして肉体的体質（遺伝の流れ）の四領域です。これらはいわばひとつの楽器の四つの側面です。自分の人生の音楽を響かせるために、私たちの個的本性はその楽器を奏でるのです。これらは生まれつき持っている素質で、それぞれの人生の動機をこの地上において実現することを可能にしているのです。

このような素質を前から持ってくる一方で、私たちは外的な人生の諸条件に出会います。私たちはその中に生まれてきます。環境、土地、言語、両親の家、家族、教師、学校、社会、文化、時代です。これらすべての状況が私たちの個性の形成を担っています。そうして二十一歳になると、私たちは人生に対しての準備が整い、パートナーや職業、仕事場を見つけ、他の人々と出会い、その出会いにより心理面も成長していくのです。

三十歳を過ぎてくると、私たちの人生の意図はより実現へと向かいます。それまでは特に、自分の才能を発揮し花開かせることへと、私たちの目は向けられるべきです。これがうまくいくかどうか、そして個としての自分の存在をリアルに感じることができるかどうかということは、もちろん私たちの内的力や忍耐力、大なり小なりやってくる外的障害と関係してきます。

地上での生を通して、私たちの才能はしだいに能力になっていきます。多くは、よく喩えて言われるように、「袖を振り払うごとく」楽々とやっていけることでしょう。それらは私たちの自我がいわば前の人生から持ってきたことです。それ以外の能力を、私たちは苦労して修得せねばならないのです。

二十八歳前後の頃、独創性は内側から新しく形作られねばならないということをすでに見ました。このとき、ある才能は置き去られ、そして別の才能は人類に実りをもたらすために、変容されるのです。私たちは自分の課題を充たしていき、そのために自分の素質を変化させます。私たちは「人間である」という人生の大きな時期にあります。新しくやってくる事柄は、練習され学ばれなくてはならないのです。特に、仕事や人との関係における障害や困難とどうつきあっていくかということがあります。外国語の新しい単語を覚えるとか、ピアノの曲を練習するというときに、おそらく皆さんはすでに経験されたことがあるでしょうが、その日に苦労して練習したことが、次の日には変容した能力として現れ、全てはずっと容易に運ばれていきます。どの学びの道もこのような変容の上にあるのです。練習することで能力となるのです。しかし、ひとつの人生で練習することすべてが、いつも能力として変容するわけではありません。それでも、私たちが行なった努力は決して失われず、守られていくということを知っておくのは大切です。人生後半で実らなくても、次の人生で果実として担われていくのです。

私たちが意識的に「人間として成熟」する人生の段階を形作れば、より大きな豊かさの中で未来、とりわけ老齢期を眺めるのです。なぜなら次の人生のための新しい才能、新しい動機、新しい独創性が生まれるからです。一日と一日の間に夜があり、多くのことがその日から次の日へ眠りの中で変容されるように、そのように大きな宇宙的な夜というものがあり、そこで、前の地上生活で練習されたこと、体験し学ばれた経験が、新しい才能や能力、動機へと変容されるのです。私たちの意識が伴った、日中のバイオグラフィーというものがあり、それはバイオグラフィーの一部です。そして私たちの通常の日常意識では捉えられない、夜のバイオグラフィーというものがあるのです。死後（それは大きな宇宙的な夜が始る時ですが）初めて、私たちは全体を見通して、自分のバイオグラフィーの内容を全体として完全に体験するのです。

溺れる人や、あるいは別の何か衝撃的な体験をする人（例えば生き埋めになる、手術を受けるなど）は、人生のパノラマを体験することがあります。人生全体が数秒の間に見えるのです。どの人も死後、自分の人生をパノラマのように見る時期を体験します。それからカマロカ（煉獄）を通り、様々な惑星世界を通り過ぎます。多くの書物の中でルドルフ・シュタイナーは繰り返しそのことを言っています（参考文献33、34、39を参照）。死後たどるひとつひとつの段階は直接的に、次の受肉における人生に影響します。すでに述べたように、七年周期のリズムというのは、私たちの個的本性が死と新しい誕生の間に惑星界を経過した結果であるのです。そしてそれぞれの人生の段階で、それぞれの惑星の力の影響が見られるのです。

私たちが生きている時に、自分のバイオグラフィーについて、意識的に全体像を得ることができればできるほど、死後、より意識的に自分の人生の果実と過ちを見ることができ、別の力で未来を形作ることができるのです。なぜなら私たちが地上で得たものは、死後変容されるからです。カマロカの時期によって、私たちが他の人に与えた損害に調和をとろうとする衝動が形成されます。そうして、その人に新しい人生でも出会う必要性が生まれるのです（参考文献33、36、37を参照）。

私たちが人との出会いを、出会うひとりひとりが人生においてどのような意味を持っているのかという視点から眺めると、その人との関係を築く上でより明確になります。過去と未来はいつも手をとりあっているのです。そして、過去が一方から私たちの人生の道を決定するように、未来も別の方向から私たちのバイオグラフィーを刻むのです。人生の危機でさえもいつもこのような視点で見なくてはなりません。その危機は過去から来ているのでしょうか、それとも、未来から入りこんできた不確実性なのでしょうか？　なぜなら、すでに未来が気づかぬうちに入りこんでくるために、危機というものはやってくることがあり得るからです。すでに自分が何かを導き出して形作らねばならない変化を感じているのに、まだ古い状態に結び付けられているから、危機と感じるのです。

私たちが現在の瞬間をよく吟味してみると、そこには過去からの要素と未来からの要素があるのです。両方とも無意識の要素です。それらをより意識的に捉えていくことが可能です。それができるようになると、私たちは自分の未来の目標をより良く、より意識的に形成することができるようになるのです。
ルドルフ・シュタイナーによる次の詩は、このテーマを終えるのにちょうどふさわしいでしょう。

魂の願いが芽生え、
意志による行為が育ち、
人生の果実が実る。

私は自分の運命を感じ、

私の運命が私を見出す。
私は自分の星を感じ、
私の星が私を見出す。
私は自分の目標を感じ、
私の目標が私を見出す。

私の魂と世界はただひとつ、

人生は、私のまわりでより明るくなり、
人生は、私にとってより困難になり、
人生は、私のなかでより豊かになる。

平安にむかって努力せよ、
平安の中で生きよ、
平安を愛せよ。

——ルドルフ・シュタイナー
(『瞑想と祈りのための言葉集』より)

9 目標設定のヒント

自分のバイオグラフィーを通して過去を振り返った後、私たちは現在の状況について明確であらねばなりません。そのことにより自分の目標をはっきりと捉えることができるのです。

例えば次のような問いかけをすると良い練習になります。「十年たつと私はどのようになっているのだろうか？」そうすることで、未来について考え、自分の本来の目標に対して問いかけることを余儀なくされるものです。私たちの人生の動機は、目標と関連しています。人生に目標がない人は、生きる気力もありません。鬱状態にあるとき、人生が空虚で荒廃して感じられたり、退屈になったりするとき、新しい目標を見つけることが助けとなることがあります。重病の人や、死を迎えようとしている人にもこの作業は助けになります。

短期的、中期的、そして長期的な目標というものがあります。

人生の様々な領域で、それぞれの目標を持つことができます。それは、どのように見えるでしょうか？　それぞれの領域におけるいくつかの例や指導要項を示しましょう。

一、経済的領域

給料

〔例〕自分の給料のうち、二〇％を癌の研究に投入したい。

全財産

何をまだ買いたいのか？　どのように後で財産を分けたいのか（遺言）？

二、健康上の目標

〔例〕ホメオパシー療法を始める　運動をする　食生活を改善する

三、職業上の目標

将来、私の職歴はどのように発展するか？

本当の課題は何か？　使命は？

〔例〕技術者としての職業の傍ら、若い家具職人を育てることに捧げたい

四、人間関係

家族関係

職業上の関係

〔例〕対立や摩擦を避けるために、上司との関係を良くしたい。具体的にどうしたらよいか？

友人関係
パートナー

五、自己成長のための目標

霊的な方法

〔例〕　何か修練をする　お祈りをする　メディテーションをする　信仰を再び持つ　あるいは新しい人生の哲学を知る

魂的な方法

〔例〕　忍耐強くないところや高慢なところをなおす

実践的な方法

〔例〕　料理が上手になる　絵が上手に描けるようになる

六、人類に関わる目標

〔例〕　自国の環境のために、エイズ薬の発見のために、あるいは人間の成長発展のために何かしたい

また次のように分けることもできます。

長生きするための目標
自己実現のための目標

自己成長のための目標
人類のための目標

異なる領域がそれぞれ混ざり合っていることもあります。ここに挙げたような分類は、単によりよく目標に向かうための助けにすぎないということは自明のことです。

10 自分でおこなうバイオグラフィーワークのための設問

様々な出来事（良いことも悪いことも）のリストアップ以外に、それぞれの人生の成長段階に沿った以下のような設問や観点が、自分の人生の、それぞれの時期の手掛かりを見つけるための助けになることでしょう。

七歳まで

最初の記憶
最初の感覚的印象体験
家とその周辺、そこに住んでいた人々
父、母、兄弟姉妹、祖父母との関係　彼らはどのような職業についていていたか？
遊びの体験（どのような遊びをしていたかなど）

七歳から十四歳まで

学校、先生、教育法
自分に刻印づけられた「規範」、習慣
宗教的教育はどうだったか？
習った芸術的営み（音楽、絵画、演劇、手仕事、工作、粘土造形など）
スポーツ、旅行、自然体験
休暇の体験
十年目（九歳）のときは特別だったか？
十二歳のときはどうだったか？
思春期前の時期にはどのような変化があったか？　この変化をどのように体験したか？

十四歳から二十一歳まで

この時期私は個として成長したか、それとも自分の意図は押さえられたか？
身体的、魂的にもプライベートな空間を持っていたか？
何が私の理想であり、何が私のアイドルであったか？
どのような人々が、良くも悪くもこの時期強く私に影響を与えたか？
どのように職業を選んだか？　十八歳半は特別なときであったか？
さらに学問をする可能性を得たか？

二十一歳から二十八歳まで

正しい職業を選んだか？

様々な職場を体験する可能性を得たか？

様々な職業を体験したか？

良い上司を持ったか？

どのような役割を私は担ったか？　そのなかで特に重荷だったものはあるか？

どのような理想を持っていたか？

どのような才能を置き去りにしたか？（人生で必要としてこなかったか）

どのように自分のパートナーを選んだか？

世界に対して、自分の関わっている社会や組織に対して、そして自分に対して正しい関係を持てたか？

二十八歳から三十五歳

私の個的本性はこの時期発展成長したか？

自分は押さえられていたか、それとも他の人を押さえつけていたか？

自分の力が発揮できる（何かする）場所があったか？

私の人生への感情、自分への感情はどうだったか？

私の人生の実現はどこにあったか？

三十歳から三十三歳までどのような意味のある出会いがあったか？

この時期に人生の新しい方向づけがあったか？

三十五歳から四十二歳

私にとって人生における新しい価値観がやってきたか？

自分の人生をそれ相応に形作れたか？

三十七歳頃に本質的な変化を感じたか？

自分の使命を実現する途上にあるか？

人生の問いを見つけ、そちらの方へ向いたか？

どのように自分を見、どのように他の人は自分を見ているか、そしてどのような幻想をこの時期に壊したか？

四十二歳から四十九歳

新しい創造性をどの方向へ伸ばしているか？

新しい趣味は？

今ふたたび取り返すことが可能な、どんな才能や素質を私は葬ったか？

自分の仕事で後輩を指導し世話をしたか？

私の人生の果実を誰かに贈る事ができるか？

四十九歳から五十六歳

新しい人生のリズムを見出せたか？

日々の、週の、月の、一年の私のリズムはどのようであるか？

新しい若芽が吹き出るために、切り取ってしまわなければならない私の木の枯れた枝はどれか？

五十六歳から六十三歳

自分のバイオグラフィー全体をどのように見るか？

私のバイオグラフィーにおける赤い糸は何か？

何を実現できたか？　まだ喜んで実現したいと思うような課題として何があるか？

私の身体的老いの困難さとどうつきあうか？

身体の健康のために、特に感覚や記憶のために何を行うことができるか？

人間関係の中で解決しないままの関係はあるか？　それをまだ取り戻すために何が可能か？

私の財産をどうするか？

六十三歳以降

未来において何をまだ学びたいか？

どのような私の意識の新しい次元が生ずるか？

慈悲、感謝、朗らかさを感じるか？

子ども時代や青年時代の力をいくらか持つことが可能か？　どうやって？

11　著者のバイオグラフィー

バイオグラフィーワークとバイオグラフィーの法則について見てきましたが、最後に私自身のバイオグラフィーを記したいと思います。多くの方々がご自分のバイオグラフィーを信頼のもとに提供して下さり、それゆえこの本を書くことができたのです。その感謝の念をこめて、そして、その多くの方々への小さなお返しのつもりで、これを著しました。

私の両親はふたりともドイツで生まれました。父はベルリン生まれです。第一次世界大戦後、父はベルリンで理学療法士の訓練を終え、一九二〇年にブラジルに移住しました。彼は、後に自分の研究所を街の中心部に設立するために、まずサンパウロにある理学療法研究所で働きました。私の母は、現在はポーランド領になっている地方の出身でした。父は、母のことをまったく知らなかったのですが、結婚するために母をドイツから来させました。単に母は、父の義姉の妹だったからでした。しかし、結婚して一年後に両親は別れました。私が生まれる前には父の母もヨーロッパからブラジルに来ました。

生後八カ月、私はサンパウロ郊外の湖の側で過ごしました。そこにはすばらしい自然がありました。きれいな水ときれいな空気がありました。私が小さいときは、家族は皆その湖で裸で泳いでいました。母は私を九カ月まで授乳しました。父は街で働き、週末だけ家に帰ってきました。私は両親の離婚の理由は知りませんが、しかし母は非常に寂しかったのだと思います。しかも、非常に嫉妬深かったに違いありません。

一歳を過ぎてからは、私は父と祖母に育てられました。祖母は完全に母の役割を果しました。私たちはサンパウロの中心からあまり遠くない地区に引越しました。けれども、まだそこは自然と野生に取り囲まれていました。牛がゴミをあさりに私たちの家の柵に寄って来ました。よく、大きなトカゲがやってきたり、ヘビがとなりの敷地から私たちの敷地内へ這って来たりしました。私はまったく自由に庭で遊んだりしました。夏にはたいてい裸でした。家の裏には大きな砂場があり、雨が降ると水でいっぱいになりました。その中でバチャバチャすることは私にとって本当に大きな喜びでした。

私はいかなる予防接種も受けませんでしたし、いかなる薬も飲みませんでした。私が病気になると、父は私を分厚い毛布にくるみ、汗を出させて治しました。

子ども時代は完全にドイツ語で育ちました。

私が四歳半になったとき、継母が来ました。結婚式のときのことを、とてもよく覚えています。この時期、継母も父もマツダツナン[56]の信者でした。それは本質的に太陽を拝むことを基本にしたペルシャの教えです。毎日曜日、私たちは集会所に通いました。今でもあの頃歌われていた美しい歌を思い出します。それらの歌はその集会所で受け継がれた、太陽に捧げられた歌です。そこで何人かの子どもと接触は持ちましたが、私は一人っ子で育ちました。私は父の自慢でした。後で人から聞いたのですが、祖母も非常に私をあまやかしていました。私は祖母と一緒の部屋で寝ていました。祖母も父もあるところ落ちついて控えめでしたが、他方とても愛情豊かでした。例えば、私は父と日曜毎に長いハイキングをしました。

それに対して継母はほとんど私の教育には介入しませんでした。彼女は風変わりな女性で、ドイツ人の両親を持つアルゼンチン人でした。彼女にとっては三度目の結婚で、子どもはいませんでした。彼女は自然や植物が大好きでした。私たちの家が増築されたとき、彼女はランやサボテン、そして特別な植物を育て始めました。大きなトカゲも捕まえて、飼いました。それ以外にも彼女は小さくて若いタイガーキャッツを飼っていて、その猫は一日中庭の木の上に座っていました。今日、私が第一〈七年期〉を振り返ってみますと、継母はある種の美しさと美学を私たちの住まいにもたらしていたと思います。とりわけ彼女は私に良いマナーを教えてくれました。

この時代の思い出として、特に愛と喜びに満ちて思い出すことは、家庭でのクリスマスのお祝いです。父は庭に小さな森を作っていて、毎年クリスマスの頃には、そのうちの一番背の高い木に登り、先のほうの枝を切ってクリスマスツリーにしてくれました。

私の第一〈七年期〉にとってとりわけ重要だったのは、継母のいとこでした。彼女はよく家に遊びに来ました。彼女は私にとっては「エマおばさん」でした。彼女は人智学徒であり、私にすばらしいメルヒェンをよく語ってくれました。私の、このエマおばさんに対しての関係はとても深く、それは私の後の人生にも大きな影響を与えました。このおばは、ルドルフ・シュタイナーの『いかにして超感覚的世界の認識を獲得するか[57]』という本をポルトガル語に訳した人でした。これは、ポルトガル語に訳された最初の人智学の本でした。エマおばさんは私にピアノを習わせようとしたので、私たちの家には新しいピアノが来ました。

六歳で私は学校に上がりました。私はポルトガル語ができなかったので、ドイツ人学校に行くことになりました。最初の日、父とその学校に行くと、学校には木が一本もありませんでした。私は父にこの学校に行きたくないとはっきり言いました。父はこの願いを聞き入れてくれ、私はカトリックのシスターの学校に行くことになりました。この学校は家から近く、歩いて行くことが可能でした。しかし、まず私はポルトガル語を学ばねばなりませんでした。この学校ではいくつかの問題に遭遇しました。つまり、私は洗礼を受けていなかったのです。父は、私が大きくなって自分の宗教を自分で選ぶべきだと思っていました。それはシスターたちにとっては勿論正当なことではなかったので、学校時代ずっと彼女たちは私がカトリックに帰依するようにと薦めました。けれどもそれはうまくいきませんでした。私は自分自身の宗教を守っていました。聖人の絵をたくさん集め、家では石や植物や蝋燭で自分の祭壇を作っていました。

さらに、私が菜食主義者であることが問題でした。学校の時間割は朝八時から夕方五時まででしたので、私はお弁当をいつも家から持っていかねばなりませんでした。同級生たちは私の食事に多大なる関心を寄せていましたので、私はしょっちゅう自分のお昼を分けてあげなければならなかったことを思い出します。

六歳から十四歳までの間、私にとって、新しい事態が起こりました。つまり、二年に一度は母のところへ行かねばならなかったのです。母は、最初はドイツに帰国していましたが、やがてリオ・デ・ジャネイロで暮らし始めました。母は私が菜食主義者であることをあまり理解してくれませんでしたので、肉を食べさせようとしました。しかし、私が全部吐いてしまうので、母は諦めました。また、私は湯船で入浴するのを習慣にしていましたが、母は何がなんでもシャワーを浴びさせようとしました。私は彼女の中から出てくる大きな攻撃性を感じ取り、無意識の部分で、人々が意地悪で攻撃的なときには、その人の中で何かがうまくいっていないのだという考えを持つようになりました。私は母と全く内的な関係を持てずにいました。母の家での滞在が幾分かましになったのは、母がまた結婚して二人の子どもを産んでからでした。三番目の子どもを出産したあと、母は精神病にかかり、私は療養所によく訪ねていきました。そのことは私にとって魂の大きな重石となり、後の人生の中で、私が精神科の患者とうまくやっていけるようになるまでとても時間がかかりました。

九歳のとき、人生における大きな出来事に遭いました。スイミングスクールに行く途中に車にはねられたのです。胸郭が完全に押しつぶされて、十四本の肋骨を折りました。私は今でも覚えていますが、車の運転手が、彼は黒人でしたが、私の上方に立ち、私の顔を覗き込んでいました。そして、救急車の中で何度もくり返し父の電話番号を言わねばなりませんでした。救急ステーションに着いた時は、父がすでにそこにいて、どこかの病院に入院させようとしました。しかし、人々は父に、そんなことはもう無駄だ、子どもは死ぬだろうと言いました。しかし、親しい医者の助けにより、父は私をドイツ人のための病院に入院させることができました。そして、ああ、奇跡的に私は三週間後には完全に回復したのです。父は私の丈夫さが自慢で、それは健康的な生活様式のせいだと言いました。

十歳のときに学校を変わりたいと思い、私はドイツ人学校に来ました。しかしそこでも私は孤独でした。そこでも、私が菜食主義者でありマッダッナンの信者であるということで嘲笑されたりしました。当時は戦争中でドイツ語での授業は禁止されていました。中には非常に厳格な教師がいて、しばしば生徒をノートで平打ちしました。今でも覚えているのは、「ばかはばかだ。薬も手当ても効きめはない」という言葉です。しかし、しばらくたつと私はクラスメートと友だちになることができました。そして一緒にスポーツクラブに通いました。私は水泳と飛び込みの練習を始めました。

十二歳のときに祖母が亡くなりました。父は私に、バラの花を祖母の亡骸に持たせるように言いました。しかしそれはとても気が重くなるほど嫌なことでした。後になって、私は亡くなった患者の遺体を整えるのを手伝うことを、どうしていつも避けていたのかわかりました。祖母が亡くなったので、私は自分の部屋を与えられました。休暇にはよそへ出かけ、そこで将来の夫を見かける機会を持ちました。もちろん、まだ遠くからだけだったのですが。継母は本質的に私の教育に関わることはあまりしませんでした。午前には学校、午後にはスポーツクラブと、私もほとんど家にいませんでした。十七歳くらいまで私はスポーツ水泳協会に属していました。非常にすばらしい日本人の水泳の先生がいて、私たち若者のある種のアイドルでした。けれども、私は内気だったので、友人といえば皆普通の友人関係だけのものでした。

十二歳以降、私は医学を勉強したいと思っていました。それが父の願いだったのか、それとも私自身の願いなのか、振り返ってみてもはっきり判断できません。ただ言えるのは、私の人生がそれを証明しているということです。私の中には医学に対する大きな才能がありました。父の願いがあったとしたら、私はこのことに関して彼にとても感謝しています。

十四歳でまた学校を変わった後、私は化学、物理学、数学をよく理解し、また好きになり始めました。そしてもちろん生物学もです。医学部への入学試験の一年前に、私は水泳をやめ、試験のための勉強に集中しました。その結果私は十キロ太りました。

まだドイツ人学校にいる間、私はプロテスタントの宗教授業にとても興味を持ち、十四歳のときに友だちと同じように堅生式を受けたいと思いました。しかし、父は、私がそうしたいのは白い服と祝祭的な行事のためであるといって、させてくれませんでした。

十六歳のときに、あるチリ人の水泳選手に恋をしました。彼は十二歳年上でした。しかし、彼とは何度か文通しただけでした。
十八歳のときに、医学部へ入りました。私は入学試験に合格し、非常に大きな喜びをもって、医学の勉強を始めました。すべてが私をとりこにしました。とりわけ、解剖学と組織学が好きでした。人体組織の図を学ぶために、何時間も顕微鏡をのぞきこんでいました。このときに私の視力は悪くなり、度のきついメガネをかけなければならなくなりました。私は初めの六セメスターの間、大学で最も優秀な学生になり、ありとあらゆる賞を得ました。六セメスターめのときに、病院での実習が始まりました。私は上司の信頼を得、大学四年生で既に患者のグループをまかされました。そのグループは十二人の患者からなり、私は彼らに薬の処方箋も書いていました。当時私は、学生仲間より先生たちとの関係が深かったのです。

私が十八歳以降、両親は人智学により興味を持ち始め、講演会などに足を運ぶようになりました。それで、二十一歳のときにエーレンフリート・パイファー[58]の本を読み、癌の研究者である私の上司の実験室で結晶化の実験を行いたいと思いました。この実験を知っている人はご存知でしょうが、きちんとした結晶を得るにはかなりの技術が要求されるのです。技術的な繊細さについては、私はあまり向いてはいませんでしたが、それでもあるとき、ついに結晶化に成功したのです。そして、すべての結晶がある一点から周辺へと輝くように放射しているという体験は、とても深い印象として私をとらえました。ある霊的な要素が物質を形成し、物質の方向を与えるのだということに突然気がついたのでした。この体験は私にとってひとつの自我体験と呼ぶことができるでしょう。

二十一歳のとき、まったく自力で旅をしたいと思いました。まったくひとりで、です。そして、アルゼンチンに行く機会を得ました。父は私を信頼し、私の純真無垢さが私を護りました。それはこの時期すべてについていえました。私は大学の友人たちと様々な芸術学校や演劇の公演などに行って、しばしば帰宅が遅かったのです。

人智学は私の地平を無限に広げてくれました。二十二歳のときに、あるベテランのアントロポゾフィー医がハンブルクからブラジルに来ました。マイエン博士といって、ゲーテについての講演をしました。このときに最初の夫であるペーター・シュミットと知り合いました。彼はアメリカ合衆国からちょうど休暇でブラジルに来ていました。休暇は三週間だけでしたが、私たちはこの間中を、互いを知り合うために費やしました。そして彼はアメリカに帰らねばなりませんでした。大学での勉強を終えなくてはならなかったのです。私たちは頻繁に手紙のやり取りをしました。そして私たちは絵葉書に婚約の誓いを書きました。父は最初のうちこの成り行きをよしとはしませんでしたが、しかし、私が生まれるときにペーターという名前を考えていたので、何か運命的なものとして受け止めました。父はひとつの条件を出しました。それは私が大学を卒業するということでした。それは私には難しくはありませんでした。というのも、私自身大学を中退するつもりはなかったからです。しかし、婚約者であるペーターは中退しました。彼にとってはブラジルに来るいくつかの重要な理由があったのです。もちろんそのひとつは私の存在でした。彼がブラジルに来た後、私たちはそれまで離れていたことにより、互いに少し違和感があったものの、結婚しました。ちょうど私の両親がヨーロッパに旅行をするので私たちは家を護らなければならなかったこともあり、すぐに結婚することに決めたのでした。私たち二人とも、現在あの時代を振り返ってみたときに、もう少し結婚に時間をかければ良かったと思っています。とりわけ私の最初の恋愛だったのですから。

まだ在学中に、二十三歳で私の最初の娘、アグレイアが生まれました。娘は大学病院で生まれました。病院で働く看護師のための保育室に娘を預けることができたので、大学にいても授乳することができました。学業の間、私は母としての課題を十分に果せなくて、私にとっては辛い時代でした。私たちは当時夫の両親と同居していて、彼らと、夫と私との間では大きな対立が生じていました。

二十四歳で医者の免許を取得し、翌年私は内科助手の医者として働きはじめました。その間父は、私が理学療法研究所の医者を引き受けることを待ちきれない思いで待っていました。彼は私のために診察室をしつらえました。それで、大学で働きつつも、自分の診療所で働き始めることができました。

二十五歳で二番目の娘のソルウェイが生まれました。当時私は医者の仕事のほうがずっと楽であると感じていました。子どもたちを育て、自分の家族を持つことは、私にとってはまったく新しいことで、少しずつ少しずつそれを習得していかなくてはなりませんでした。

二十六歳のとき、夫の両親と、他に何組かの夫婦がサンパウロにヴァルドルフ学校を設立しました。私はそこの学校医になることに決めました。自分の中では、アントロポゾフィー医療をまったく知らないのに、どうやってヴァルドルフ学校の校医になればいいのだろう、という問いかけと向き合っていました。そしてすぐに、当時のアーレスハイムの臨床治療研究所に手紙を書きました。当時研究所で働いていたポルトガル人のアレクサンダー・ルロワ博士から連絡をもらいました。私は夫とヨーロッパに行く準備をしました。夫は自分のブラジルの会社の母会社である、スイスの「ギロフレックス」に行き、私はヴェレダ社[59]の奨学金でアーレスハイムに行きました。私はそこで医者のための一カ月の入門コースに出る機会を得、そしてオイリュトミーに出会い感動しました。講義の内容はあまり理解できませんでしたが、アーレスハイムでの生活はとても気に入りました。そして少しずつその世界に慣れていきました。週末になると、やってきた夫は私の内的変化に驚きました。コースが終了した後、私はさらに三カ月間、アレクサンダー・ルロワ博士と共にクリニックで働きました。彼との間には深い友情がめばえ、それは彼の死まで続きました。

私が二十七歳のときに、ルロワ氏は夫人と共にブラジルを訪れました。彼は我が家のバスルームに薬の棚を見つけました。そこには、私の夫が週末に小さいビンに入れ、そして患者に分けていた医薬品がたくさんあったのです。そのときブラジルに「ヴェレダ社」を設立することを決めました。同じ年に、私の継母が亡くなりました。この年にはまた、ヨーロッパから、主としてドイツから、たくさんの先生がブラジルのヴァルドルフ学校にやってきました。そして活動的な勉強会などができました。

二十八歳のときに、子どもと共に風疹にかかりました。

夫と私は、人智学のグループや、ヴァルドルフ学校の先生たちとの勉強会に加わりました。この時期は私たちにとって多くの新しい発見のある時期でした。私たちは多くの若い人々とも交際しました。三番目の子ども、トーマスがお腹にいるとき、私は仕事を中断したいと思い、妊婦にもかかわらずヨーロッパに行き、すばらしいイタリア旅行をしました。

帰国して二カ月後、トーマスが生まれました。私は子どもに授乳できることをとても喜びました。というのも、まったく自分を子どもに集中させることができたからです。それ以外のときは、私は分断されているような感じがしていました。自分を一方では家族に、もう一方では医療の領域に捧げなくてはならなかったからです。今この時代を振り返ってみたときに、私はあまりにも早く大きな責任を負ってしまったという気がしています。たとえば、父の期待通りに理学療法研究所の責任を負ったことなどです。私は病気になる暇もなく、妊娠中と授乳中のみ家にいる機会があったのでした。それゆえ、その時間を楽しんだのです。

ヴァルドルフ学校はサンパウロ郊外に新しい土地を買い、ヴァルドルフ教育に関心を持つ多くの人々が町の南部に住んでいました。ヨーロッパからやってきた若い教師たちと、すでに何年もブラジルに住んでいる年配の教師たちとの間に対立がしばしば起こりました。私は政府に対して学校を代表する責任を負っていたので、自分に有利なように私を利用しようとする教師もありました。人間関係で起こることに経験を積んでいなかった私は、様々な争い事に巻き込まれ、そうした事から学んで成長するということもありませんでした。それは争いなどの混乱の中に起きるルチフェル[60]的なはたらきだったといえることでしょう。私はこの時期、そのような誘惑を強く感じていました。しばしば、私が前面に出ざるをえない状況があり、多くの教師たちは私をひいきにしていました。ある日私は突然気がついたのです。そのように教師たちに振舞うようにさせるものを私自身が発しているから、こうした出来事が起こるのだと。それ以来、私はもう少し上手にこれらの事と関われるようになりました。

私の人生の三十年目、息子のトーマスが七カ月になった頃、父が甲状腺癌に罹りました。父にとっては、自然療法でやってきた自分が、よりによってこの病気になったということを受け止めることはとても辛いものでした。手術を受け、放射線治療を受けた後、父はアーレスハイムのイタ・ヴェークマン・クリニックに入院しました。私は父の最期の二週間に付き添い、看取ることができました。父はバーゼルの専門クリニックで亡くなりました。復活祭前の聖木曜日でした。父を火葬してすぐに私はまたブラジルに戻りました。

それより前から、私たちは家を建て始めていました。同じ時期、山に土地も買いました。ヴァルドルフ学校はもっと大変な状況になっていました。この時期、私はヘルムート・フォン・キューゲルゲン[61]と深い出会いを持ちました。彼はちょうどブラジルに滞在して、いくつもの講演を行なっていました。彼の助けにより、私は、学校や教師たちの間の感情的な混沌状況に深い理解を得ました。この出会いは私にとって、精神的、人智学的生活の転換点を意味するものとなりました。そしてこの出会いを通して、私はある新しい形と瞑想により、キリスト存在との出会いを体験したのです。それはちょうど、三十一歳半の頃でした。

その後、私はキューゲルゲンと共にアルゼンチンに旅をしました。彼は教育の講演をし、私は医学についての講演をしました。当時出会った多くの人たちとの出会いは重要でした。ゲルハルト・イェーディケやウィリー・ヴォルディークなどです。私の夫もこの新しい人々と交流しました。私は、ルドルフ・シュタイナーの青年のための教育講義集に熱心に取り組み、すべての人にその内容を告げたいと思っていました。すでに、瞑想を取り入れた生活を始めていました。人智学の書物を知って以来、特に私はシュタイナーによる、若い医者のためのクリスマス講演集と復活祭講演集に取り組んでいました。これらを通して、私の内側の瞑想的生活は、純粋な医学的領域を越えて広がり、私は世界を包括的に理解しようとしました。

ヴァルドルフ学校ではとうとう本格的な分裂が起こり、新しい教師たちは学校を去りました。それは私自身が学校を離れる機会でもありました。私は、そこで十分に役目を果したと思っていて、内側では自分の本来の課題は別のことであると感じていました。それは、アントロポゾフィー医学の病院をこのサンパウロで設立することでした。以前に父もまた、病院設立の考えをいつも支えてくれていました。しかし、私は従来の理学療法的な治療は自分の道ではないと感じていました。昔、病気の母の行動を目の前にして感じていた問いかけに答えを与えてくれたのは、まさに人智学的な道だったのです。

夫の会社には舅も関わってきていました。舅は、この新しい事業を始めるために、自分の会社を売ったのでした。しかし、夫は内的な問いかけを持っていました。「これが自分の進む道だろうか？もしかして、新しい教師を育てる教育がこのサンパウロでは必要ではないのか？」そして私たちは、子どもたちもみな一緒に、一年か二年ヨーロッパに引っ越すことに決めたのでした。トーマスは三歳になったばかりでした。上の子どもたちは幸運なことにシュトゥットガルトのヴァルドルフ学校の一年生と三年生に入ることができました。夫のペーターはヴァルドルフ教員養成所に通い、トーマスと私は家庭に残りました。シュトゥットガルトの生活は簡単ではありませんでした。子どもたちはブラジル式で騒がしく、家事は私にとっては負担でした。私はよく、バード・ボルの近郊、エックヴェルデンの治療教育セミナーに通い、そこでエルゼ・ジッテルから熱心にオイリュトミー療法を学び、マルガレーテ・ハウシュカ[62]にマッサージと絵画療法の授業を受けました。シュトゥットガルトでは、薬剤師のシュピースのもとで、特別な製剤調合の方法を学びました。

　エルンスト・レールスと夫人のレッシェル＝レールスとの出会いも重要で、人智学的な修行の道について多くの深い対話を持ちました。シュトゥットガルトのホイマーデンというところに医者の小さなグループがあり、そこともつながりを持ちました。私の魂は、そのような人々から贈られた大きくて豊かな糧でどんどん満たされていきました。彼らの存在は私の医者としての仕事に非常に影響し、今日なお私はこの泉から水を汲んでいるといえます。ヨーロッパで過ごしたこの時期は私の人生のもっとも豊かな時期に属しています。

　私たちにとって非常に重要だったのは、クリスマスにアーレスハイムでのベルナード・リーヴァフッドとの出会いでした。特に夫にとっては、この出会いは決定的な方向転換をもたらしました。彼は何度かオランダに行く機会を得、リーヴァフッド教授の近くでその仕事ぶりに触れることができました。夫は、自分の課題はリーヴァフッド氏の仕事の領域である成人教育にあると認識したのです。この時期は私たちにとって、出会いと別れ、再会と再度の別れのくり返しの連続でした。ふたりとも、いつも新しいことや感動したことを報告し合い、非常に得るところの多い時代でした。

　シュトゥットガルト時代はまもなく終りを告げました。私たちの船はベルギーの貨物船で、アントワープからブラジルに向かいました。船上には安全上の予防対策が施されていなくて、トーマスは船のデッキから落ちました。一週間彼は吐き続けました。サンパウロに着いたときに、放射線検査をして頭蓋骨に前から後ろへとひびが入っていることがわかりました。トーマスは治るまで長い間ベッドで過ごさねばなりませんでした。

ドイツから帰国したのは一九六四年でした。ちょうどブラジルでは共産主義者に対する軍事クーデターが起こり、サンパウロはその最前線でした。ブラジルで何か新しいことを始めるには難しい時代でした。しかし、夫の両親は私たちの帰国を待ち構えていました。というのも、当時ブラジルにはヴェレダ薬剤を処方できる医者が他にいなかったからです。夫はサンパウロの彼の会社「ギロフレックス」で社会教育的な仕事を始める決心をしました。そして教員養成を始めることも考えました。サンパウロで以前幼稚園教師をしていた人が、ブラジルでのこの新しい仕事のために来てくれました。また、遠くシュトゥットガルトのヴァルドルフ学校から、手仕事の先生が加わってくれました。私たちの新しい家はヴァルドルフ学校の近くにありましたが、小さなセラピーセンターになりました。シュトゥットガルトからオイリュトミー療法士もやってきました。私たちの家は小さな文化センターになり、小さなコンサートや、芝居、主にクリスマス劇が上演されました。

病院を設立するという考えはより強くなりました。そして、夫があるとき家路への途中で高熱で寝ている患者を見つけたときには、さらに高まりました。

三十五歳のとき、私は再度アルゼンチンに行き、そこのヴァルドルフ学校で医学的、療法的、そして教育的な仕事をしました。

友人のアンネ・ラフーゼンが病院の建設を始めるために、無利子でお金を貸してくれました。ドイツから帰国したとき、私の父の理学療法研究所を持ち続けることは意味がないと考えました。それで、この研究所を売り、そのお金で三つの土地を購入しました。それらは家から遠くないところにありました。これが「トビアス・クリニック」の敷地になりました。それは家と学校との中間にあり、五分くらいで行けるところにありました。夫のペーターは若い技師と共に設計図を描きました。しかも彼は自分の会社「ギロフレックス」内にある小さな社会教育の学校で忙しくしていました。

三十七歳半になったとき、ついに病院の定礎式を執り行うほどになりました。それは、私たちのヨーロッパの友人たちも集った、霊的な出来事でした。世界のあらゆる場所から祝福の言葉や挨拶の言葉が届き、礎石の十二面体の石に明るい光が流れ込んだような印象を持ちました。

この時代に私たちの幸福な家庭生活は終焉を迎えました。私は人生のその頃まで、すべてが楽に運び、大きな幸運を自分は持っていると思い、何もかもがただ膝の上に落ちてきているだけというような感じをもっていたのです。自分の人生において上昇していく衝動を感じていました。それどころか、半年くらい家を離れて自分のためにだけに生きていたい、インディオの人々と生活して、彼らの助けになりたいなどと考えることもありました。しかし家族がいたので、そのような考えを実行する勇気はありませんでした。そして私の人生における暗い時代が来たのです。振り返ってみると、それは悪の現象と向かい合うという大きな経験を私にもたらした時期でもあるのです。ですから、時と共に私は、他者に対して非常に寛大な心を持つことができるようになりました。自分自身このような時期を体験していなかったなら、決して十分な謙虚さというものを自身の中に育てることができなかったでしょう。

私は学識のない人々に惹かれました。私たちの農場の近くに住んでいる村人と私は交友関係を持ち始めました。私は彼らに新しい文化衝動をもたらし、子どもたちは村の小さなカトリックのチャペルでシュタイナーのクリスマス劇を上演したりしました。

「トビアス・クリニック」の定礎式の後すぐに、私はまた妊娠しました。私はそれが男の子であり、ティアゴという名前をつけるべきだとわかっていました。私が妊娠期を過ごしている間に、病院の壁夫は病院建設に全力を注ぎ、私は建設にはほとんど関わることができませんでした。ティアゴの誕生はすべての患者や知人たちの喜びとなりました。ティアゴという名前はサンティアゴ・デ・コンポステーラという場所と深い関係がありましたが、その場所は私が六十歳になって知った場所でした。

私たちは家を、農場近くの村の男の子たちのためのホームにしようと計画していましたが、しかし来たのは五歳の男の子ひとりだけでした。その子は私たちにとってある種、養子みたいなものでした。それで、トーマスは一緒に遊べるもうひとりの兄弟を得たのです。私は小さな息子の授乳にすべてを捧げ、病院で働く気になりませんでした。病院はまもなく開設されようとしていました。落成式は延ばされ、やっと私が三十八歳半のときに行われました。私は自分の生命力が減少したなと思いました。落成式の日、病院はしかし同時に二つの巨大な課題が目の前にあったのです。小さな息子の養育と、病院の仕事でした。

私たちは、この病院の仕事に関心を持ってくれる医師を見つけ出していました。財団法人になり、「トビアス・クリニック慈善協会」と名づけられ、今日では「トビアス慈善協会」と呼ばれています。病院の中では初めから、看護師、マッサージ師、療法士、そして外部の医師たちによる小さな集団が形成されていました。

四十二歳のときに、私はある医師と出会いました。彼は病院で働いていましたが、薔薇十字運動に関わっていました。彼は、私が真の薔薇十字の流れを汲んでいる人だと主張し、私をその学びの集まりに連れて行こうとしました。私は何回かそこに行ってみました。そして、私はきっと古代エジプトにいたと思いました。当時、古代エジプトの秘儀参入を受けている夢を見ました。そして、この医者に対する関係についてはっきりとしたことがたくさんありました。

この四十二歳頃、私は真っ暗なトンネルにいるような感じがしていました。ある光の瞬間があるというのはわかっていましたが、それはすぐに意識から消えてしまうのです。トンネルの向こうの光や、そこに行くためにに何をしなくてはならないか、はっきりわかっていました。私と夫の結婚生活はより難しくなっていました。お互いの生活はまったくバラバラだったのです。夫はいつもヨーロッパに出かけていました。私は病院で働き、他の医者たちにアントロポゾフィー医学を教えることに必死でした。必然的に、私は新しい友人関係の中にあり、精神的で秘教的な作業をすることはできませんでした。外側に向かっては、あらゆることが続いてながれていきました。様々な義務的な仕事、患者の世話などです。しかし、内側では私はまるで引き裂かれたように感じていました。私は、霊的な作業をずっと自分に課してきたのですが、そうした時間を持ちたいと心から望んでいました。しかし、他方では、そうすることは不可能であると感じていました。まるでくもの糸に捕われてしまったような感覚でした。

その当時、病院は拡張工事を始め、バイオダイナミック農法の農場も買い取りました。ヨーロッパから若い人々がやってきましたので、そのために必要な社会的な制度を設ける手伝いもしました。しかしそれは簡単なことではありませんでした。しょっちゅう世代間の対立が起こりました。当時を振り返ると、若い人々も、私たち年配の人々も、あのときの状況から多くのことを学び、多くの実りを得たと思っています。私たちの家はいつのまにか、いつでも誰かがどこからかやってきて寝泊りしている場所になりました。そのために、私たちの家庭生活の親密さというものは壊れてしまいました。

夫は会社で社会教育的な仕事を始めると、私にも会社に関心を寄せるようにと言い始めました。私はそれまでほとんどそれらのことには関心を持っていなかったのですが、私は会社でも医学的、人智学的な仕事を始めました。しばらくすると、その会社医になり、一週間に二回通い始めました。当時私は、社員のことにとても関心を持っていて、クリスマスの祝祭を大切に祝ったり、劇を上演したりしました。社員のための幼稚園もできました。すべて、会社が文化的に豊かになるように行われました。私の人生は三つの領域にわたりました。夫の会社の社会教育的分野、トビアス・クリニックの仕事、そして家庭生活です。

休暇は可能な限り子どもたちと過ごすということを、決しておろそかにしませんでした。この時期、ブラジル国内の大きな旅行をたくさんし、様々なインディオの人々のもとを訪れました。船に乗ったり、汽車でボリビアやペルーに行ったりしました。トーマスとソルウェイと、それぞれの友だちを連れて、北東ブラジル旅行をして、フォルタレーザまでの海岸沿いをずっと旅しました。

夫も私もある種の無気力状態にあり、私たちはこの先どうやって一緒に人生を歩いていっていいのかよくわかりませんでした。

病院は大きくなり、患者の数も増える一方でした。そのうえ、若い医学生や医者たちがやってきて、アントロポゾフィー医学を知りたい、そのための養成をして欲しいというようになりました。そしてそのために、定期的なアントロポゾフィー医学の養成所を開きました。

病院では常に、資金集めをオーガナイズする必要があり、そのために誰かを雇わなくてはなりませんでした。当時、D氏がやってきました。彼は何らかの形で手伝いたいと申し出てくれましたが、経済的な援助は得られませんでした。私たちはブラジルで社会教育的な仕事を始める人を必要としていました。それゆえ、ちょうど新しい仕事を探していたこの男性は、そのための教育を受ける決心をしました。一年後彼はヨーロッパに向かい、オランダのＮＰＩという機関で学びました。そしてそれを終えると彼はブラジルに戻ってきました。私は、このＤ氏、そしてあるヴァルドルフ教師とある農夫とで会議を開催しました。テーマは「人智学の実践への誘い」といいました。当時私は四十五歳になろうとしていました。大きくなった病院は新しい方向を模索していました。第二〈七年期〉に方向性を見出して、はっきりと新しい規律と新しい方法が必要とされていました。そのためにD氏を招くことにしました。この問題に何か助言を求めたのです。彼は大きな筒状に丸めた紙と黒い書類かばんを持って病院の図書館に現れました。私は彼と、紙の浪費とエコロジー意識をめぐって対立しました。この対立を緩和するために、私たちは第三者を立てて個人的に話をすることになりました。しかしそれはうまくいきませんでした。それで、再度私たちだけで会って話すことになりました。この時期、夫はまたヨーロッパに行っていました。私はD氏を、北東ブラジルの民族色豊かなクリスマス劇を観に行こうと誘いました。一緒に観劇に行ったことで、私たちは真に出会うことができました。より深く知り合うために、私たちはある日海岸まで出かけて、互いのそれまでの人生について語り合うことに決めました。二人とも、自分たちにとっては結婚以外の方法はないとはっきりさとりました。そして、このD氏、ダニエルは私の二番目の夫となったのでした。

最初の夫、ペーターがヨーロッパに旅する直前、私は彼と南の海岸へと旅行しました。そのとき彼は、これが私との最後の旅行であろうという印象をもっていました。その時の感情を彼はうまく説明できませんでした。私のD氏との出会いはその予感を確固たるものにしました。彼がまだヨーロッパにいる間に私はこの新しい状況について彼に告げました。同じ時期、彼は、アーレスハイムの臨床治療研究所で新しい二番目の妻と知り合ったのでした。ペーターが帰国した後、私たちはきちんと互いの状況をはっきりさせ、最終的に離婚しました。

こうして、私の新しい人生が始まりました。ペーターは、私たちが離婚したことにより、様々な領域の仕事、特に病院での仕事がそれに巻き添えをくって影響しないように、非常に努力をしてくれました。彼との関係は、今日にいたるまで私にとってはまだ非常に強く深い、内的、霊的なものです。夫という存在に私はいつも父のような要素を感じていて、今も助言を求めたりします。しかし、二十代の半ば頃から、心のどこかで、私にとって非常に重要な人物にまだ会うだろうと感じていました。そしてそれをいつも捜し求めていました。ダニエルと出会って以後、この感覚はすっかり消えてしまいました。

今から振り返ってみれば、この二番目の夫との出会いは多くの新しい要素をもたらしました。それは、その前から育ち始めていたものです。ペーターを通じて私は社会教育的な課題や、リーヴァフッド教授の仕事に出会いました。ダニエルとの関係を通してこの要素はもっと強まりました。ダニエルの友人であるヘルムート・J・テン＝ジートホッフは、ブラジルに滞在していたときに、ダニエルと私の力、つまり企業コンサルタントと医者としての力を結びつけるように激励してくれたのですが、そのことにより私たちはバイオグラフィーセミナーを始めたのです。彼と私は共通の仕事を見つけたのです。それは、その後さらに発展していきました。

最初の夫であるペーターはまもなく後の二番目の妻となる女性をドイツから呼び寄せました。彼女は愛情深くティアゴを育ててくれました。それで私は病院の仕事とアントロポゾフィー医学セミナーに集中することができました。することはたくさんありました。

私たちは病院の近くの私の古い家に住んでいましたが、その二年後、私が父の遺産として持っていた最後のもの、海岸の家を売る機会がありました。それを売って、サンパウロ郊外にかなり大きな土地を買いました。ここにいつか住居を建てて、ひょっとして新しい仕事場を作ることができるのではと計画しました。後にその土地に「アルテミージア」という今日のバイオグラフィーセンターである、保養所ができたのです。

病院がちょうど七年を経過したときに、ある重要な体験をしました。私は病院で講演をしなくてはなりませんでした。しかし、何をどうやって話したらよいのかまったく分からない状態でした。リズミカルマッサージを受けた直後、私はベッドにそのまま横たわっていました。その時私は、ある偉大な存在が病院の上にあるというのを感じました。この存在はイタ・ヴェークマンであると確信しました。この瞬間、私は講演で何を話したらよいのかわかりました。そして、イタ・ヴェークマンとルドルフ・シュタイナーの運命についてもっと研究しようと決めました。一、二年後、私の内的生活が落ち着いたころ、私はこれを実現することができました。毎年アーレスハイムで開かれるアントロポゾフィー医師たちの復活祭会議に参加することができたのです。そしてこの課題と取り組み始めたのです。

私が四十九歳になろうとするとき、ダニエルと私は忙しい仕事から少し解放される機会を得ました。私たちは五カ月ほどイギリスに旅行し、「社会発展のためのセンター」を訪ねました。そして、アイルランドにもすばらしい旅をし、アガセとノーベルト・グラス夫妻を訪れました。アガセは「ピクシー」というこびとについてたくさん話をしてくれました。南アイルランドを旅したときに、私たちは日中も人気のないような小川のほとりでテントを張りました。そこでダニエルはこの「ピクシー」に出会ったのです。この体験は私たちの旅行のクライマックスとなりました。

第七〈七年期〉になって感じていたのは、何か変化が自分の人生に必要だということでした。外側からやってくる様々な問いかけや課題に対して、よく気がつき、よく向き合いました。一方で、養成機関や新しいコースの開設を望む若い医学生が絶えずいました。オットー・ヴォルフ博士は一生懸命それを手伝ってくれました。他方では、他の職業の若い人々がいました。彼らは例えば、心理学や社会教育の分野にいる人々でした。それゆえ、アレクサンダーとヨハンナ・ボス夫妻と共に、医学コース以外に、社会教育セミナーも始めました。一九八一年には、これらすべてのセミナーのために新しい建物が必要になってきました。それで、「トビアス協会」の援助で新しい養成機関ができました。

ここで、社会教育家が養成され、医学研修コースが開かれ、後には芸術療法のセミナーも開かれるようになりました。ここは「パウロセンター」と名づけられました。私たちのバイオグラフィーワークショップも移行期の間、トビアス・クリニックからこの新しい建物に移しました。しかし、時間が経つにつれて、バイオグラフィーセミナーはここでも手狭になりました。そのうえ、病院の中の保養を必要とする患者たちにとっても場所が必要になりました。それゆえ、トビアス協会で「アルテミージア」を設立することを決め、新しい場所を作ることにしたのです。バイオグラフィーコースや、断食とダイエットのための保養施設、ストレスの多い患者の保養所を作ることにしたのです。「アルテミージア」は二十一年前にできました。そこは、トビアス・クリニックから車でおよそ四十五分の場所で、かなり近くまで開発されているとはいえ、まだ原生林に囲まれたところです。「アルテミージア」は、人々が自然との関係を持ちながら、自分に立ち返り、ゆったりすごせる場所となったのです。

第八〈七年期〉にやってきたさらなる課題は、オルタナティヴな食事法の本の中で、人智学的な側面からの食事法について書いて欲しいということでした。その章は三十ページ以上になってはならなかったのですが、ほとんど一冊の本くらい書いてしまったので、自分の著書として出版しました。これは『新しい食事法の道』というタイトルで、四巻にわたります。この本は、人智学から発展した食事法ということで、多くの人々に刺激を与えました。この本を書いている間、亡くなった父の働きかけをずっと感じていました。さらに、十二星座に関する本を三年後に出しました。

私はさらに数年、トビアス・クリニックの責任あるグループの中に留まっていましたが、やがてこの仕事から離れ、完全に新しい「アルテミージア」の仕事にささげるようになりました。

その間、ダニエルと私はいくつかの危機を乗り越えてきました。ダニエルは数年間コンサルタントの仕事をあきらめ、「トビアス財団協会」の仕事に専念しました。とりわけ、病院の事務管理の仕事でした。一九八九年に彼はやっと本来のコンサルタントの仕事に戻り、「アディーゴ」というバイオグラフィーを使った企業コンサルティング機関を設立しました。

私たちは、自分たちの住居、これはバス付の部屋なのですが、それが仕事場と接していることは非常に大変であると実感させられました。バイオグラフィーセミナーはひっきりなしにあり、朝の七時から夜の十時までそれに携わっているということはしょっちゅうでした。私たちの患者は週日よりも週末に時間が空いていることが多いので、週末も仕事をしました。そのため私たちはプライベートな生活空間というものをもはや持てないほどでした。ダニエルは終に小さな家に引越し、後にやっと私たちは自分たちの家を「アルテミージア」の敷地に建てることができたのです。

私たちは休暇を取ることだけは守っていました。一年に一回、一カ月の休暇を取りました。一九八九年の休暇の初め頃に交通事故に遭い、私は椎骨二本を折りました。一時間半倒れたまま、一体何が起こったのかわからずにいました。私の「運命の器官」である胸郭がまた折れたのです。救急車の中で、九歳で車に轢かれたときのあの同じ感覚をまた味わっていました。

五十六歳の移行期、ムーンノードの時期であり、同時に第九〈七年期〉の始まりであるこの時期に、私は大きな変化は感じませんでした。それに対して、それより前の五十四歳のとき、つまりそれは九歳の鏡映関係《ミラーリング》にある時期ですが、そのときに溺れかかったのです。

第九〈七年期〉への移行の中で、私は自分の課題を新しく掴みなおさなければならないとはっきり感じていました。一年か二年後に気がついたのですが、ヨーロッパ訪問の中ですでに新しい課題が展開されていたのです。ヨーロッパにおいて、まずスイスのルーカス・クリニックで私は癌患者のためにバイオグラフィーワークを始めました。そして一九八九年から、スイスやドイツだけでなく、スペインやポルトガルでも、バイオグラフィーワークを取り入れようとするあらゆる種類のセラピストのためにコースを始めたのです。これが第九〈七年期〉における新しい色彩でした。

二度目の土星周期が終りを告げ、新しい周期が始まる六十歳の変化は大きなものでした。自動車事故で四週間もの間、トビアス・クリニックに入院したことは私にとって大きな贈り物のようでした。私は多くの人々と対話をし、古い友人たちとの関係に新風を吹き込むことができたのです。今日、あの事故を振り返り、またこうして治って元気になったと感じると、叡智に満ちた運命のはたらきに感謝するのです。それはいつも正しいものをもたらすのです。第二土星周期の終りを告げるのに、死と再生がふたたび私の人生の中に現れたのですから。この事故で私は、人が人生において目標を持つことがどんなに大事か教わった気がしています。絶えず新しい目標を置くということ、それは成長発展の大きな秘密なのです。

私が事故後ベッドで動けなかったときの、私にとっての唯一の目標は、頭を起こしたり、身体を横にしたり、ひとりで歯を磨いたり食事したりできることでした。それらができるようになると、ゆっくり身体を起こすこと、座ること、何かを読めるようになること、もっとひとりでいろいろできることが目標となりました。そして、その次の目標は、新しいコルセットに取替え、そのコルセットで歩けるようになることでした。それらすべての目標は、身近な、そして小さなものでした。それはしだいに大きく広がり、それと共に症状も回復していったのです。当時私は、病院と深い結びつきにあったふたりの亡くなった人の存在をとても強く身近に感じていました。ひとりは私の患者だった人で、もうひとりは第三章の「二十二歳のある医学生の手紙」を書いた青年です。彼らは私の中に、いかに人が新しい身体をつくりあげるのかという例を見たのです。私の場合は椎骨だったのですが。この死者たちの存在はずっと私の病床に付き添ってくれていたのです。

大変だったことは、足が動かない間は頭がまったく創造的に働かなかったということでした。例え

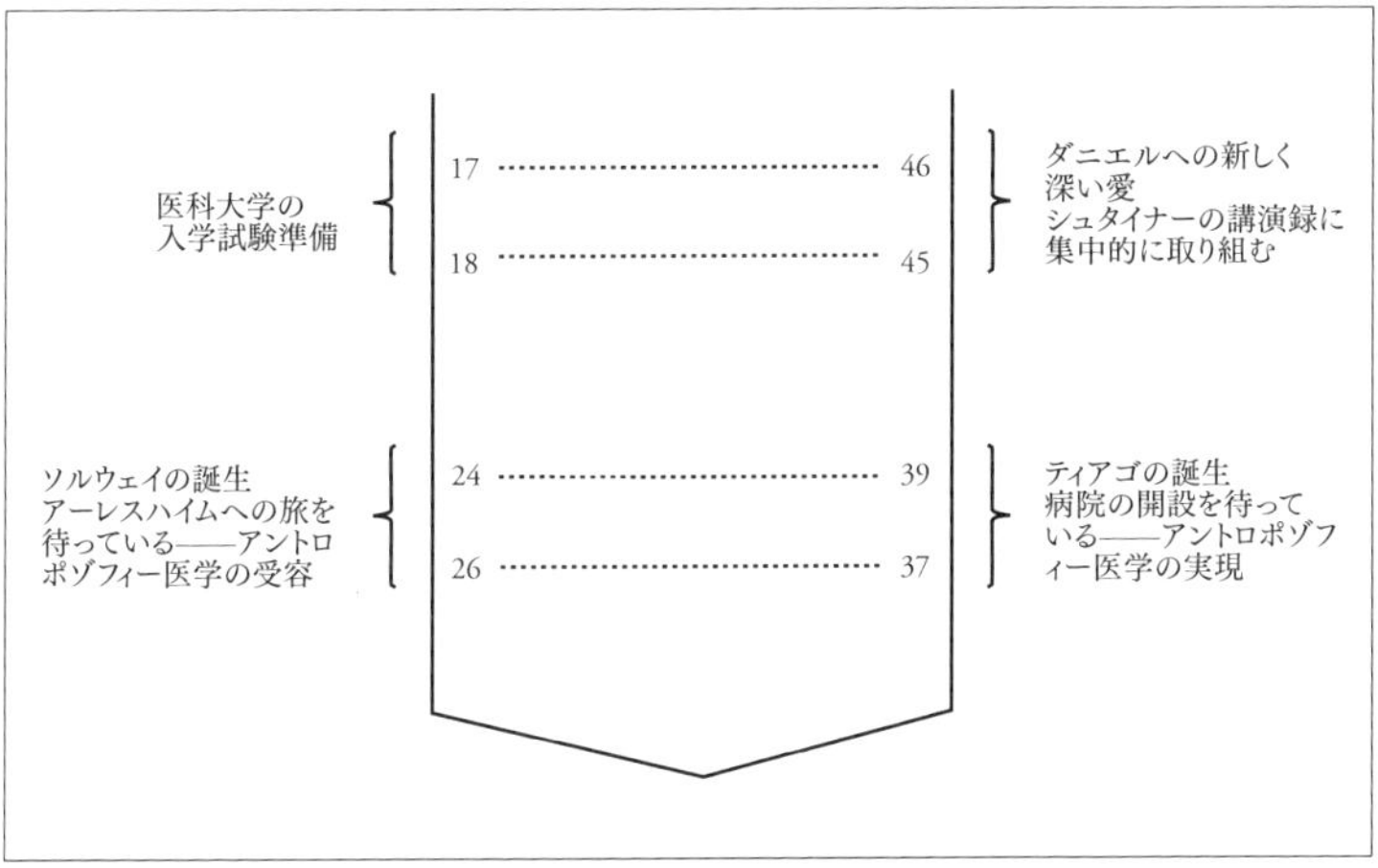

医科大学の
入学試験準備
17
46
18
45
ダニエルへの新しく
深い愛
シュタイナーの講演録に
集中的に取り組む
ソルウェイの誕生
アーレスハイムへの旅を
待っている――アントロ
ポゾフィー医学の受容
24
39
26
37
ティアゴの誕生
病院の開設を待って
いる――アントロポゾフ
ィー医学の実現

図 19

ば、病床で本を書くということはまったく不可能でした。このような状況から、多くの新しい可能性が未来に向かって起こるのだろうということを私は確信しています。

夫ダニエルとの関係は深まっていきました。もう今年（二〇〇五年）で三十年になります。

自分のバイオグラフィーを振り返ってみますと、真ん中の段階のところに重要な法則を見つけることができます。二十一歳から二十八歳の間に、アントロポゾフィー医学の知識を強く受け入れています。二十八歳から三十五歳、主に三十二歳から三十四歳までドイツにいたときに、私はその医学の知識を芸術的要素によって深めています。リズミカルマッサージやオイリュトミー療法、芸術療法（絵画）、それから芸術観察です。三十五歳から四十二歳の間に、ついに病院の礎石が置かれ、病院が設立されました。頭の領域から心の領域を通って行為へと至る道筋が、はっきりと現れています。

似たような形でこのことが、社会教育的な仕事分野においてバイオグラフィーワークに至るまでの道の中で繰り返されています。受容する時期（四十二歳から四十九歳）、実践する時期（四十九歳から五十六歳）、そしてこの衝動を実現し、人生の五十四年目のときに、その活動の場（アルテミージア）を設立しました。

いくつかの鏡映関係《ミラーリング》もあります。この場合、三十二年目、つまり三十一歳半がその転換点となります（図20参照）。私のバイオグラフィーでは二十一歳を基点にした鏡映関係《ミラーリング》ではあまり何もありません。私の人生の中では（もちろん他の人にとってもあるでしょうが）、ある種の「待っている時期」というのがあって、それが鏡映関係《ミラーリング》の中に現れていたりします。この時期をある種の「妊婦期」と呼びましょう。例えば図19のように、二十四歳から二十六歳の時期と、三十七歳から三十九歳の時期が鏡映関係《ミラーリング》の中で対応しています。また、別の「待っている時期」として、十七歳から十八歳の時期と、四十五歳から四十六歳の時期という鏡映関係《ミラーリング》があります。

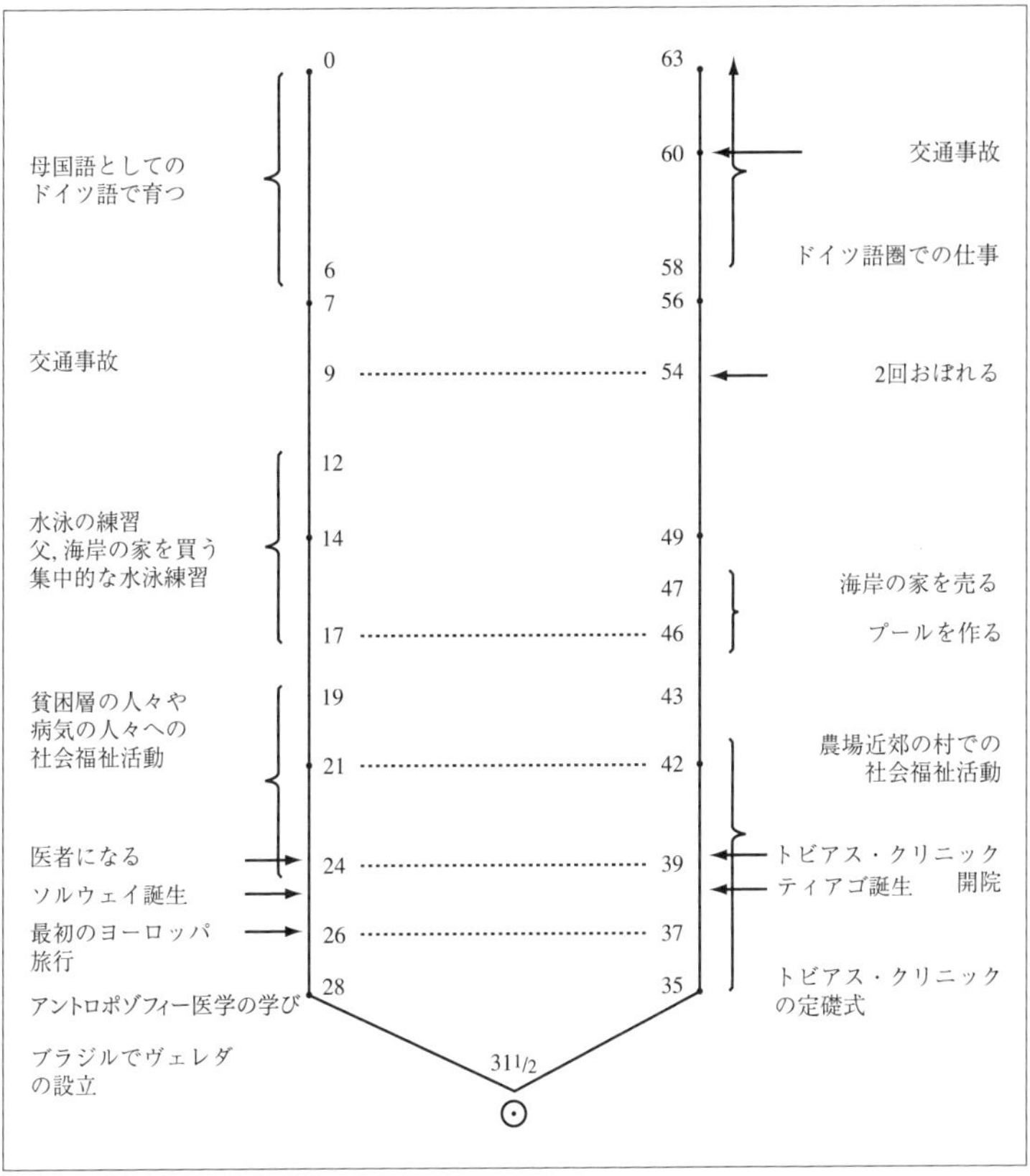
0
63
母国語としての
ドイツ語で育つ
60
交通事故
6
58
ドイツ語圏での仕事
7
56
交通事故
9
54
2回おぼれる
12
水泳の練習
父, 海岸の家を買う
集中的な水泳練習
14
49
47
海岸の家を売る
17
46
プールを作る
19
43
貧困層の人々や
病気の人々への
社会福祉活動
21
42
農場近郊の村での
社会福祉活動
医者になる
24
39
トビアス・クリニック
開院
ソルウェイ誕生
ティアゴ誕生
最初のヨーロッパ
旅行
26
37
28
35
アントロポゾフィー医学の学び
トビアス・クリニック
の定礎式
ブラジルでヴェレダ
の設立
31 1/2

図 20

第五〈七年期〉の前半（学校医として仕事をしていたとき）は、私の人間関係は混沌としています。三十一歳と三十二歳の間で、人間関係はある種のキリスト体験を通して変化していきます。この〈七年期〉の後半はヨーロッパ訪問を通して、非常に本質的な新しい関係が形成され、このことは後の私の職業上の営みに決定的な意味をもたらしました。

仕事上のことでは、十四年間（二十五歳から三十九歳）、自分の診療所を営みました。そのうち最初の六年間は学校医として、また父の研究所でも働きました。そして二年間はヨーロッパにいて、残りの六年間は自分の家のセラピーセンターで働きました。それから十四年間トビアス・クリニックで仕事をします。そのうち最初の七年間は、最初の夫の助けを借りてひとりでクリニックの責任を負い、次の七年間はグループで、共に責任を負った人々と働きました。このチームには二番目の夫ダニエルもいて、力を尽くしました。その二年後にはこの仕事から離れました。五十三歳から始めた「アルテミージア」では、七年後に「友の会」ができました。ダニエルは、企業の発展推進のためのセミナーを始めました。こうしてみると、ここでも七年のリズムがはっきりとしています。

私は二〇〇五年現在、土星の回帰の長さ（二十九年）ほど、バイオグラフィーワークの仕事をしています。「アルテミージア」では、ちょうど二十一年が過ぎたことになります。

その後の経過　第十版への補足

最初にこの本が出版されてから、十三年が過ぎました。（そして十七年だったダニエルとの結婚生活は、約三十年となりました。）その後私のバイオグラフィーがどのように発展し、動いていったのか、おそらく読者の皆さんには関心がおありのことと思います。

一九九〇年、私の長男の妻である、義理の娘が亡くなりました。この死をきっかけに、私はカリフォルニアであったエリザベス・キューブラ＝ロス[63]のワークショップに参加しました。同じ年の冬、私はダニエルと共にヨーロッパ旅行に出かけました。もともとの目的はエジプトとイスラエルに行くことでしたが、当時紛争が起っていたのであきらめねばなりませんでした。このとき私たちは、リーヴァフッド教授を訪問する最後の機会を得ました。

一九九一年、私はこの本を書きました。同じ年、息子のトーマスがフロリアノーポリスに引越し、再婚しました。

一九九二年、私に担当して欲しがっているある患者の招待で、パンタナルのリオ・ネグロ農場に行きました。そこは、それ以後私たちの休暇先となりました。ただ、クリスマス休暇だけはいつもサンパウロ近くの海岸にあるイーリャ・ベーラの漁師の家で過ごしました。

六十歳のときの自動車事故の際に体験したあらゆることは、私にとっておなじみのことでした。私は動くことができないまま横たわっていました。三本の椎骨が折れていました。そして救急車がやってきたのです。あの人生の十年目、九歳の時の記憶がはっきりと蘇ってきました。違ったのは、サンパウロへのヘリコプターによる輸送でした。できるだけ迅速に私はトビアス・クリニックに運ばれたのでした。そこに到着したときのことはとても感動的でした。すべての職員が私を迎えるために集まっていたのです。自ら設立した病院の患者となって、私は到着したのです。そのとき、ある「白昼夢」を見ました。それは二人の騎士の姿でした。ひとりは白い馬に乗り、ひとりは大地にたたきつけられていました。それはもちろん、ダニエルと私です。疑問が残ります。さて、どちらが誰だったのでしょうか？

六十歳のときの事故以後、私の精神的な創造性はさらに発展しました。そしてスイス、ドイツ、スウェーデン、イギリスでのバイオグラフィーワークの上級養成コースは続いていきました。それで、年に二回はヨーロッパに行き、六週間の間に何カ所も違うところで、それぞれ違うコースを行うということが頻繁に起りました。週末はいつも、移動する列車に乗って過ごしていました。

夫は、私が度々、長い間家を空ける状況をあまり好ましくは思っていませんでした。しかし私は、ヨーロッパにおけるバイオグラフィーワークのために何かするという内的衝動に満たされていました。それはすばらしい実りをもたらしました。多くの人々が、バイオグラフィーワークを自分の職業へ取り込んでいき、一部の人々はバイオグラフィーワーカーとなりました。「アルテミージア」ではこの時期、すばらしいチームが形成され、患者たちのためにバイオグラフィーコースがいつも提供されていました。

ベルナード・リーヴァフッドの死後しばらくして、「アルテミージア」で彼を偲ぶ集まりが行われました。そのとき、ある心理学者が、ブラジルでもバイオグラフィーワークの上級コースをやってくれないかと私に尋ねました。どうして海外ばかりで行うのかと。

この問いかけを受けた夜、私は夢を見ました。そして、ここブラジルでも上級コースを始めるべきだと確信したのです。

そして一九九三年、第一期の継続的な養成コースが始まりました。それは、年に五週間、三年間に渡るものでした。それぞれ二十四人から二十六人くらいの学生からなる養成コース、その中には多くの医者たちもいましたが、そのコースを四期終えたとき、七人のメンバーからなるグループを作りました。このメンバーで、私の監督のもとに今日も上級養成コースが続けられています。たいていの場合、私は上級コースの間にカルマについての講義も行います。*

この年、息子のトーマスとその妻シルヴィアと共に、私は北フランス、スペイン、ポルトガルを旅しました。その旅では、主に、巨石文化や氷河期の洞窟の絵画などを見て回りました。

一九九四年、バイオグラフィーワーク協会が設立されました。その年はバイオグラフィーコースがなくなったので、ベルリンにいた娘と、下の息子たち、ティアゴとマヌエルと共に、クレタ島に行きました。ベルリンからクレタに飛んで翌日に、私たちは暑い夏の海岸に行きました。二回目に泳いだ直後、私は自分の意識を失いました。そして古代ギリシャの壺や遺跡が、美しい「映画」となって私の頭の中を流れ出しました。私は自分がどこにいるのかわからなくなっていました。しかし、どうにか歩いてホテルまで戻ることができました。温まって、マッサージを受けて、やっと自分の意識にもどりました。私は、記憶、つまり自我というものが、自分の人生をつないでいる糸だということを体験したのです。そして、もし記憶を失ったら、それは自分の自我を失ったということなのです。（そ

* ヨーロッパにおける私の仕事は、ドルナッハにあるゲーテアヌム医学部門のミヒャエラ・グレックラーと、アーレスハイムにあるルーカス・クリニックによって可能となりました。そしてバイオグラフィーワークのための協会が設立され、そこではジルケとイヴェルのヘルヴィッヒ夫妻が中心となって働いてくれました。ルーカス・クリニックの中に、このワークのための場所が作られました。そのことにとても感謝しています。私たちの主導のもとに、医学部門で最初のバイオグラフィー世界会議が開かれました。初めて、世界中からバイオグラフィーワークを仕事にしている人々が集まったのでした。そこにはすばらしい雰囲気が流れ、ベルナード・リーヴァフッド教授も同席していました。私が彼に、「バイオグラフィーワークの父」と話しかけると、私たちは親しかったのですが、彼は私に言いました。「……それじゃあなたは母ですね。」

この集まりは変容しつつも続けられ、二年毎に開かれました。その間、バイオグラフィーの母の「子どもたち」は幸いにも独立、自立していき、二〇〇四年にバイオグラフィーワーク協会は解散しました。この仕事は、医学部門と共に社会科学部門によって担われ、そして今日、一般人智学部門に組み込まれることになったのです。〔著者による注〕

れ故、老人ホームでは多くのエクササイズをするのです。）この体験は、私のバイオグラフィーにおける重要な出来事でした。

一九九五年大晦日、ダニエルと私はとてもすばらしい自然体験をしました。私たちはベーラ島の近くで船に乗っていました。すると、何百頭ものイルカが私たちの船に寄ってきて通り過ぎて行ったのです。それは、あたかも年の変わり目の大きなお祭りのために、イルカたちが集まってきたような感じでした。

六十五歳のとき、人生において決定的な出来事が起りました。私はスイスでコースをやっていました。（ちょうどバイオグラフィーワークの継続的なコースの第一期が開かれていたときでした。）電話がかかってきて、夫が急性の心臓病で病院に運ばれたというのです。心筋梗塞と思われたのですが、あとで重症の狭心症だとわかりました。

友人たちの助けで、私はすぐにブラジルへ飛びました。飛行場から直接病院に着いたとき、ダニエルはすでに集中治療室からは出ていましたが、まだ医者の監視は必要でした。そういう状況ではいつもそうであるように、私の中にあらゆる種類の罪悪感が沸き起こりました。当然私たちの結婚生活のあり方についてもそれは及びました。私たちは、別々に生活していることが多かったのです。新しく生活のあり方を見直さなくてはなりませんでした。

病院の十二階から、私たちは地下室に移りました。（ブラジルでは患者はいつも家族の誰かに付き添われていることが可能でした。）私はひどく落ち込みました。私は文字通り「地下室」に落ちたのです。翌日の夜明けの薄明かりの中で、私は大きな罪悪感と後悔の念を抱いていました。そして突然、ある内的な力が沸き起こり、私の心を正しました。私は大きな愛を感じ、そして許しを乞うことができたのです。そのあと、私は至福の感情の中にいました。私をこうしてまっすぐに起き上がるようにしてくれたのはキリストの力だと確信しています。これら二つの出来事、六十歳のときの自動車事故と、六十五歳のときのダニエルの重い心臓病は、キリストの力のはたらきによってあったのだと感じています。それは、運命を導く力です。それは私がそれまでの人生でまだ感じたことのないものでした。

この出来事の後、私はヨーロッパでの仕事や旅を減らそうとしました。しかし、上級養成コースを私は一九九七年の終わりまでやりました。ラーンシュタインの病院では、医者や職場の人々たちが七年間バイオグラフィーの課題に取り組みました。そしてすべての職員が参加して、七惑星の質についての最後のセミナーが行われました。最後に私たちはワイマール旅行をしました。

ダニエルの心臓の病気の後、七月に私たちは子どもと孫全員で（四十二歳で妊婦になったアグレイアとその夫は除いて）、二台のトレーラーハウスに乗ってアメリカ合衆国をまわりました。ロサンゼルスからグランドキャニオンへ、そしてメサヴェルデへと、イエローストーンパークを抜けて行きました。グランドキャニオンとイエローストーンパークの間欠泉を見たとき、私は父なる神がご自分の神殿をここに建てられたのだと思いました。

一九九六年、ダニエルと私は、ドイツとスイスに休暇旅行をしました。そしてトゥーンでは、亡くなる少し前のダニエルの母を訪ねることができました。ボーデン湖やグリンデルヴァルトで、トレーラーハウスの中で過ごすのはとてもすてきでした。

一九九七年、私が六十五年暮らしてきたサンパウロから、ブラジル南部のフロリアノーポリスに引越し、そこで静かに暮らすことに決めました。その前に私は膝の手術をしました。しかし、その静かな生活は思っていたのとは違う形になりました。フロリアノーポリスに移ってちょうど一年たった頃（そこから私はワークショップのためにまだサンパウロやヨーロッパに飛んでいました）、そこの医者のグループがセラピーセンターのために、街の郊外に大きな場所をすでに長い間探しているということがわかりました。そして、看護師であり、マッサージ師である娘のソルウェイがちょうどベルリンからフロリアノーポリスに移ってきたので、小さな土地ではなく大きな土地を買う機会ができました。やがて、ヴィアリス・クリニックを設立することになりました。すべて寄付によってまかなわれ、そしてサグレス公益協会が生まれたのです。

静かな生活はそれによってとりあえず終わりました。その後すぐに、私たちはお客のための宿泊場所として「アカラント」という、一種のペンションを建てました（それは今日も私たちの個人所有になっています）。そして私は七十歳になりました。それで、診療をもうやめることにしました。（例外はあります。子どもたちや孫たちが必要であれば、そのために時間をさきます。）フロリアノーポリスでも同じようにいくつかのバイオグラフィーセミナーが開かれました。そしてここでも、それはあるグループによって今も継続されています。

一九九〇年に、イスラエルのダニー・アンマンのところでのバイオグラフィー養成コースを十日間手伝うように頼まれました。それで私の長い間の願いが叶うことになりました。それは、キリストの歩んだ道、キリストの生きた場所を訪ねることでした。そのコースでは、終わった後に、いつも誰か参加者が、一日か二日私を小さな旅行に連れて行ってくれるというふうに計画されていました。それはすばらしい体験でしたが、イスラエルの水はどこも減少していて（ヨルダン川、ガリレア湖、死海）、そのことは私をとても悲しませました。このイスラエルからの招待が一年遅く来ていたなら、私は忙しさのあまり行くことができなかったでしょう。同じ年、私はドルナッハでの大きなミカエル会議に参加しました。そして、ドイツのアイフェル地方の端にある、ブリギッテ・シェーネマンの小さな家に滞在しました。そこでは、小さなバイオグラフィーワークの集まりが開かれたのでした。

一九九八年、ダニエルと私はドルナッハの神秘劇の公演を見に行き、ついでにベルリンからトレーラーハウスでノルウェーに旅行しました。すばらしい歴史と文化を巡る旅になり、スターブ教会や博物館、フィヨルドはとても印象に残りました。しかし、ダニエルにしてみればおそらくこれが最後の大旅行でした。

ブラジルのサンパウロに住んでいたときには、毎年合わせて六回か七回、パンタナルに行きました。そこは、リオ・プラータに近い、マトグロッソ平原にあるすばらしい自然保護区域です。洪水地域であり、まだそこは動物の楽園世界でもありました。鳥や魚、ワニたちがいて、二度ばかり「オンサ」(大きなブラジル豹)も見ました。

私にとって自然との出会いは、いつも深い体験をもたらすものでした。いつまでも浸っていることができました。旅は十日以上長くなることはありませんでしたが、職業生活の合間の一休みになりました。

ダニエルの同僚、ヘルヴィク・ヘッティンガーの死は、私たちに衝撃を与えました。

ダニエルが少し元気になったとき、彼は大きなボートを買う気になりました。パンタナル旅行以来、アルミニウムのボートは持っていました。彼はフロリアノーポリスの島々を船で巡りたいという夢を持っていました。二年連続で海岸近くの別荘を使った後、岸に接して建っている家に引越しました。ボートをいつも水の上に置いておくことができたからです。そこから私たちは日没を眺めたり、かもめや水鳥たちを眺めました。水鳥たちは夕陽に向かって飛んでいました。そのように、死後、私たちの魂は身体を離れて飛んでいくのです。それは人生の日没への準備のようでした。宇宙への移行です。それは昼の間も夜の間も青く、星が散りばめられているところなのです。

二〇〇二年、七十二歳でまったく新しいことが私の人生に起りました。私は前から芸術療法に関心を持っていました。バイオグラフィーコースでも、絵画、彫塑、オイリュトミー、演劇を使っていました。しかし、第五〈七年期〉でマルガレーテ・ハウシュカに出会って以来、芸術療法の養成学校を設立するのは私の願いでした。フロリアノーポリスで、私の願いを分かち合ったグループができて、私たちは芸術療法学校を始めることに決めました。私にとって芸術療法は魂の療法であり、ルドルフ・シュタイナーもそのように言っています。私たちの学校では、絵画、素描、彫塑がおこなわれ、それからゲーテの観察術、歌、オイリュトミー、演劇が合わさっています。

教授陣や学生を確保することができ、二〇〇二年には美しいアトリエを、二〇〇四年には美しいホールやテラス、屋階を作り、これらすべての活動に十分な空間を確保しました。ここでも私たちはこのための寄付者に心から感謝をしなくてはなりません。そして、この学校での私の役割は何でしょうか？　私は三つの役を練習しています。参加者としての役割、組織する側の役割、そして教師としての役割です。そして管理的な仕事が増えれば、それはたいてい経済難ですが、私はストレスに見舞われます。老齢期の落ち着きと静けさは飛んでいってしまいます！

第一期生たちとともに始めて、一年前には二期生が来ました。学校は全部で四十単位、四年かかります。昨年の夏（二〇〇四年一月）、非常に疲れていた私は、二カ月間を海に面した別荘ですごしました。ダニエルはそこでトゥーン湖を思い出しました。というのも、私たちはある島にいて、そこからは陸地の山脈を眺めることができたからです。そこで私は毎日泳ぎ、フランツ・マルク[64]の作品に向かう時間を持ちました。芸術療法の学校のどの学生も、誰かある芸術家を選び、その絵を模倣しなくてはなりませんでした。私は、フランツ・マルクを選びました。彼の十五の絵を、オリジナルと同じ大きさで模倣する（水彩、パステル、二つは油絵で）という作業を通して、私は非常に癒されました。私のような年老いた人間には、彫塑より絵画のほうがずっと簡単で、それは本当に喜びを与えてくれます。これらの作業は私にとって、次の人生の準備だと感じています。それは、過去の能力から来ているのではない、まったく新しいことで、努力して、そして喜びを持って習得されなければならないのです。

四回目のムーンノードの時期（二〇〇三年の終わり）を、私はフランツ・マルクのおかげで無事に通り過ぎることができました。昨年は仕事でいっぱいでした。今年は、この衝動を先へと担っていくようなグループがここでも結成されることを願っています。

グードルン・ブルクハルト

二〇〇五年二月

老いることは叡智をもたらす――
要求せずに、愛することができる
しゃべることなく、助けることができる
黙って悩むことができる
自分を差し出すことができる
他者を喜ばすために。
老いゆくことはなんていいのだろう――
同時に新しくなることだ！

老いを結ぶことは
自分自身を統合すること――
自分の力と結びつけること
自分の弱さを結びつけるのではない。
自分の中に未来を成熟させなさい
（あるいは未来を芽生えさせなさい）。

（1）　人智学（Anthroposophie）は、ルドルフ・シュタイナー（訳註3参照）によって始められた学問・思想体系。「アントロポゾフィー」とも表記される。ギリシャ語の「アントロポス」（人間）と「ソフィア」（叡智・智恵）に由来する。両方の訳語とも通常用いられているが、本書では「人智学」で統一した。ただし、アントロポゾフィー（人智学）協会、およびアントロポゾフィー医学は、現在固有名詞として知られているので、前者に関しては部分的に併記し、医学の分野に関しては「アントロポゾフィー」とした。

（2）　ゲーテアヌムは「ゲーテの家」という意味で、ドイツの文豪ゲーテ（Johann Wolfgang von Goethe 1749-1832）から取られた名前。スイス、バーゼル近郊のドルナッハにあり、ルドルフ・シュタイナーの創始したアントロポゾフィー（人智学）協会と精神科学自由大学の建物をさす。現在の建物はシュタイナーの設計により、彼の死後完成された。精神科学自由大学は、医学、科学、教育、芸術などの様々な部門を持ち、世界の人智学運動の拠点となっている。

（3）　ルドルフ・シュタイナー（Rudolf Steiner 1861-1925）はゲーテ学者、思想家。自然科学（特にゲーテ的観点による科学）と霊学（精神科学）を独自の方法で結びつける。ブラヴァツキーの神智学協会に関わったのち、アントロポゾフィー（人智学）協会を設立する。その思想は、教育、農業、医療、芸術、自然科学、社会科学などの様々な分野の実践へと結びつき、「シュタイナー教育」などで今日にもその名を知られる。

（4）　イタ・ヴェークマン（Ita Wegman 1876-1943）は医師。精神科学自由大学医学部門の初代代表を務め、シュタイナーと共にアントロポゾフィー医学の基礎を築き、シュタイナーの死後もその発展に捧げる。シュタイナーとの共著『精神科学の認識による医療拡大のための基礎』（邦訳名『アントロポゾフィー医学の本質』）がある。

（5）　ノーベルト・グラス（Norbert Glas 1897-1986）は医師、現象学者。二十代でシュタイナーやヴェークマンに出会い、オーストリアのアントロポゾフィー（人智学）協会理事となる。一九四〇年渡英。現象学的、人相・観相学的研究やバイオグラフィーの研究を深め、癌治療の研究にも携わる。

（6）　ルドルフ・トライヒラー（Rudolf Treichler 1909-1994）は神経科・精神科医、詩人。人智学的家庭に育ち、十代のときにシュタイナーの死に遭遇する。医学、特に精神医学分野の発展に多大な貢献をする。『人生における魂の成長』など多数の著書の他、詩集もある。

（7）　ベルナード・リーヴァフッド（Bernard C J. Lievegoed 1905-1992）は精神科医。一九三一年、オランダで最初の人智学的治療教育施設を開設。一九五四年、企業コンサルティング機関NPI（Nederlands Pedagogisch Institut）を設立。バイオグラフィーワークの基礎となる理論を発展させ、社会教育分野で大きな役割を果す。『境域上の人間』（邦訳名『境域に立つ』）など多数の著書がある。

（8）　ヘルムート・J・テン＝ジートホッフ（Helmut J.ten Siethoff 1928-）はオランダで保険、不動産などの仕事に就いた後、社会教育を学び、NPIのリーヴァフッドのもとで働く。現在スイスで、バイオグラフィーセミナーとともに、人智学に基づく企業コンサルタントとして、主として企業・組織の発展のためのセミナーや、トップマネージメントセミナーなどを開く。

（9）　個的本性（Individualität）。語源的には"in"（不可）"-divid"（分ける）、つまりこれ以上分けることのできない核という意味がある。ここでは、最も個的な霊的本性であり、転生を繰り返す霊的な核のことをいっている。一般に「個性」と訳されるが、本書では、転生を繰り返しつつ進化していこうとしている普遍的、霊的な本性としての意味を強調するため「個的本性」と一貫して訳した。

（10）　別名「緑の蛇と百合姫」ともいわれ、『ドイツ移民の会話集』に収録されている。ゲーテ学者であったシュタイナーはこれについての講義も行なっている。物語の中で、緑の蛇が自分を犠牲にして橋に変容する。

（11） 個性（Persönlichkeit）は通常、「人格」、「個性」、「人となり」、「パーソナリティー」などと訳されるが、ここでは、個的本性（Individualität）の普遍性に対して、地上に生きる魂の個的な性格をもった部分を表している。本書では、人格という訳語がふさわしい箇所もあるが、それも含めて、地上で育ち変容していく部分という意味で「個性」で統一した。

（12） 身体を構築し、作り上げようとする力と、解体し、ほどいていこうとする力（Aufbauprozess, Abbauprozess）。以後本書ではそれぞれ、「構築過程」と「解体過程」と表記。

医学分野や人間学的分野でよく使われる人智学的表現で、特に人間という生命有機体が営む重要な生命活動である。人間有機体においては、物質を生み出し、それらを結び合わせていく肉体的な作用（構築過程）と、構築された物質を分解し、意識を生み出す基盤となる作用（解体過程）とが、対極に向かい合っている。この二つのはたらきはひとつの呼吸の過程にたとえることもでき、構築過程は息を吸い込むこと、または集中へと向かう過程を示し、解体過程は息を吐き出すこと、または拡散する過程を示す。人間の生命活動は、このふたつの相反する過程が相互に拮抗しつつ、調和をなしていることにより成りたっているといえる。

本書では、この二つの過程は、生命力が旺盛で、受肉していく過程でもある身体の構築期（二十一歳まで）と、生命力は衰え、離肉していく過程でもある身体の衰退期（四十二歳以降）との対比で語られている。本書にもあるとおり、生命力が衰えることは意識が発展する可能性があるということでもある。

（13） 七年期（Jahrsiebt）とは人生を七年の周期で分ける考え方に基づいて分けた、ひとつの七年間のまとまりを指す。生まれてから最初の七年を、第一〈七年期〉、その次の七年を第二〈七年期〉……と呼ぶ。

（14） アレクサンダー・ルロワ（Alexandre Leroi 1906-1968）は医師。アーレスハイムの臨床治療研究所で、生涯を癌の研究と治療に捧げる。

（15） アントロポゾフィー医学に基づく治療をさす。医薬品を用いた治療の他、必要に応じて様々な芸術療法（絵画、彫塑など）や、音楽療法、オイリュトミー療法、リズミカルマッサージ、食餌療法などが併用される。

（16） リズミカルマッサージのこと。イタ・ヴェークマン（前出）によって考案され、その後、マルガレーテ・ハウシュカ（訳註61参照）により実践的に構築された。

(17)　オイリュトミーはシュタイナーによって一九一二年に始められた動きの芸術。今日、舞台活動としての芸術オイリュトミー、シュタイナー教育における重要な要素としての教育オイリュトミー、成人教育・社会教育に寄与する社会オイリュトミーとともに、医療活動におけるオイリュトミー療法がある。専門的研鑽を積んだオイリュトミー療法士によって行なわれる。

オイリュトミーとは言葉の音の響きの持つ形成力を動きに表したものである。この音の持つ形成力が身体の各器官の形成過程と緒機能とに深く係わっているという観点から、オイリュトミー療法では、これらの動きを集中して行なうことを通して、器官の緒力を活性化させ、その機能の回復を促進することをめざす。また、アントロポゾフィー医学では、病気を、人間存在の三つの構成要素（精神、魂＝心、肉体）のバランスの歪みから生じるものと捉えているが、オイリュトミー療法は、そのホリスティックなアプローチにより、失われた心身の調和を回復する助けとなる。

(18)　リーヴァフッドによると、遺伝的要素を担う器としての肉体の性質を体質といい、生命活動を担うとされるエーテル体の性質を気質という。気質は自然界の四つのエレメント（地、水、風、火）と関連していて、憂鬱質、粘液質、多血質、胆汁質に分けられる。人間の感情を担う体あるいは魂の性質を性格といい、七つの惑星（月、水星、金星、太陽、火星、木星、土星）に関係する。人間の自我の性質は黄道の十二宮（牡羊座、牡牛座、双子座、蟹座、獅子座、乙女座、天秤座、蠍座、射手座、山羊座、水瓶座、魚座）の質と関わる。それらは、ひとりひとりの人間が地上への誕生に際して持ってくるもの、あるいは選んでくるものであると考えられている。これらについては、本書第八章でも触れられている。

(19)　聖書のヨハネ福音書十四章六節。

(20)　カール・ケーニッヒ（Karl König 1902-1966）は医師。イタ・ヴェークマンの導きで治療教育と出会う。以後、世界的なキャンプヒル運動（人智学に基づく、魂の保護を求める子どもたちや障碍を持った大人たちのための共同体づくり）の先駆者となり、生涯を治療教育に捧げる。『子どもが生まれる順番の神秘』などの著書がある。

(21)　シュタイナー教育を行なうシュタイナー学校のこと。一九一九年に開校された世界で最初のシュタイナー学校は、ヴァルドルフ・アストリアという会社の社主の要請により誕生した学校であったのでこう呼ばれた。故に、シュタイナー教育のことをヴァルドルフ教育、シュタイナー学校をヴァルドルフ学校と呼ぶことも多い。

（22）ファン・ラモン・ヒメネス（Juan Ramon Jimenez 1881-1958）はスペインの詩人。本詩は詩集『永遠』（一九一六—一七）より。

（23）『神秘学概論』『霊学の観点からの子どもの教育』はシュタイナーの著作。『四つの気質』はシュタイナーの講演録。『子どもの最初の三年間』（邦訳名『子どもが三つになるまで』、そのだとしこ訳、パロル舎刊）は前出のカール・ケーニッヒの著作。『魂の道具としての肉体』は、ワルター・ビューラーの『魂の道具としての肉体の病気と健康』であると思われる。

（24）感覚魂（Empfindungsseele）は感受魂とも訳される。シュタイナーによると、人間存在は大まかに三つの構成要素（霊または精神、魂または心魂、身体）から成り立ち、そしてその魂はさらに三つの部分に分けられる。

感覚魂とは、魂の中でもまだ身体にいくぶんか結びついている低次の部分を指す。本能的なもの、外からの印象、自分の好き嫌いなどに左右されやすい。次の部分が悟性—心情魂（Verstandes-Gemütsseele）で、理性的な思考によってより客観的なものを見いだしていこうとする魂の部分と、他者に共感しようとする魂の部分を指す。そして三つ目が意識魂（Bewußtseinsseele）であり、これはすでに霊的な部分が魂に入り込んできているといえる。高次の自我の光に照らされた核を己の内に見いだそうとする、より発達した魂の部分である。これらの魂の三つのあり方についてはシュタイナーの著作『神秘学概論』『神智学』などに詳しく書かれている。

本書では、二十一歳から四十二歳の魂の成長期である三つの〈七年期〉を、それぞれこの魂の三つの部分の成長段階として関連付けている。

（25）C・G・ユング（Carl Gustav Jung 1875-1961）はスイスの心理学者、精神医学者。

（26）さとうきびの焼酎をレモンなどで割ったカクテル。

（27）ゲーテの自然科学の基本をなす方法。自然対象を機械的・分析的に捉える近代的自然科学観に対して、ゲーテの自然観は、対象を生きた自然としてありのままに、包括的に捉え、そこから対象の本質を体験的に認識する。ゲーテ学者であったシュタイナーはこのゲーテの観察術を徹底的に学び、それを自らの人智学の根幹に据えている。ゲーテ的観察術の具体的実践がシュタイナー教育であり、バイオダイナミック農法（訳註40参照）であり、アントロポゾフィー医療であるといわれている。人智学的社会教育の実践においても、この観察術は客観化の練習などのための重要な要素として、若者や大人のための教育の場などで取り入れられている。

(28) アインシュタイン (Albert Einstein 1879-1955) は理論物理学者。相対性理論で有名。

(29) クリスティアン・モルゲンシュテルン (Christian Morgenstern 1871-1914) はドイツの詩人。晩年シュタイナーと人智学に出会う。本詩は最晩年の詩集『我らは道を見いだした』より。第五章の前にある詩の出典は不詳。

(30) 聖書のマタイ福音書二十五章十四節から二十七節、およびルカ福音書第十九章十一節から二十七節。

(31) ゴルゴダにおけるキリストの死と復活のことを指す。

(32) シュタイナーによると、キリストという偉大な霊が受肉するために、その器となるイエスが準備され、イエスが三十歳のときヨルダン川で洗礼者ヨハネによる洗礼を受けたとき、キリスト存在がイエスの中に受肉して地上的存在となった。キリストは太陽神でもあり、人間として受肉した神である。三十三歳で十字架にかけられて人間として死ぬまでの間、イエスに受肉したキリスト、すなわちイエス・キリストとして生きた。

(33) ヴァーツラフ・ハベル (Vaclav Havel 1936-2011) はチェコの大統領、劇作家。本詩はエッセイ集『初めに言葉ありき』より。

(34) ゲイル・シーヒー (Gail Sheehy) はアメリカのジャーナリスト。『人生の予測される危機』他、人間、あるいは女性のライフサイクルや更年期を扱った著書から、世界の有名な政治家を扱ったものまで、アメリカではベストセラーが多数ある。

(35) 欧米を中心に世界中に組織を持つ秘密結社。起源は石工の同業組合ともいわれ、その道具である金槌がシンボルになっている。多くの知識人、芸術家、上流市民、政治家が関与しているとされ、ある種の参入儀礼を持ち、普遍的な人類共同体の実現をめざすといわれている。

(36) 使徒パウロの言葉。ガラテア人への手紙、第二章二十節。

(37) エーリッヒ・フロム (Erich Fromm 1900-1980) はドイツの精神分析学者、社会学者。

(38) ゲーテ『ファウスト』の冒頭、天上の序曲に、「太陽は古より音を奏で、宇宙の兄弟たちと歌を競いあう」という一節がある。

(39) サン＝テグジュペリ（Antoine de Saint-Exupéry 1900-1944）の『星の王子さま』の主人公をさし、この「王子さま」のような魂の質をさしている。

(40) バイオダイナミック（biodynamic）は英語、ドイツ語では biologisch-dynamisch という。生命力動農法と訳されることもある。シュタイナーによって提唱された農法で、通常の有機的農法を超え、宇宙の力、法則を取り入れた農法として、現在世界各地で試みられている。

(41) メタモルフォーゼ（Metamorphose）はドイツ語。従来、「変態」「形態変成」「変容」などと訳されるが、ここではあえて原語をそのまま使っている。一七九〇年にゲーテの『植物のメタモルフォーゼ』は出版されている。本質を保持しつつ、その形態、あり様を変化させていくことをメタモルフォーゼという。たとえば蝶は、卵、幼虫、蛹、成虫と存在形態を劇的に変化させていくが、その蝶である本質は変わらない。ここにメタモルフォーゼの典型を見ることができる。ゲーテによると、植物においては、原型としての「葉」が、通常の葉、そして、ガク、花弁などに姿を変えていくとされる。

(42) インスピレーション（Inspiration）。訳註52参照。

(43) イントゥイション（Intuition）。訳註52参照。

(44) ベレディーン・ジョスリン（Beredene Jocelyn 1904-1986）はアメリカの人智学者のひとり。ニューヨークで教師として働きながら、講演活動や執筆活動をする。著書に『宇宙市民』の他、夫との共著『黄道十二宮へのメディテーション』がある。

(45) ヘルマン・ヘッセ（Hermann Hesse 1877-1962）はドイツの詩人、作家。本詩は詩集『段階』より。

(46) 『ヘッセ詩集』山口四郎訳、角川文庫より引用させていただいた。

(47) エンテレキーの原語は〝Entelechie〟。もともとはアリストテレスの造語で、自らその目標を決定する根源的力を指し、霊魂のことを意味する。転生する永遠の核と考えられている。

(48) 原語は〝Spiegelung〟、英語では〝mirroring〟。鏡映のことであるが、鏡映関係とここでは訳し、ミラーリングとルビを振った。バイオグラフィーで変容しつつ繰り返している出来事のみを見れば、それはリズムの要素であるが、鏡映《ミラーリング》関係では、ある基点を軸として左右対称に対応する二つの時期に何らかの対応・照応する出来事が現れる。その出来事は繰り返されていたり、同じ要素が映し出されていたりということもあるが、むしろ前の要素の違った段階での現れであったり、変容されていることが多い。

(49) ヨーロッパ各地の聖杯伝説、特にフランスのクレチアン・ド・トロワの作品をもとに、ヴォルフラム・フォン・エッシェンバッハ（Wolfram von Eschenbach ca. 1170-1220）によって作られたドイツ中世の物語『パルツィファル』。リヒャルト・ワーグナーのオペラで知られている。

(50) シュタイナーによると、ルカ伝のイエスが十二歳のとき、マタイ伝のイエス（十一カ月と二十日年上）の自我がルカ伝のイエスと一体化し、自我を失ったマタイ伝のイエスはその後しばらくして死ぬ。つまり、ルカ伝のイエスにマタイ伝のイエスの自我が介入したということを、ここではいっている。

(51) キリストのゴルゴタでの十字架上の死と復活、およびそれにまつわる出来事をさしている。シュタイナーによると、それによりキリスト存在は地球と結びつき、それ以降、人間の自我にキリスト存在が強く働きかけることが可能になったとされている。

(52) 聖書のマタイ福音書十八章二十節。

(53) これらは三つの高次の霊的認識のあり方で、それぞれ通常は「霊視」、「霊聴」、「神秘的合一」とも訳される。ここでは、通常使われているイマジネーション（想像力）、インスピレーション（霊感）、イントゥイション（直観）の概念とは区別する必要がある。著者は本書でイマジネーションとインスピレーションをそれぞれ「新たな」観る能力、「新たな」傾聴する能力と言い換えているので、イントゥイションについても同じように、新たな合一的認識能力と訳した。すなわち、霊的な対象を認識することは、同時にそれと内的に合一していることとされる。これらの三つの高次の認識の道については、シュタイナーの『神秘学概論』に詳しく書かれている。

本書では、四十二歳以降の霊的発展の段階である三つの〈七年期〉との関連で語られる。身体的に衰えていくことで、諸器官の自由になった諸力が、これら高次の認識のための器官を作る可能性が生まれるとされる。

(54) ルドルフ・マイヤー（Rudolf Meyer 1896-1985）はシュタイナーの弟子で、シュタイナーの助言によりできた宗教改新運動「キリスト者共同体」の創立司祭のひとり。多数の著作がある。本詩の出典は不詳。

(55) 死後七つの惑星領域を通過し、誕生前再びそれを逆にたどって地上に降りてくるが、それぞれの惑星領域でその惑星の質をまとうことになる。本書第六章に述べられているように、人生においても同じようにそれぞれの惑星のはたらきが特に強い時期があるが、七つの質すべては人間の魂の質、性格として誰もがもっている。その中で火星の質と土星の質について、ここで触れている。

（56）　一九〇〇年頃にドイツで興った生活改新運動。ツァラトゥストラ（ゾロアスター）の叡智を改新しようとする「生き方」のシステム。菜食主義などを厳格に貫く。

（57）　シュタイナーの著作。巻末参考文献参照。

（58）　エーレンフリート・パイファー（Ehrenfried Pfeiffer 1899-1961）は化学者。ルドルフ・シュタイナーとともに、バイオダイナミック農法の最初の調合剤を開発した。結晶化の研究者としても知られ、『結晶化における形の力の研究』などの著書がある。

（59）　ヴェレダ（Weleda）は人智学に基づく製薬会社。現在、世界二十六カ国に子会社があり、医薬品、化粧品などを扱っている。

（60）　天使でありながら神になろうとした堕天使。聖書では普通、「悪魔」といわれている。シュタイナーによると、人間を人間という存在から遠のけようとする力、つまり悪の力には主として二つあり、それはあらゆるところに見られる二極性として現れる。たとえば、ひとつの力は人間を地上に結びつけ、機械化、物質化しようとし、もうひとつの力は人間を地上から離し、偽りの高みへと誘惑しようとする。ルチフェルは後者であり、本文では、人との関係で起こりやすい、誇大化した自己のあり方や、思い上がりにいたる自尊心や自惚れなどをさしている。

（61）　ヘルムート・フォン・キューゲルゲン（Helmut von Kügelgen 1916-1998）はジャーナリストで教師。ヴァルドルフ学校で教師として働いたのち、国際ヴァルドルフ幼稚園連盟の設立に関わる。社会教育の学校を設立し、北南米大陸を中心に講演活動をする。

（62）　マルガレーテ・ハウシュカ（Margarethe Hauschka-Stavenhagen 1896-1980）は医師。ヴェークマンとともに、リズミカルマッサージの基礎を作り、その後発展させる。また絵画などの芸術療法の発展に特に貢献する。

（63）　エリザベス・キューブラ＝ロス（Elisabeth Kübler-Ross 1926-2004）は医学博士、精神科医。スイスで生まれ、アメリカに移る。終末医療や死生学のパイオニア的存在。「生、死、移行のワークショップ」を世界各地で開催。『死ぬ瞬間』から『ライフレッスン』まで多数の世界的ベストセラーがある。
（64）　フランツ・マルク（Franz Marc 1880-1916）はドイツ人画家。カンディンスキー（1866-1944）らとともに「青騎士（ブラウエ・ライター）」を結成。

参考文献

1. Aschenbrenner, *Michael:Tierkreis und Menschenwesen*, Dornach 1972.
2. Flensburger Hefte Nr. 31: *Biografiearbeit*.
3. Fromm, Erich:*Die Kunst des Liebens*, Frankfurt/M., Berlin 1992.（『愛するということ』、E・フロム著、鈴木晶訳、紀伊国屋書店、一九九一年）
4. ders.:Haben oder Sein. *Die seelischen Grundlagen einer neuen Gesellschaft*, München 1991.（『よりよく生きるということ』、E・フロム著、小此木啓吾・堀江宗正訳、第三文明社、二〇〇〇年）
5. Gammnitz, Giesela: *Vom Altwerden. aus Rudolf-Steiner-Gesamtausgabe*, Dornach 1987.
6. Glas, Norbert: *Frühe Kindheit*, hrsg von der Arbeits-gemeinschaft Anthroposophischer Ärzte, Stuttgart 1957.
7. ders.: *Gefährdung und Heilung der Sinne*, Stuttgart 1984.
8. ders.: *Jugendzeit und mittleres Alter*, hrsg. von der Arbeitsgemeinschaft Anthroposophischer Ärzte, Stuttgart 1960.
9. ders.: *Lebensalter des Menschen*. Bd.3: *Lichtvolles Alter*, Stuttgart 1982.
10. Goethe, Johann Wolfgang: Das Märchen, in: *Unterhaltungen deutscher Ausgewanderten*.（『メルヒェン』、J・W・フォン・

ゲーテ著、乾侑美子訳、あすなろ書房、一九九一年）
11. Brüder Grimm：*Kinder-und Hausmärchen*, Frankfurt/M.1984.（『完訳グリム童話集』一―五、岩波書店、一九七九年、ちくま文庫、二〇〇五年―など）
12. Hahn, Herbert: *Der Lebeslauf als Kunstwerk*, Stuttgart 1966.
13. Heuwold, Horst: *Den Faden wieder aufnehmen*, Stuttgart 1989.
14. Holzapfel, Walter: *Auf dem Wege zum Hygienischen Okkultismus*, Dornach 1988.
15. Jocelyn, Beredene: *Bürger des Kosmos* (Citizens of the Cosmos).
16. Julius, Fritz H.: *Die Bildesprach des Tierkreises*, Stuttgart 1956.
17. Jung, C.G./ Marie L. von Franz (Hrsg.): *Der Mensch und seine Symbole*, Olten/Freiburg i. Br. 1991.（『人間と象徴』上・下、C・G・ユング他著、河合隼雄監訳、河出書房新社、一九七五年）
18. ders.: *Welt der Psyche*, München 1981.
19. König, Karl: *Brüder und Schwestern*, Stuttgart 1964.（『子どもが生まれる順番の神秘』、カール・ケーニッヒ著、そのだとしこ訳、パロル舎、一九九八年）
20. ders.: *Über die menschliche Seele*, Stuttgart 1988.
21. Lauenstein, Dieter: *Der Lebenslauf und seine Gesetze*, Stuttgart 1974.
22. Lauer, H.Erhard: *Der menschliche Lebenslauf*, Freiburg i. Br. 1952.
23. Lebenshilfen Bd.2: *Lebenslauf. Das Ich als geistige Wirklichkeit*, hrsg. vom Verein für ein erweitertes Heilwesen, Stuttgart 1988.
24. Levinson, Daniel J.: *The Seasons of a Man's Life*, New York 1979.
25. Lewis, Spencer: *Self Mastery and Fate with the Cycles of Life*, California USA 1975.
26. Lievegoed, Bernard: *Entwicklungsphasen des Kindes*, Stuttgart 1976.
27. ders.: *Der Menschen an der Schwelle*, Stuttgart 1985.（『境域に立つ１』、『境域に立つ２』ベルナード・リーヴァフッド著、丹羽敏雄訳、涼風書林、二〇〇八年）
28. ders.: *Lebenskrisen-Lebenschancen*, München 1979.

29. Nordmeyer, Barbara: *Lebenskrisen und ihre Bewältigung*, Stuttgart 1982.
30. O'Neill,Giesela und George:*Der Lebenslauf. Lesen in der eigenen Biografie*. Hrsg. und mit einem abschließenden Kapital versehen von Florin Lowndes, Stuttgart 1994.
31. Sheehy, Gail: *Pathfinders*, New York 1981.
32. ders.: *Predictable Crisis of Adult Life*, New York 1976.
33. Steiner, Rudolf: *Esoterische Betrachtungen karmischer Zusammenhänge*, Bde.1-6, GA235-240, Dornach 1974.（うち一巻、二巻は、『カルマ論集成』一―五、ルドルフ・シュタイナー著、西川隆範・松浦賢訳、イザラ書房、一九九三―一九九六年）
34. ders.: *Die Geheimwissenschaft in Umriss*, GA13, Dornach 1989.（『神秘学概論』、ルドルフ・シュタイナー著、高橋巖訳、ちくま学芸文庫、一九九八年）
35. ders.: *Metamorphosen des Seelenlebens. Pfade der Seelenerlebnisse*, Bde.1 u. 2, GA58, 59, Dornach 1984.
36. ders.: *Die Offenbarungen des Karma*, GA120, Dornach 1975.（『シュタイナーのカルマ論・カルマの開示』、ルドルフ・シュタイナー著、高橋巖訳、春秋社、一九九六年）
37. ders.: *Wiederverkörperung und Karma*, GA135, Dornach 1989.
38. ders.: *Soziale und antisoziale Triebe im Menschen*, Vortrag vom 12. Dez. 1918, aus GA186, Dornach 1988.
39. ders.: *Theosophie*, GA9, Dornach 1987.（『神智学』、ルドルフ・シュタイナー著、高橋巖訳、ちくま学芸文庫、二〇〇〇年）
40. ders.: *Vom Lebenslaufe des Menschen. Zwölf Vorträge*, ausgewählt und herausgegeben von Erhard Fucke, Stuttgart 1991.
41. ders.: *Welche Bedeutung hat die okkulte Entwicklung des Menschen für seine Hüllen?*, GA145, Dornach 1986.
42. ders.: *Wie erlangt man Erkenntnisse höherer Welten?*, GA10, Dornach 1982.（『いかにして超感覚的世界の認識を獲得するか』、ルドルフ・シュタイナー著、高橋巖訳、ちくま学芸文庫、二〇〇一年）
43. Treichler, Rudolf: *Metamorphosen im Lebenslauf*, Dornach 1984.
44. ders.: *Die Entwicklung der Seele im Lebenslauf*, Stuttgart 1981.

45. Vreede, Elisabeth: *Anthroposophie und Astronomie*, Freiburg 1954.
46. Zeylmans van Emmichoven, F.Willem: *Die menshcliche Seele*, Basel 1979.

邦語参考文献

『増補版シュタイナーの老年学――老いることの秘密』丹羽敏雄、涼風書林、二〇二二年。

『シュタイナーの人生学』丹羽敏雄、涼風書林、二〇二〇年。

『シュタイナーのアントロポゾフィー医学入門』ビイング・ネット・プレス、二〇一七年。

訳者あとがき

「バイオグラフィー」は、通常「伝記」と訳されますが、「生の記録」あるいは「生きてきた軌跡」ともいうことができます。また、「人生の物語」ともいえ、ひとりひとりまったく異なり、個的なものです。この人生の軌跡、すなわちバイオグラフィーを振り返り、整理することで、現在の自分の立っている位置を確認し、人生の意図を見いだすことが可能になります。また、自分のバイオグラフィーに取り組むことで、自分を客観的に知り、他者を理解する助けになります。この学びの作業と過程が「バイオグラフィーワーク」です。その現代における意味や必要性、そして目的については、本書に十分に書かれていますので、あえてここで繰り返すことは控えます。

本書でいわれているバイオグラフィーの考え方は、ルドルフ・シュタイナーの人智学を基にしています。それは、彼とイタ・ヴェークマンによって始められたアントロポゾフィー医学の実践とともに、その弟子や後継者である医者たちを通してさらに発展していきました。そして特にオランダにおいて、バイオグラフィーワークという実践に到ったのです。それは、科学技術が高度に発達していく一方で、人間の意識はより個別化し、個々の魂はより孤立し、互いの繋がりや理解を失っていくという現代の状況に対して、より意識的、より主体的な大人のための自己教育の方法が必要となったからです。その最大の貢献者が、本書にもたびたび登場する「バイオグラフィーワークの父」、ベルナード・リーヴァフッドです。

ベルナード・リーヴァフッドはオランダ人の両親のもとインドネシアで生まれ、やがてオランダに渡り医者となります。その過程で人智学とヴェークマンに出会い、一九三一年、オランダで最初の人智学的治療教育施設を創設します。第二次大戦後、精神科医でもあった彼はバイオグラフィーの理論を発展させ、社会教育へ向かいます。そしてNPIという、バイオグラフィー理論を用いた企業コンサルティング機関を設立します。そこで学んだのが、本書の著者、グードルン・ブルクハルトのふたりの夫です。そのいきさつは著者自身のバイオグラフィー（本書二五五—二九一頁）に詳しく書かれていますが、医者である著者自身もまた、このふたりの男性を通して、社会教育分野とバイオグラフィーワークに出会っていきます。

グードルン・ブルクハルトはドイツ人の両親のもと、ブラジルに生まれました。医学生の頃より人智学に関わり、やがてブラジルにおけるアントロポゾフィー医学のパイオニア的存在として、トビアス・クリニック設立などの大きな役割を果しました。

人智学の芸術分野にも関心を寄せていた彼女は、絵画や粘土、演劇やオイリュトミーなど、芸術的な要素を取り入れ、バイオグラフィーワークをグループワークとして、より実践的・具体的に発展させました。彼女はリーヴァフッドをして「バイオグラフィーワークの母」といわしめるほど、その発展に大きく寄与し、その方法論はヨーロッパやブラジルを中心に多くの後継者に引き継がれていっています。本書は、彼女が書いたこの分野の著作の最初のもので、実践的方法を交えた、誰もが始めることのできるバイオグラフィーワークの入門書です。

読者の皆さんのなかには、おそらくこの本の背景にある人智学の考え方が受け入れ難い、あるいはわかりにくいと思われる方もあるかもしれません。しかし、例えば人生における様々なリズムについての考え方は、決してシュタイナーだけのものではなく、古代からの叡智の中にも言い尽くされていることであり、また西洋占星術に詳しい方にも決して目新しいものではないでしょう。もちろん、中国や日本でいわれている人生の節目や厄年とも無縁ではないはずです。また、人間が転生を重ねる存在であるという考えも、日本人の私たちにとってはなじみのないものではありません。ただし、本書にはカルマや転生といった考え方が根底にありますが、具体的に扱っているのは、あくまでもこの今の地上生です。これは非常に重要なことです。

読者の皆さんはここに書かれていることをそのまますべて受け入れる必要はないのです。また、人智学の知識も前提にする必要はありません。むしろ、このような観点で人生を捉えてみたときに、そこに立ち現れてくるものがご自分にとってどうであるのか、ということが重要ではないでしょうか。本書を通して、ご自分にとっての人生が何かより価値あるもの、より確固としたものになり、これまでの人生を肯定し、未来に対して前向きに考えるきっかけとなれば幸いです。

この本に書かれている具体的な人生の数々は、すべてブラジルに住む人々のものです。異なる文化背景、時代背景を持っているので、彼らの外的生活の例は日本の現代に必ずしもあてはまらないこともあるでしょう。にもかかわらず、それらを読んでいると、熱く、重く胸に迫ってくるものがたくさんあります。国や背景の違いより、むしろ同じ人間としての魂の生活や内的葛藤は普遍的であると思わずにはいられません。そのいくつかの人生の有り様の中に、自分自身の人生の様々な局面が映し出されていると感じられることもあるかもしれません。そうであるなら、この本を読み、自分ひとりでバイオグラフィーワークに取り組む人にとって、これらの見知らぬ人々の人生に「集中する」ことは、グループワークで他者の人生に耳を傾けるのと同じような体験をもたらすのではないでしょうか。誰もが、他者の人生からも深く学ぶことができるのです。

とはいえ、バイオグラフィーワークの醍醐味は、何といっても生身の人と人との出会いがもたらす作用にあります。特にグループでのワークにおいて、それは深く体験することができます。個人のセッションであれ、グループワークであれ、そのような出会いを通してそれぞれのバイオグラフィーに取り組む過程をサポートするのが、バイオグラフィーワーカーの役割となります。

著者が自身のバイオグラフィーで触れているように、一九九四年に設立されたバイオグラフィーワーク協会は二〇〇四年に解散しましたが、昨年（二〇〇五年）には、ドルナッハで開かれたバイオグラフィーワーク国際会議で、新たに「職業としてのバイオグラフィーワーカーのための国際フォーラム」が生まれ、人智学に基づくこのワークは、いまや医療現場だけでなく様々な社会領域でさらに発展していこうとしています。訳者も参加したこの会議には、医療現場で働く人、様々なカウンセラーやセラピスト、成人のための教育機関の講師、企業コンサルタント、青少年の薬物依存などの問題に取り組む人など、様々な領域、様々な方法でこのワークを実践する人々が、主として欧米から集まっていました。バイオグラフィーワークは、人生の困難な状況にある人や、病気という運命に向かわざるを得ない人たちだけのためのものではありません。混迷する現代社会において、本来の人間の尊厳と霊性が見失われる中で、自分あるいは他者との関係を模索する多くの普通の人々にとって、新しい形のグループワークとしても、世界中で必要とされているのです。

日本においても十年くらい前から、人智学の観点から見た人生のリズムやパターンについて紹介する本が見られるようになりましたが、バイオグラフィーワークそのものは、二〇〇〇年に富士山麓で開かれたアジア太平洋人智学会議で初めて具体的に紹介されました。その紹介者のひとりである近見冨美子さんは、以後、年に数回イギリスから日本に足を運んで精力的にワークショップを行い、日本でのバイオグラフィーワークの紹介と普及に力を尽くされています。また、二〇〇一年末から日本でも最初のバイオグラフィーワーカー養成コースが始まりました。バイオグラフィーワークに対する関心の高まる中、本書をご紹介できることは、訳者にとっても大きな喜びです。

本書は、"Gudrun Burkhard. *Das Leben in die Hand nehmen. Arbeit an der eigenen Biografie*. Verbesserte und aktualisierte Auflage. Verlag Freies Geistesleben. Stuttgart, 2005" の全訳です。一九九二年に初版が刊行されましたが、以後、十版を重ね、二〇〇五年に改訂されたものを底本としました。原題は「人生を引き受ける――自分のバイオグラフィーに取り組む」といったほどの意味ですが、日本で最初の、バイオグラフィーワークを紹介する翻訳書であることを考慮し、邦題は表記のようにしました。

すでに先達の方々による訳語が定着しているものに関しては、できるだけその訳語を使用しました。バイオグラフィーワークそのものに付随するいくつかの典型的な用語は訳註に示しましたが、試みの段階です。今後ともより適切な日本語へと検討を重ねていきたいと思います。なお、訳註でも触れましたが、"Anthroposophie" の訳語としては、「人智学」と「アントロポゾフィー」のふたつが存在します。本書では基本的に「人智学」を使っていますが、医学に関しては「アントロポゾフィー」としました。日本では二〇〇四年より、ゲーテアヌムの医学部門による医学ゼミナールが開催されており、それを受けて日本アントロポゾフィー医学のための医師会も誕生しました。シュタイナー医学、アントロポゾフィー医学と呼ばれる医学が、今後さらに日本において認知され、広がっていくことを期待しています。そして、それとともに発展してきたバイオグラフィーワークが、いつか日本でも医療の中で、また社会のあらゆる領域で役に立っていくことを心から願っています。

本書の翻訳にあたって多くの方々の励ましと力添えをいただきました。著者のグードルン・ブルクハルトさんは日本語版の出版を心から喜び、そのために版元への交渉など力を尽くしてくださりました。そして、バイオグラフィーワークを日本にもたらすことを大きな使命として引き受け、ワーカー養成コースでの学びを導いてくださった近見冨美子さんと、その養成コースでともに四年間学んだ第一期生の仲間たちの存在と励ましは、この本の翻訳作業にあたって本当に大きな力となりました。心から感謝いたします。

それから、医学専門用語などの内容の助言や訳語のチェックをしてくださったオイリュトミー療法士の石川公子さんと、東北厚生年金病院の阿部真秀医師、ポルトガル語表記のチェックをしてくださった東海大学国際学科助教授小貫大輔さん、そして人智学やシュタイナーのキリスト論の内容について多くのことを教えてくださったキリスト者共同体の小林直生司祭に心からお礼申し上げます。この他にもたくさんの方々に助けていただきました。また、四年間の養成コースの学びをともにし、訳語をともに検討し、訳稿に何度も目を通し助言してくれた夫の丹羽敏雄にも心から感謝します。

最後に、本書の意義を理解し、その出版をこころよく引き受けてくださった水声社社主鈴木宏さんと、辛抱強く原稿に目を通してくださった編集部の雨宮郁江さんに心から感謝いたします。

二〇〇六年六月

樋原裕子

本書が出版されて十六年経ちました。その間に、バイオグラフィーワークはより多くの人々に知られるようになり、二〇〇一年に始まった日本でのバイオグラフィーワーカー養成コースはその後、バイオグラフィーワーク・ジャパンによって担われ、すでに多くの卒業生を送り出しています。アントロポゾフィー医学についても、より多くの文献で紹介されるようになりました。そのような変遷の中で、より相応しい言葉を選ぶために、今回訳語をいくつか変更しました。

＊

長らく品切れとなっていた本書が新装版として刊行されることに心から感謝します。時代は地球環境課題、コロナ禍、戦争と、より人類にとって混迷を極めたものとなっています。国家や社会、個が分断されていく中で、またインターネットやＡＩが支配を強めていく中で、自我を持った個と個が互いに出会い、理解し合い、真に繋がることは可能なのでしょうか。分断と痛みを超えて人間として、その霊性を回復することへの希求と共に、人生や運命への問いかけはますます高まります。今のこの時代を生きる意味が求められています。バイオグラフィーワークは、単に「私」の運命の意味と出会うだけでなく、「あなた」と人類の運命の意味を与えてくれ、この混沌とした時代に、新たな意識の関係性や結びつきを創り出す力を与えてくれます。本書が、今直面している時代の要請と問いに応える鍵と力になることを願っています。

二〇二二年六月

樋原裕子

著者／訳者について――

グードルン・ブルクハルト（Gudrun Burkhard）　一九二九年、ドイツ人の両親のもとブラジルに生まれる。医師。サンパウロでアントロポゾフィー医療のトビアス・クリニックを創設。一九七七年よりバイオグラフィーワークのコースをブラジルとヨーロッパで開き、サンパウロにバイオグラフィーワークのためのセンター「アルテミージア」を開設。二〇〇二年、七十二歳でフロリアノーポリスに芸術療法の学校を設立し、自らも学ぶ。近年は、八十歳からの生き方を多くの人にインタビューした著書を出版。

＊

樋原裕子（ひばらゆうこ）　一九六二年、島根県に生まれる。バイオグラフィーワーカー、オイリュトミー療法士。二〇一二年よりシュタイナー教育の現場でオイリュトミー療法士として働くかたわら、二〇一五年より（社）バイオグラフィーワーク・ジャパン主催の養成コースでコースリーダー、コーティーチャーを務めている。バイオグラフィーワーカーズ・ジュピター会員。

装幀——齋藤久美子

バイオグラフィーワーク入門【新装版】

二〇〇六年七月三〇日第一版第一刷印刷　二〇〇六年八月一〇日第一版第一刷発行
二〇二二年八月三〇日新装版第一刷印刷　二〇二二年九月一〇日新装版第一刷発行

著者――グードルン・ブルクハルト

訳者――樋原裕子

発行者――鈴木宏

発行所――株式会社水声社

東京都文京区小石川二―七―五　郵便番号一一二―〇〇〇二
電話〇三―三八一八―六〇四〇　FAX〇三―三八一八―二四三七
［**編集部**］横浜市港北区新吉田東一―七七―一七　郵便番号二二三―〇〇五八
電話〇四五―七一七―五三五六　FAX〇四五―七一七―五三五七
郵便振替〇〇一八〇―四―六五四一〇〇
URL : http://www.suiseisha.net

印刷・製本――モリモト印刷

ISBN978-4-8010-0663-8